DER SOLDAT

Leben und Alltag der Soldaten in den Kriegen der Neuzeit

Parragon

Bath • New York • Cologne • Melbourne • Delhi
Hong Kong • Shenzhen • Singapore

INHALT

Vorsatz Auf diesem bezeichnenden Bild aus dem Ersten Weltkrieg marschieren britische Soldaten im Oktober 1914 zu den Schützengräben an der Front bei Ypern.

Nachsatz Schwer bewaffnete Soldaten der israelischen Givati-Brigade bereiten sich im Februar 1991 auf eine amphibische Übung vor; das Marschieren bleibt selbst im Zeitalter der Mechanisierung wichtig.

Frontispiz Die Welt der Soldaten von heute scheint eine völlig andere als vor 300 Jahren, doch vieles am Kriegshandwerk bleibt gleich.

▼ Mit deutlich weniger Technik, doch ähnlicher Geländetaktik nutzen australische Soldaten im November 1939 einen Rauchvorhang für einen verdeckten Angriff.

EINLEITUNG

Allgemein geht man davon aus, dass – wie in Schlachtszenen vieler Hollywoodfilme zu sehen – der entscheidende Moment des Militärdienstes im Kampf liegt. Dort stellt sich der Soldat unmittelbar seiner Angst vor Tod und Gewalt und erfährt, ob er dieses Ereignis physisch überleben und psychisch damit umgehen kann. Gewiss ist der Kampf ein prägendes Ereignis in der Laufbahn eines Soldaten, ein psychologischer Meilenstein, der seine oder ihre Erinnerungen für den Rest des Lebens, manchmal mit verheerenden Auswirkungen, dominieren kann. Es trifft auch zu, dass viele Berufssoldaten, anders als Wehrpflichtige, ganz nüchtern die Gelegenheit suchen, im Krieg ihre hart erarbeiteten Fähigkeiten auf den ultimativen Prüfstand zu stellen.

Dieses Bild des Kriegshandwerks ist allerdings unvollständig und selektiv. Rückblickend haben im Lauf der Geschichte Millionen von Soldaten lange Phasen aktiver Einsätze erlebt, vor allem in langwierigen Konflikten wie den Napoleonischen Kriegen im 19. und den beiden Weltkriegen im 20. Jahrhundert. Dennoch macht für die allermeisten der wirkliche Kampfeinsatz nur einen winzigen Teil ihrer militärischen Laufbahn aus. Es gilt zu bedenken, dass Soldaten auch in Friedenszeiten dienen, viele verbringen durchaus längere Zeit in Uniform, ohne einen Kampfeinsatz zu erleben. Außerdem hat sich der Anteil der Armeeangehörigen, die an der Front kämpfen, im Lauf des letzten Jahrhunderts zugunsten von Militärlogistikern und Betreuungsstab immer weiter verringert. Wurden im Ersten Weltkrieg noch 40 Prozent aller Männer an die Front entsandt, sind es in den heutigen technologiebasierten Armeen etwa fünf Prozent.

Dieser Hinweis soll aber keineswegs den Stellenwert schmälern, den der Kampf im Leben eines Soldaten oder in der historischen Tradition des Dienstes an der Waffe einnimmt. Dieses Buch handelt von der tagtäglichen Erfahrung des Kampfes, davon, wie Papierpatronen für Musketen mit den Zähnen aufgerissen wurden, bis zum Umgang mit der psychologischen Bedrohung durch Sprengfallen in modernen Kriegsgebieten. Es werden jedoch auch Schlüsselfragen zur historischen Erfahrung des Kriegshandwerks im Allgemeinen angesprochen. Woher kam der Soldat, und wie wurde er rekrutiert? Wie war er untergebracht, in seiner Heimat und im Verlauf eines Feldzugs? Was beeinflusste die Gesundheit des Soldaten? Was tat er in seiner Freizeit? Welche Rolle spielten Tiere wie Pferde und Hunde in seinem Leben? Welche Uniform trug er, und welche Ausrüstungsgegenstände waren ihm wichtig?

Diese und unzählige andere Fragen vermitteln ein vollständigeres Bild davon, was es in der Epoche stehender Heere von der Mitte des 18. Jahrhunderts bis heute heißt, ein Soldat zu sein. Es ergibt sich ein Bild der Kontinuität, aber zwangsläufig auch des Wandels. Die Kontinuität liegt vor allem in der menschlichen Physiologie und Psychologie. Truppen müssen immer ernährt, gekleidet, untergebracht und bewaffnet werden. Ihr Geist erfordert eine gute Moral und Vertrauen in die Einheit, auch Ruhe und Unterhaltung sind wichtig. Was sich geändert hat, und zwar grundlegend, ist die Technologie, die den Armeeangehörigen umgibt, sowie die Kultur der jeweiligen Epochen. Dieses Buch ist daher eine Reise durch die mentalen Perspektiven des Soldaten ebenso wie eine Betrachtung der Dinge, die er getragen und erlebt hat.

► Französische Infanteristen sprechen in einem Kriegslager auf der Krim bei Sewastopol im 19. Jahrhundert mit Zuaven (leichte Infanterie aus den französischen Kolonien). Auffallend ist der Unterschied zwischen den traditionell bunten Uniformen der Zuaven und den moderneren gedeckten Uniformfarben der regulären Infanterie.

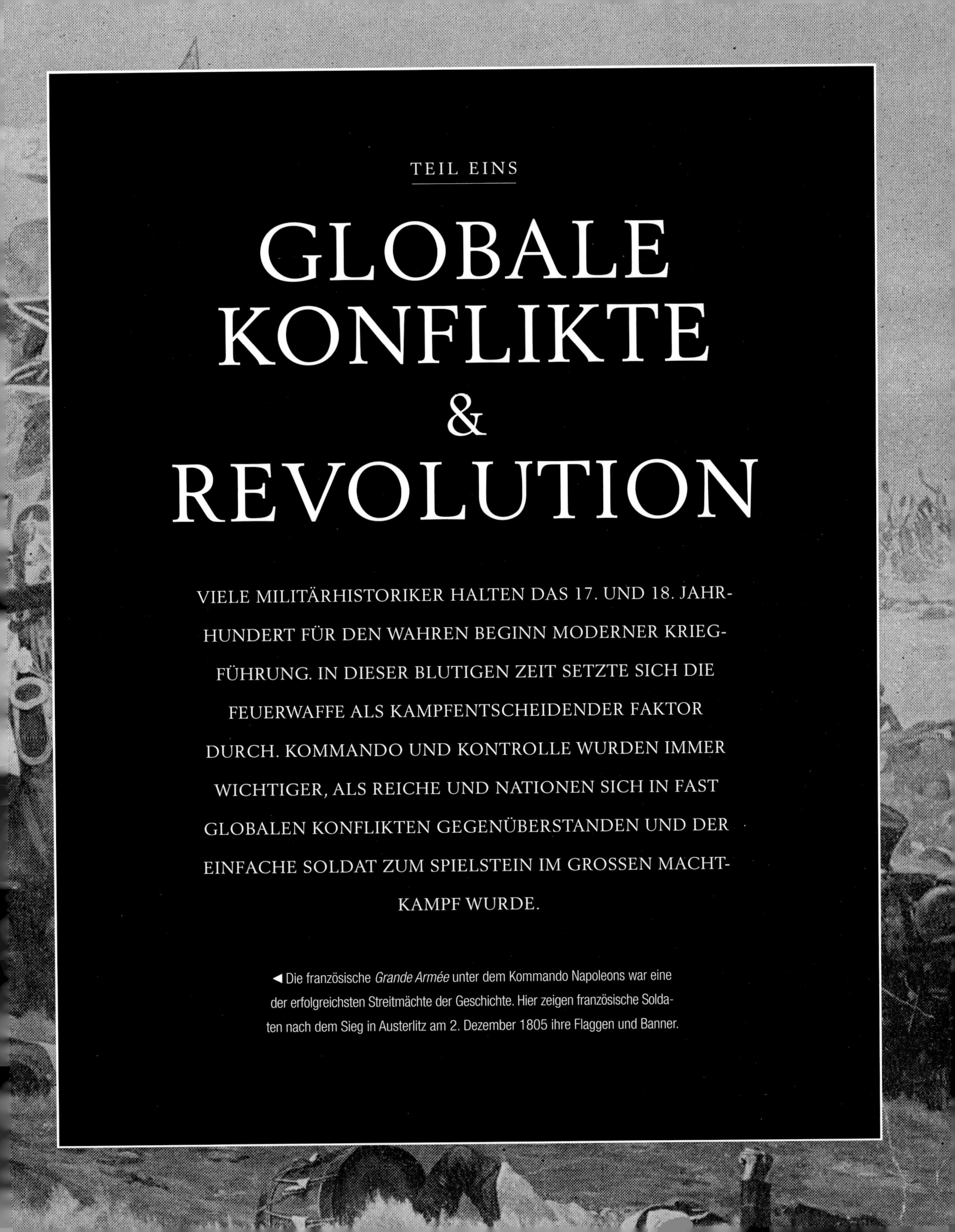

TEIL EINS

GLOBALE KONFLIKTE & REVOLUTION

VIELE MILITÄRHISTORIKER HALTEN DAS 17. UND 18. JAHRHUNDERT FÜR DEN WAHREN BEGINN MODERNER KRIEGFÜHRUNG. IN DIESER BLUTIGEN ZEIT SETZTE SICH DIE FEUERWAFFE ALS KAMPFENTSCHEIDENDER FAKTOR DURCH. KOMMANDO UND KONTROLLE WURDEN IMMER WICHTIGER, ALS REICHE UND NATIONEN SICH IN FAST GLOBALEN KONFLIKTEN GEGENÜBERSTANDEN UND DER EINFACHE SOLDAT ZUM SPIELSTEIN IM GROSSEN MACHTKAMPF WURDE.

◄ Die französische *Grande Armée* unter dem Kommando Napoleons war eine der erfolgreichsten Streitmächte der Geschichte. Hier zeigen französische Soldaten nach dem Sieg in Austerlitz am 2. Dezember 1805 ihre Flaggen und Banner.

„Wilde mögen **furchterregende Feinde** sein …, aber gegen die regulären, disziplinierten Truppen des Königs, Sir, ist es ihnen **unmöglich zu siegen**.“

DER BRITISCHE GENERAL EDWARD BRADDOCK

DER SIEBEN-JÄHRIGE KRIEG

1756–1763

Der Siebenjährige Krieg war in vielerlei Hinsicht der erste globale Konflikt der Geschichte. Französische und indianische Truppen überließen Fort Detroit im November 1760 den Briten. In jener Zeit mit ihren großen stehenden Heeren wurde das Kriegshandwerk zunehmend professionalisiert.

◄ Französische und indianische Truppen überlassen Fort Detroit den Briten, November 1760.

REICHE KOLLIDIEREN

Der Siebenjährige Krieg war ein politisch komplexer Konflikt, dem die Interessen von Staaten und Dynastien zugrunde lagen. Europas Soldaten standen sich nicht nur in Europa, sondern auch an weit entfernten, fremdartigen Schauplätzen in Übersee gegenüber.

Die Ursachen des Siebenjährigen Kriegs lassen sich im Einzelnen nur schwer erklären, wie das bei so vielen Konflikten im 18. Jahrhundert der Fall ist. Er begann als Streit Preußens und Österreichs um die Provinz Schlesien, breitete sich aber dramatisch aus, als die europäischen Allianzen zum Tragen kamen. Letzten Endes kämpfte ein Bündnis aus Österreich, Frankreich, Russland, Schweden und Sachsen gegen Preußen, Großbritannien und Hannover, wobei jeder Staat eigene Interessen verfolgte.

Friedrich der Große

Friedrich II. von Preußen (1712–1786) war wohl der größte unter den Feldherren im Siebenjährigen Krieg. Er war ein hochkultivierter Mann, aber auch ein ausgezeichneter Militärtheoretiker und mutiger Soldat.

▲ Nach der Schlacht bei Liegnitz feiert das Bernburger Regiment Friedrich den Großen, 1760.

◀ Der britische Feldherr General Edward Braddock fällt 1755 bei Fort Duquesne im Ohio Country während des Siebenjährigen Kriegs in Nordamerika.

Bei **steter Wahrung der Disziplin** müssen [die Soldaten] **mit größter Sorgfalt** unterhalten und … ernährt werden.

FRIEDRICH DER GROSSE, 1750

GLOBALER KRIEG

Was wir allgemein den Siebenjährigen Krieg nennen, kann genauer als mehrere miteinander verbundene Konflikte bezeichnet werden, die gleichzeitig an unterschiedlichen Orten der Welt ausgetragen wurden. In Europa stand der Krieg zwischen Frankreich/Österreich und Preußen/Großbritannien mit riesigen Feldschlachten unter anderem bei Roßbach, Leuthen und Minden im Mittelpunkt, aber auch außerhalb Europas bekämpften sich die Krieg führenden Staaten in ihren Überseekolonien.

Besonders heftig gestalteten sich die Kämpfe in Nordamerika, wo sowohl Großbritannien als auch Frankreich die Vorherrschaft über das heutige Kanada und die USA anstrebten. Einzigartig war dieser Krieg, weil beide Seiten Allianzen mit den Völkern der amerikanischen Ureinwohner schlossen: Erfahrene „irreguläre" Kämpfer der Indianer traten in einer Reihe mit Europäern zu disziplinierten Schlachtfeldformationen an.

Weit weg von Amerika erreichte der Krieg auch Afrika und Asien. In Westafrika nahm eine britische Militärexpedition 1758 die französische Siedlung Saint-Louis im Senegal ein. Franzosen und Briten kämpften unter Mitwirkung einheimischer Truppen auch um ihre Handelskolonien in Indien. Andere Schauplätze waren der Mittelmeerraum, die Philippinen und die Karibik.

▲ Friedrich Wilhelm von Seydlitz war ein souverän führender preußischer Kavalleriekommandeur im Siebenjährigen Krieg.

Die großen Kriegsgewinner waren Preußen und Großbritannien; Frankreich und Österreich erlitten zu jener Zeit schwere Niederlagen.

◀ Kosaken plündern einen preußischen Offizier nach der Schlacht bei Kunersdorf von 1759 aus. Dort erlitt Friedrich der Große die schwerste Niederlage des Kriegs.

ARMEEN

Die Soldaten des Siebenjährigen Kriegs waren aufgrund der geografischen Situation eine gemischte Truppe, zu der Tomahawks schwingende Indianer ebenso wie europäisch ausgebildete indische Infanteristen gehörten. Doch hatten die meisten europäischen Staaten zu dieser Zeit schon eine Art dauerhaftes Heer aus Berufssoldaten im Staatsdienst, das Söldner unterschiedlicher Qualität und Herkunft ergänzten.

DIE EUROPÄISCHEN ARMEEN

Der Siebenjährige Krieg stellte wie alle großen Konflikte die Militärführung vor enorme Herausforderungen. Armeen mussten zahlreiche Soldaten schnell rekrutieren, ausbilden und stationieren sowie für ihren Sold und gute Lebensbedingungen im Feld sorgen.

Die Aushebung von Soldaten stellte selbst für die kompetentesten europäischen Armeen im Siebenjährigen Krieg ein Problem dar. Russland hatte die stärkste Streitmacht mit 333 000 Mann, doch ließ ihre Qualität zu wünschen übrig. Nur 174 000 stellten wirkliche Frontsoldaten dar, die Übrigen waren schlecht ausgebildet und ergaben (normalerweise) wenig enthusiastisch geführte Milizen oder Garnisonstruppen. Deshalb entsandte Russland in der Regel nicht mehr als 60 000 bis 90 000 Soldaten in einen Feldzug.

▲ Ein preußisches Armeelager etwa zur Zeit des Siebenjährigen Kriegs. Der Versorgungszug beförderte Unmengen von Zelten.

PROFESSIONALITÄT

Die übrigen europäischen Armeen waren in der Regel kleiner und unterschieden sich in ihrer Professionalität. Preußen hatte zu Beginn des Kriegs eine ausgebildete, 145 000 Mann starke Truppe, in der die Männer auf Basis eines Kantonreglements dienten. Nach seiner Rekrutierung diente der preußische Soldat entweder bei einem regulären Feldregiment oder bei einer Garnison, die im Kriegsfall die Reserve für die Feldregimenter bildete. Die Ausbildungsstandards waren hoch, vor allem für präzise Schlachtfeldmanöver und den Umgang mit Waffen. Wie andere Staaten auch konnte Preußen es sich aber nicht leisten, das ganze Jahr über die wertvollen Arbeitskräfte aus der Landwirtschaft abzuziehen. Daher kehrten reguläre Soldaten außerhalb der Kriegssaison in ihre Heimat zurück und durchliefen ein Auffrischungstraining, wenn sie im folgenden Jahr wieder eingezogen wurden.

GEFANGENE UND DESERTEURE

Das Kantonreglement funktionierte in Friedenszeiten gut, kam aber im Kriegsfall an seine Grenzen. Darum warb Preußen viele Söldner an, die 1756 bis zu 25 Prozent der Armee ausmachten.

◀ In der Schlacht bei Minden am 1. August 1759 wurde Frankreich von einer deutsch-britischen Allianz geschlagen; es verlor 7000, die Sieger 3000 Mann.

„Unsere Truppen erfordern von ihrem Führer **unendlichen Fleiß** … [und] müssen mit **größerer Sorgfalt** unterhalten … werden …“

FRIEDRICH DER GROSSE, 1748

Später zog man auch feindliche Deserteure und Gefangene heran.

Das war nicht ungewöhnlich. Großbritannien hatte 1756 eine kleine Armee von 90 000 Mann, die zum Teil in den Kolonien stationiert waren. Um die Reihen aufzufüllen, durchkämmten die Rekrutierer häufig Gefängnisse und boten verzweifelten Männern die Entlassung im Austausch gegen Militärdienst an. Andere wurden betrunken gemacht und in die Uniform gezwungen – sie wachten dann verkatert in der Kaserne wieder auf.

Die Franzosen, die über beachtliche 200 000 Mann verfügten, litten unter der schlechten Moral und Disziplin ihrer Truppen. Desertion und Alkoholismus waren weitverbreitet und trugen zur Niederlage Frankreichs bei.

▼ Drillinstruktionen aus dem 18. Jahrhundert wirken heute formelhaft, waren damals aber für koordinierte Bewegungen auf dem Schlachtfeld unabdingbar.

LEBEN IN DER KAVALLERIE

Die Kavallerie bildete die Stoßtruppe auf dem Schlachtfeld. Historisch galt sie im Vergleich mit der bescheideneren Infanterie als glamourös, aber auch sie musste die Härten der Feldzüge durchleben und viele Routinepflichten erfüllen.

Die Kavallerie spielte in der Gefechtstaktik des Siebenjährigen Kriegs eine wichtige Rolle. Ihre Mobilität prädestinierte sie nicht nur für direkte, entschiedene Angriffe auf den Feind, sondern auch für plötzliche Attacken auf dessen offen liegende Flanken und für die Verfolgung der Besiegten. Sie schützte zudem die marschierende Infanterie, war für die Aufklärung in Offensive und Defensive zuständig und sicherte Truppen bei der Verpflegungsbeschaffung.

▲ Britische Karabiniers greifen in der Schlacht bei Warburg mit Säbelhieben und -stößen an, 31. Juli 1760.

▼ Musketen- und Artilleriefeuer waren am gefährlichsten für die Kavallerie, denn selbst schlechte und unerfahrene Schützen konnten die Pferde leicht treffen.

DER PREUSSISCHE KAVALLERIST

Jede Armee besaß ihre eigenen Reitertraditionen und -taktiken. Da es jedoch auch viele Übereinstimmungen gab, wird hier beispielhaft die preußische Kavallerie vorgestellt.

Sie entwickelte sich zum verlässlichsten Teil von Friedrichs Armee und neigte am wenigsten zum Desertieren. Das hatte zum Teil mit den hohen Rekrutierungsstandards zu tun. So stammte der Großteil der schweren Kavallerie (Dragoner und Kürassiere) aus der freien Bauernschaft, war körperlich in guter Verfassung und empfand für die Tiere echte Loyalität und Zuneigung. Außerdem wussten diese Männer, wie man Pferde versorgt. Die Ausbildung war hervorragend – zur zweijährigen Kavallerieschulung gehörten auch das individuelle Reittraining und taktische Großmanöver.

MILITÄRINSTRUKTION

„Wenn er alle nötigen Einrichtungen getroffen hat, so kann er die Hälfte seiner Leute in die nächsten Bauernhäuser gehen, abzäumen, die Hälfte der Pferde absatteln und sie füttern lassen. Wenn diese gefüttert und wieder gesattelt sind, so wechseln die andern ab. Wäre aber der Feind in der Nähe …, so bindet man die Pferde versteckt am Zaume hinter die Häuser und füttert sie so."
– Friedrich der Große, 1778

> „Der Feind machte ein **starkes Feuer auf die Kavallerie**, diese wurde darüber stutzig, und … **zog sich … zurück**.“
>
> MAJOR TEMPELHOFF ZUR SCHLACHT BEI KOLIN, 1757

DRAGONS
DE MONSEIGNEUR LE DUC D'ORLEANS.
PREMIER PRINCE DU SANG.

DE PAR LE ROI.

CEUX qui voudront se distinguer au Service du Roi, dans un beau Régiment, peuvent s'adresser au Sieur VAZ DE MELLO, Maréchal-des-Logis audit Régiment, qui leur donnera de bons Engagemens.

Il loge rue Barbatre, chez Madame la veuve Blondeau.

On peut aussi s'adresser à M. HEDOUIN DE PONSLUDON, Volontaire audit Régiment, rue de la grosse Clef. 1751

On a besoin d'un Frater, d'un Maréchal & d'un Sellier On récompensera ceux qui ameneront de beaux hommes.

▲ Ein französisches Rekrutierungsplakat ruft junge Männer auf, den Dragonern, einer Art berittener Infanterie, die zu Fuß und zu Pferd kämpfte, beizutreten.

AUF GRÖSSE KOMMT ES AN

Ein bemerkenswerter Unterschied zwischen den schweren und leichten Kavalleristen Preußens bestand in der Größe. Für die schwere Reiterei mit den größten Pferden lag das Mindestmaß bei 1,65 m, wohingegen dies für die leichtfüßigen Husaren die Maximalgröße war.

Zu den täglichen Pflichten sämtlicher Reiter gehörte es, sich um Pferde und Ausrüstung zu kümmern. Nach Friedrichs Anweisung hatten Generäle genauestens darauf zu achten, dass Kavallerieoffiziere ihre Sättel, Zaumzeug, Steigbügel und Stiefel pflegten. Er gab diesen Rat aufgrund praktischer Erfahrungen. Ein gerissener Sattelriemen oder ein defekter Steigbügel konnten dazu führen, dass ein Reiter im Kampf aus dem Sattel fiel. Der Kavallerist musste auch sein Pferd auf kleinere Wunden oder schadhafte Hufeisen untersuchen.

DER INFANTERIST

Das Leben der Infanteristen bestand in jeder Armee dieser Zeit aus Entbehrung und Mühsal, für das leibliche Wohl war kaum gesorgt. Die Besoldung war ebenfalls dürftig, und Beförderungen waren kaum möglich.

Der britische Soldat im 18. Jahrhundert bietet sich exemplarisch für eine nähere Betrachtung des Infanteristenlebens jener Epoche an. Fußsoldaten wurden gewöhnlich aus den ärmsten Gesellschaftsschichten rekrutiert – der Wunsch, der Armut zu entfliehen, war eine starke Motivation für den Militärdienst –, und zwar als oft jugendliche, noch unverheiratete Männer. Häufig wurden sie von Rekrutierern auf Messen angeworben, auf denen sie nach zivilen Arbeitsmöglichkeiten suchten. Um der Infanterie beizutreten, musste man mindestens 1,67 m groß sein, einigermaßen fit, Protestant (in Großbritannien war damals Katholiken der Militärdienst verwehrt) und ohne besondere Vorstrafen. War er dann in die Reihen aufgenommen, erhielt der Rekrut den *King's shilling*.

▼ Britische Infanterietruppen erklimmen die Abraham-Hochebene während der Schlacht bei Quebec am 13. September 1759.

HESSEN-DARMSTÄDTISCHER LEIBGRENADIER, 1759

Grenadiere hatten oft die gefährlichste Rolle auf dem Schlachtfeld und galten in vielen Armeen als Elite.

Patronentasche
In der Ledertasche wurden Papierpatronen mit Pulver und einer Kugel aufbewahrt.

Muskete
Die maximale Feuerrate für eine Glattrohrmuskete lag bei etwa drei Schuss in der Minute.

Gamaschen
Weiße Stoffgamaschen hatten eine Knopfreihe an der Außenseite.

> „Die **Reihen** müssen so **eng geschlossen** sein, dass die Männer einander **fast an den Schultern berühren.**“
>
> HUMPHREY BLAND, *TREATISE OF MILITARY DISCIPLINE*, 1762

SOLD UND BEDINGUNGEN

Der Grundsold eines einfachen britischen Soldaten betrug 8 Pennys am Tag minus Abzüge für die Uniform und Versorgung. Mit der Beförderung zum Sergeant erhielt er die fürstliche Summe von 1 Schilling und 6 Pennys am Tag. Allerdings blieb nach sämtlichen Abzügen nur wenig hiervon übrig.

Nach der Zuteilung zu einem Regiment lebte der Soldat in einer meist überfüllten Kaserne oder wurde privat einquartiert, zum Beispiel in einem Gasthaus oder Nebengebäude. Dabei blieb er nicht immer beim selben Regiment, sondern konnte im Lauf einer langen Karriere, wenn diese nicht durch Tod oder Invalidität endete, in verschiedene Regimenter entsandt werden.

AUSBILDUNG ZUM SOLDATEN

Das Training des neuen Soldaten variierte stark. Es konnte passieren, dass er nach knapper mehrwöchiger Unterweisung zu einer operativen Einheit in die Neue Welt geschickt wurde. Die Ausbildung wurde jedoch in seiner Einheit fortgesetzt, und nach Ablauf etwa eines Jahres galt er als fähiger Soldat. Erwies er sich als verlässlich und tapfer, so konnte er sich durch die Unteroffiziersränge hocharbeiten und Offizier werden, aber es war für die niederen Ränge im 18. Jahrhundert schwierig, dorthin zu gelangen. Viele Männer dienten auf dem Papier ihr Leben lang, aber in der Verwaltungsrealität kam dies faktisch nur selten vor.

RUSSISCHER ARTILLERIST, 1756
Dieser Artillerist mit einem Luntenspieß in der Hand trägt die klassische Uniform jener Epoche: schwarzer Dreispitz mit weißer Paspel, dazu Rock, Weste und Hose in Rot sowie schwarze Stiefel.

Ausrüstung
An weißen Lederriemen hingen Patronentasche und Säbel.

Säbel
Ein kurzer Säbel dient wie bei den Musketieren zur Verteidigung auf kurze Distanz.

Uniformfarbe
Rot war die in der russischen Artillerie dominante Farbe, betont von Messingknöpfen.

GEFECHTSFORMATIONEN

Im 17. Jahrhundert experimentierten europäische Armeen mit Möglichkeiten, die Wirkung ihrer Musketen zu maximieren. Zur Zeit des Siebenjährigen Kriegs mussten Soldaten ihre Schlachtmanöver beinahe mit der Präzision eines Uhrwerks ausführen.

In einem Zeitalter mit wenig treffsicherer Bewaffnung am Mann (eine Muskete hatte eine Reichweite von höchstens 100 m) mussten Kommandeure entsprechende Gefechtsformationen entwickeln. Die beiden Formationen der Infanterie während des Siebenjährigen Kriegs waren die Linie und die Kolonne.

▲ Erfolgreiche Gefechtsformationen erforderten klare Kommandos eines Offiziers, obwohl sie im Lärm der Schlacht oft untergingen.

▼ Britische Truppenlinien am Morgen der Schlacht auf der Abraham-Ebene sind bereit, zu Angriff oder Abwehr in Position zu gehen, 1759.

KOORDINIERTES FEUER

Das Ziel der Infanterieformationen war es, den Feind auszumanövrieren und seine Reihen so schnell wie möglich durch eine lange Feuerlinie zu beschießen. Indem man die Infanterie linear, Schulter an Schulter, aufstellte und ihr Musketenfeuer koordinierte, ließ sich die Ungenauigkeit der einzelnen Muskete durch die Menge der Schüsse kompensieren. Eine der schnellsten Vorstoßmöglichkeiten in gestaffelte Reihen hinein bestand darin, mit einer schmalen Kolonne eine Vierteldrehung zu vollziehen, um dem Feind die Musketen zu präsentieren.

Die Infanterie war in zwei oder idealerweise drei Reihen angeordnet, aber aus Gründen der Truppenstärke oder taktischen Erwägungen waren es oft nur zwei. Dass ein Infanteriebataillon meist in Einheiten oder Züge unterteilt war, komplizierte die Angelegenheit. Kommandeure und Soldaten mussten ihr Feuer und ihre Ladesequenzen durch die Reihen und über die Frontbreite des Zugs abstimmen – keine einfache Aufgabe im Lärm und Chaos der Schlacht.

„Disziplin ist die Seele einer Armee. Sie macht kleine Zahlen gewaltig, gibt den **Schwachen Erfolg** und **allen Ansehen.**"

GEORGE WASHINGTON, 1759

BEWEGUNG

Das Gelände hatte großen Einfluss auf die Bewegung der Soldaten auf dem Schlachtfeld. Bäume, Büsche, Sumpf, Schluchten, Bäche oder andere natürliche Gegebenheiten ließen eine lineare Formation aufbrechen und Lücken entstehen, die die feindliche Kavallerie oder Infanterie zum Angriff ausnutzen konnte. Beim Vollziehen von Schwenks mussten sich zudem die Soldaten am äußeren Ende der Reihen schneller bewegen als die am Angelpunkt.

GEMEINSAM IN GEFAHR

Die Erfahrung in diesen eng geschlossenen Reihen konnte für die Männer nervenaufreibend sein. Sie standen Schulter an Schulter. Wurde jemand getötet oder verwundet, erlebten seine Nachbarn dies aus grauenvoller Nähe mit. Manchmal wurden Soldaten sogar von den Knochensplittern anderer Männer verletzt, die eine Kanonenkugel zerfetzt hatte. Die Umgebung war raucherfüllt und laut, Mündungsfeuer und der Knall der Gewehre direkt neben den Köpfen in der ersten Reihe kamen hinzu.

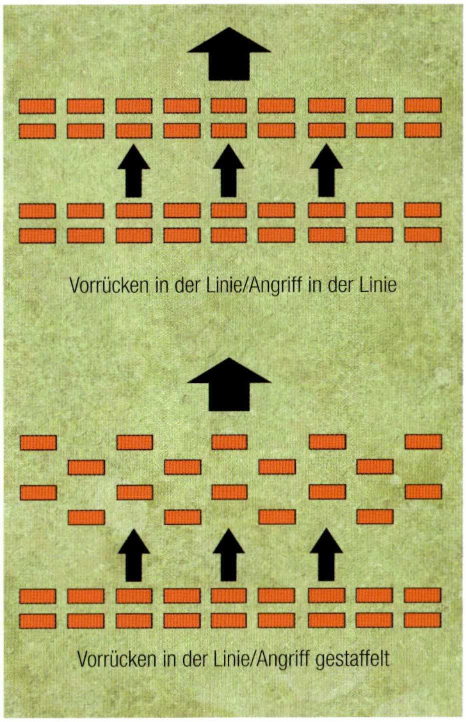

► Formationen marschierten in Linie vor und griffen dann linear oder gestaffelt an. Letzteres erforderte mehr Kontrolle, schützte aber besser vor Beschuss.

▼ Die Belagerung Pondicherrys in Indien, 1760. Die Position der Artillerie war entscheidend, denn man brauchte freie Schusslinie durch die eigenen Truppen.

FACETTEN DES KRIEGS: PSYCHE & MORAL

Auch nach Jahrhunderten der Kriegführung ist die Militärpsychologie ein Phänomen, das erst seit dem späten 19. Jahrhundert Anerkennung findet. Sie hat ein besseres Verständnis davon vermittelt, wie Soldaten mental auf dem Schlachtfeld und noch lange danach funktionieren.

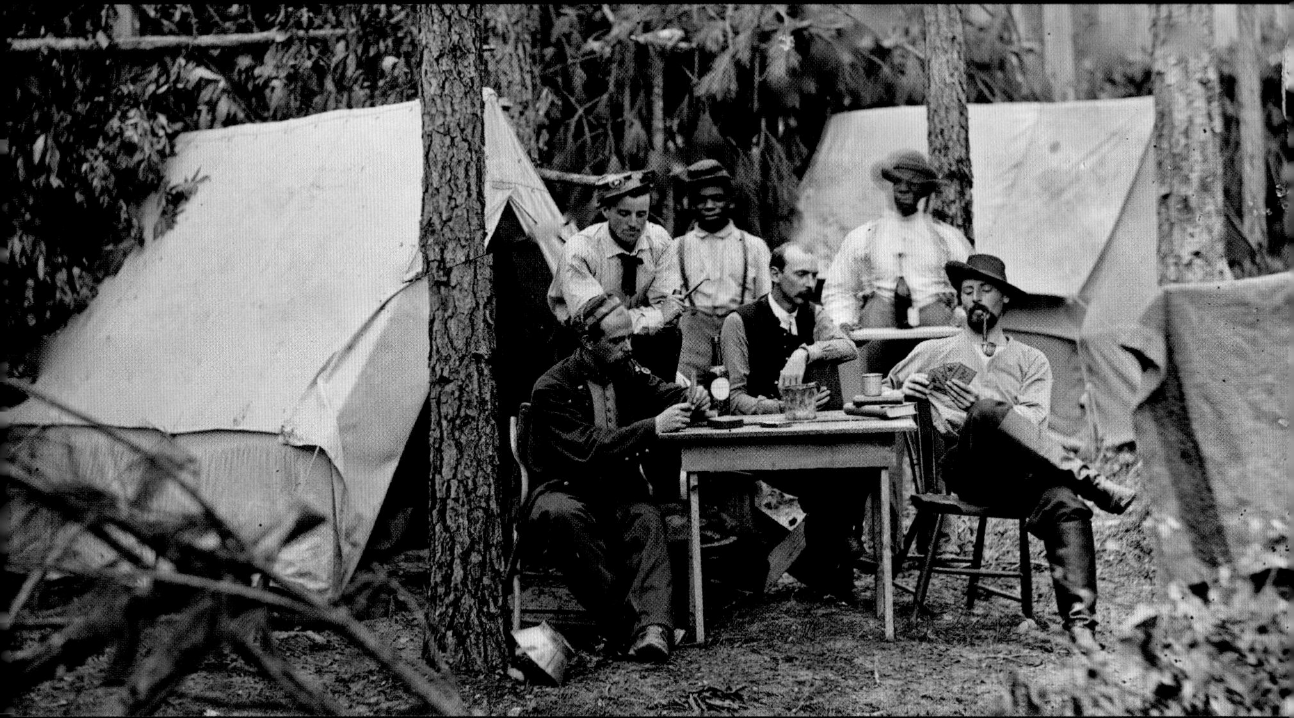

▲ Offiziere der 114. Pennsylvania-Infanterie entspannen sich während des Sezessionskriegs. Freizeit war schon immer entscheidend für die mentale Gesundheit der Soldaten.

Es war schon immer bekannt, dass das Soldatendasein und die Erfahrung des Kampfs die Psyche belasten. Zu den sogenannten Lewis-Schachfiguren aus dem 12. Jahrhundert, die 1831 auf den Äußeren Hebriden entdeckt wurden, gehören auch „Berserker", die aus blankem Schrecken vor der bevorstehenden Schlacht Mann gegen Mann auf dem Rand ihrer Schilde herumkauen. Heutzutage haben wir ein sehr detailliertes Bild von den potenziellen Auswirkungen, die die Beobachtung oder Teilnahme an militärischer Gewalt haben kann, vom gelegentlichen Albtraum bis zur lähmenden posttraumatischen Belastungsstörung. Verstehen wir also heute, was einen Soldaten unter Druck zusammenbrechen oder bestehen lässt?

► Kaiser Wilhelm II. schreitet die Truppen ab. Kampfmoral hängt eng mit guter Führung zusammen – Soldaten müssen Vertrauen in das Kommando haben, um an ihre Ziele zu glauben.

▲ Eine amerikanische Militärtheatergruppe im frühen 20. Jahrhundert. Angesichts der isolierten Lage vieler Stationierungen suchen sich Soldaten ihre eigenen Unterhaltungsformen.

GEWÖHNUNG AN DEN KAMPF

Ein wesentlicher Bestandteil der effektiven mentalen Konditionierung von Soldaten liegt in der Art der Ausbildung. Je realistischer und gefährlicher das Training, desto besser gewöhnen sie sich an den Adrenalinstoß und den Schock der Schlacht; ein Zusammenbruch angesichts des echten Kampfes ist dann weniger wahrscheinlich. Viele Armeen wussten das schon, lange bevor die moderne Psychologie es formulierte. Im alten Sparta zum Beispiel enthielt die *agoge*, das vorbereitende Trainingsprogramm für künftige Soldaten, auch die Gewöhnung an Schmerz und Nahrungsentzug, damit sie sich an den fortwährenden Hunger während eines Feldzugs gewöhnten. Heute vermittelt man diese Konditionierung durch intensives Fitnesstraining, ultrarealistische Kampfübungen mit Übungsmunition und taktische Szenarien unter hohem Druck.

ERHOLUNG

Selbst ein gut vorbereiteter Soldat, der Kampf und Ermüdung zu lang ausgesetzt ist, erleidet irgendwann einen psychischen Zusammenbruch. Daher ist Erholung ein zentrales Element modernen Mind-Managements. Studien aus dem Zweiten Weltkrieg zeigen, dass Soldaten maximal 14 Kampftage ertrugen, bevor man sie in ein sicheres Gebiet abziehen musste, wo sie schlafen und sich ausruhen konnten. Das Leben auf dem Stützpunkt hatte auch der mentalen Entspannung zu dienen – Musik, Kontakte zu Freunden und Familie, Sport, eine saubere Uniform, gutes Essen und vor allem Schlaf beeinflussen das Wohlbefinden des Soldaten. Eine professionelle Armee lässt sich von einer schlechten daran unterscheiden, wie viel sie in die psychologische Seite des Kriegshandwerks investiert.

▼ Kontakt zur Familie gibt Halt in der Unbeständigkeit des Kriegs. Hier stehen amerikanische Soldaten während ihrer Grundausbildung am Münztelefon an.

▼ Ein US-Soldat spielt Gitarre. Soldaten berichten oft, dass Einzelne für das Wohlbefinden einer Einheit entscheidend sind, weil sie andere unterstützen und die Moral verbessern.

DIE OFFIZIERE

Die Offiziere im Siebenjährigen Krieg entstammten oft der Aristokratie und brachten jeden erdenklichen Grad von Kompetenz und Erfahrung mit. Ob die Einheit eines Befehlshabers erfolgreich war, hing im Wesentlichen von seinen persönlichen Eigenschaften ab.

In allen europäischen Armeen des Siebenjährigen Kriegs entstammte der überwiegende oder zumindest große Teil der Offizierskaste dem hohen und niederen Adel. Eine Liste hochrangiger Offiziere der preußischen Armee führte unmittelbar vor dem Krieg auf, dass die 34 Offiziere im Rang eines Generals alle adlig waren und nur elf von 211 Stabsoffizieren der heute sogenannten Mittelschicht angehörten.

NEUE ZUSAMMENSETZUNG

Der Krieg führt dazu, dass sich Gesellschaftsmuster ändern, und das zeigte sich besonders deutlich unter den Offizieren. Anders als in unserer Zeit kommandierten die höheren Offiziere meist direkt an der Front und brachten sich so in die Reichweite von Musketenkugeln und Kanonenschüssen, und es gab bei ihnen viele Verluste. Beim preußischen Heer war Friedrich II. daher gezwungen, zusätzlich erfahrene Bürgerliche aus den Truppen zu berufen, um die Offiziersränge aufzufüllen. So gab es bei den Apenburg-Dragonern zu Beginn des Kriegs keinen bürgerlichen Offizier, am Kriegsende waren es jedoch fünf (von 37). In Großbritannien kamen nur 40 Prozent der Offiziere aus dem Adel, der Rest erlangte diese Ränge aufgrund von Verdiensten. Für die Armeen aller Länder galt, dass die Offiziersausbil-

► Ein verwundeter Offizier wird von seinen Männern vom Schlachtfeld getragen, sei es aus Loyalität oder Gehorsam.

> „Der **Oberstleutnant fiel**, … darüber hinaus verloren wir unseren Major und **alle Offiziere außer dreien.**“
>
> ÖSTERREICHISCHER AUGENZEUGE, LEUTHEN, 1757

▼ Friedrich der Große führt seine Soldaten in die Schlacht von Zorndorf, 1758. Er besiegte die Russen, verlor selbst aber 11 000 Mann.

MILITÄRINSTRUKTION

„Das Terrain, das Sie nun betreten, mag neu für Sie sein, kann aber beruhigt beschritten werden … Ihr Charakter muss der eines Soldaten und Gentlemans sein; Ersteres wird bei der Ausübung Ihrer Pflichten erlernt, Zweiteres durch das strikteste Festhalten am Diktat der Ehre und den Regeln einer guten Herkunft. Seien Sie ganz gewissenhaft in all diesen Punkten, wenn Sie einem Regiment beitreten.“
– Lieutenant-Colonel James Wolfe, Rat an einen jungen Offizier, 1756.

▲ Lieutenant-Colonel James Wolfe, einer der besten britischen Offiziere, scheute keine Experimente mit Schlachttaktiken und -technik.

dung in der Regel dürftig war. Man ging davon aus, dass adlige Offiziere über eine überlegene Intelligenz und Charakterstärke verfügten, daher bestand die „Ausbildung“ vor allem aus Erfahrungen, die man im Krieg machte, und Ratschlägen älterer Vorgesetzter. Dennoch gab es auch Kommandeure, die ihre jüngeren Offiziere in den Grundlagen von Drill, Taktik und Kampftechnik unterwiesen.

GELDANGELEGENHEITEN

Ein Offizier zu sein, war ein sehr teures Unterfangen. Er sollte sich von den anderen Rängen in jedem Aspekt seiner Erscheinung, des Gesellschaftslebens und der Unterkunft abheben. Besonders teuer waren der Unterhalt des Pferds, Essen und Trinken in der Offiziersmesse sowie Kreditzinsen. Für weniger betuchte Offiziere war es daher vollkommen normal, in finanzielle Schwierigkeiten zu geraten, wenn die Ausgaben die Einnahmen überschritten.

HOCHRANGIGER BRITISCHER OFFIZIER, 25. FUSSREGIMENT, 1756

Das Gelb der Aufschläge und Einfassungen war die Erkennungsfarbe des 25. Fußregiments, obwohl auch 17 andere Regimenter diesen Farbton nutzten. Fast alle Truppeneinheiten trugen rote Röcke.

UNTERWEGS

Die Verlegung einer Armee von einem Ort an den anderen war im 18. Jahrhundert keine einfache Angelegenheit. Operative Bewegungen fanden für die meisten Soldaten auf unbequemem Weg statt – zu Fuß. Pferde und Maultiere dienten als Zugtiere für die Logistik.

Im Prinzip erscheint es einfach, eine Armee von einem Ort an den anderen marschieren zu lassen. In der Praxis, und nicht zuletzt im Siebenjährigen Krieg, waren solche Bewegungen für Menschen und Verwaltung ein Kraftakt.

KÖRPERLICHE QUALEN

Selbst für abgehärtete Soldaten waren lange Märsche eine strapaziöse Angelegenheit. Knie- und Fußgelenke schwollen an und schmerzten stark. Lederriemen rieben die Haut wund und mussten ständig provisorisch gepolstert werden. Uniformen konnten völlig verdrecken und von Läusen bevölkert sein. Schuhe und Stiefel hatten innerhalb weniger Tage Löcher und hielten die Schuster des Regiments auf Trab.

Die entscheidenden Faktoren waren Gelände und Entfernung. Vom Heer Friedrichs des Großen wurde erwartet, dass es am Tag 24 km marschierte. Tatsächlich konnte dieses Tempo wegen der Ermüdung von Mensch und Tier wie auch wegen der Entfernung der Versorgungslager nicht unendlich aufrechterhalten werden. Die Art des Geländes war ebenfalls wichtig.

► Britische Soldaten errichten im Siebenjährigen Krieg in Nordamerika eine provisorische Brücke, um eine Schlucht zu überwinden.

▼ Highlander mit indianischen Kriegern. In Nordamerika erhielt die britische leichte Infanterie Unterricht in Techniken der indianischen irregulären Kriegführung.

„Man muss sich nach allen Wegen **erkundigen,** … um zu wissen, in **wie viel Kolonnen** man marschieren kann …"

FRIEDRICH DER GROSSE, UM 1748

Besonders im Siebenjährigen Krieg in Nordamerika sahen sich die Truppen der amerikanischen Wildnis in all ihrer widerspenstigen Pracht gegenüber. 1755 brauchten britische Truppen während der Expedition General Braddocks gegen die Franzosen 18 Stunden für 5 km besonders schwieriges Gelände.

RATIONEN UND LOGISTIK

Für die Logistiker bedeuteten marschierende Armeen gefürchtete Berechnungen bezüglich der Rationen. Auf dem Feldzug benötigen Soldaten mehr Verpflegung als in Zeiten, wenn sie ihre Energiereserven in der Kaserne schonen. Die Logistiker mussten also für genügend Proviant sorgen, um die Truppen gesund ans Ziel zu bringen. Für die Kampagne Friedrichs des Großen 1756 in Sachsen wurde zum Beispiel berechnet, dass die Armee täglich insgesamt 76 235 Einzelrationen verbrauchen werde.

▲ Britische Husaren reiten durch ein nordamerikanisches Dorf. Die Kavallerie versuchte, nie weiter als einen Tagesritt vom nächsten Versorgungslager zu operieren.

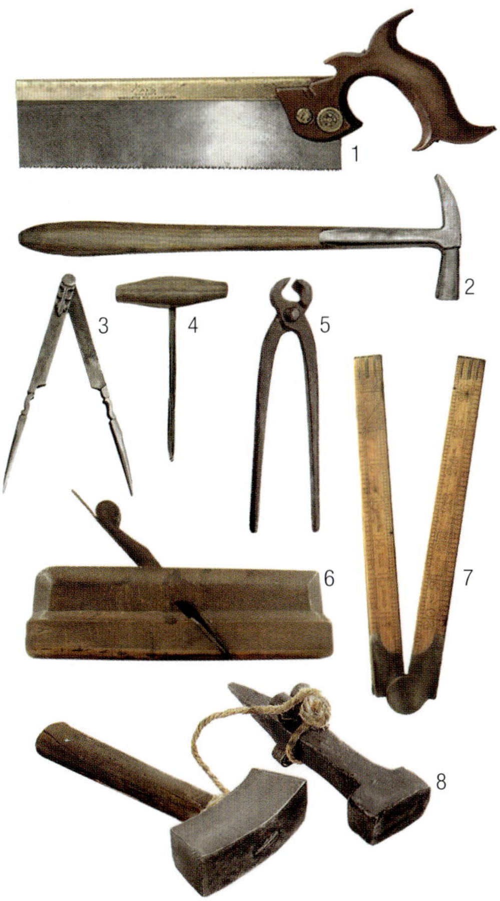

◀ Wenn der Marsch endete, machten sich die Zimmerleute an den Aufbau der Unterkünfte. Ihre traditionellen Werkzeuge waren: 1 Holzsäge, 2 Hammer, 3 Zirkel, 4 Handbohrer, 5 Drahtzange, 6 Hobel, 7 Zollstock, 8 Hammer und Amboss im tragbaren Set

Die Rationen mussten außerdem so haltbar wie möglich sein. Brot war das Hauptnahrungsmittel der Soldaten im Feldzug, aber nach einem Tag war es bereits trocken, und nach zwei oder drei Tagen begann es zu schimmeln. Ein Feldzug wurde daher von einer Feldbäckerei begleitet, die fast jeden Tag frisches Brot backte. Feldbäckereien erforderten aber auch viel Logistik – in der preußischen Kampagne zum Beispiel waren allein 400 Pferdewagen für den Transport von Zutaten und Ausstattung der Feldbäckereien bestimmt.

„Ihr habt alles getan, **was ich verlangt habe**, und mehr, als man erwarten konnte, aber **euer Land steht auf dem Spiel**, eure Frauen, eure Häuser, **alles, was euch lieb ist**.“

GEORGE WASHINGTON, 1776

AMERIKANISCHER UNABHÄNGIGKEITSKRIEG

1775–1783

Der Amerikanische Unabhängigkeitskrieg war zum Teil ein Bürgerkrieg und endete mit einer schweren Niederlage für den britischen Imperialismus. Es wurden verschiedene Kampfweisen genutzt, vom Guerillakrieg bis zur offenen Feldschlacht. Das Terrain spielte auch eine Rolle – als Freund des Soldaten oder als sein steter, grausamer Feind.

◀ Bei der Schlacht von Bunker Hill 1775 stürmen britische Soldaten die Erdwälle der Rebellen. Die Szene zeigt das Chaos der Schlacht.

EINE NATIONALE ERHEBUNG

Der Amerikanische Unabhängigkeitskrieg veränderte das Antlitz der Weltpolitik, und seine Prinzipien haben noch heute weltweit Einfluss. Er zeigte, wie gemeinsam koordinierter Widerstand selbst eines der größten Imperien jener Zeit bezwingen konnte.

Die Fakten des Amerikanischen Unabhängigkeitskriegs sind bekannt. 1773 zerstörten die Einwohner von Boston im Hafen eine große Lieferung aus Großbritannien importierten Tees. Damit protestierten die Bürger gegen die britischen Steuern und die fehlende Repräsentation der Amerikaner in der Regierung im Mutterland. Die britischen Versuche, die Rebellion zu unterdrücken, schlugen fehl, und aus dem anfänglichen Funken wurde ein Krieg, an dessen Ende die Kolonisten die Unabhängigkeit errangen. Acht blutige Jahre später waren sie mit dem endgültigen Sieg über die Briten bei Yorktown am Ziel. Dieser Verlust war für das Prestige und Selbstvertrauen Großbritanniens ein schwerer Schlag.

▼ Das Bostoner Massaker von 1770, als britische Rotröcke fünf Zivilisten töteten. Solche Ereignisse bestärkten noch die Unabhängigkeitsbewegung.

► Die amerikanische Unabhängigkeitserklärung, angenommen am 4. Juli 1776, ist eigentlich die Geburtsurkunde der Vereinigten Staaten von Amerika.

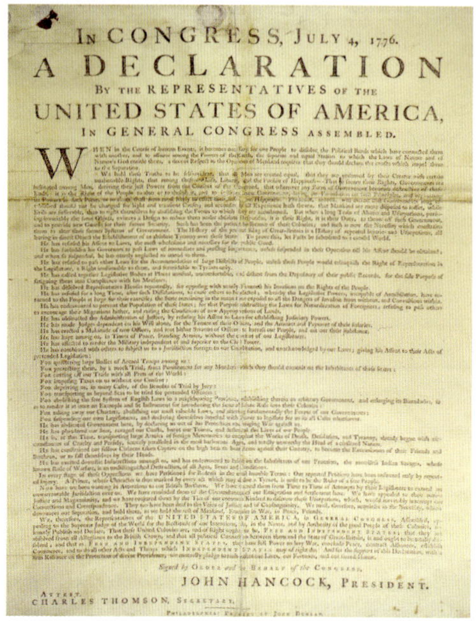

IN CONGRESS, JULY 4, 1776.

A DECLARATION

BY THE REPRESENTATIVES OF THE

UNITED STATES OF AMERICA,

IN GENERAL CONGRESS ASSEMBLED.

JOHN HANCOCK, PRESIDENT.

ATTEST.
CHARLES THOMSON, SECRETARY.

„Wir **formierten uns, rückten vor** und **schossen auf den Feind** … Seine Reihen wurden dünner, und **der Sieg schien unser**."

AMERIKANISCHER SERGEANT DER KONTINENTALARMEE, 1777

FALSCHE WAHRNEHMUNG

Vom militärischen Standpunkt aus wird der Amerikanische Unabhängigkeitskrieg oftmals falsch oder zumindest stark vereinfacht dargestellt. Zum Beispiel wird er oft so geschildert, als hätten gerissene Rebellen mit freier Guerillataktik die aufrechten Reihen der traditionsverbundenen britischen Truppen besiegt. Daran ist ein Korn Wahrheit, wie wir sehen werden, aber das Bild ist doch viel komplexer, besonders nachdem George Washingtons Kontinentalarmee zu einer großen, strukturierten Kraft heranwuchs, die große Schlachten bestreiten konnte.

Es gilt auch zu bedenken, dass die Franzosen eine bedeutende Präsenz aufseiten der Amerikaner waren – das wird in der Populärgeschichte oftmals heruntergespielt. In der Schlacht bei Yorktown zum Beispiel stellten die Amerikaner 8845 Männer auf – aber sie wurden von nicht weniger als 7800 Franzosen unter-

stützt, genauso vielen, wie ihnen Briten gegenüberstanden.

BÜRGERKRIEG

Ein anderer wichtiger Aspekt zum Verständnis des Amerikanischen Unabhängigkeitskriegs ist, dass er teilweise ein Bürgerkrieg war. Nicht alle Kolonisten waren davon begeistert, die Bande zu Großbritannien zu kappen, und viele Tausende kämpften als Loyalisten entweder unter britischem Kommando, oder sie formten unabhängige Einheiten. Viele Amerikaner empfanden daher das Resultat des Kriegs eher als Niederlage.

▲ George Washington (zu Pferd) wird Zeuge, wie sein Kamerad, General Hugh Mercer, in der Schlacht bei Princeton fällt, 1777.

▼ Grabsteine der revolutionären Ära auf einem Friedhof in Boston, einem Hauptkriegsschauplatz.

Der Amerikanische Unabhängigkeitskrieg ist vom militärischen und sozialgeschichtlichen Standpunkt aus faszinierend. Weil der Krieg im Wesentlichen ein „Volkskrieg" war und ein breiter Querschnitt der Bevölkerung daran teilnahm, sehen wir verschiedenste Personen in Uniform (und zwar in verschiedensten Uniformen). An einem Ende der Skala sind einige amateurhafte, örtliche Milizeinheiten, schlecht bewaffnet und geführt, aber lästig für die Briten. Das andere Ende bildet die britische Armee, gut ausgebildete Berufssoldaten, die dann doch unterlagen.

MILIZEN & DIE MINUTEMEN

Zu Beginn des Amerikanischen Unabhängigkeitskriegs 1775 bestand die Truppe der Aufständischen aus einem wilden Haufen von Teilzeitmilizionären. Obwohl oft verspottet, auch von George Washington, bestritten die Milizen in den ersten Jahren doch wichtige Gefechte.

Milizen, Teilzeitbürgerwehren, die bei Bedarf zu den Waffen gerufen wurden, gehörten von Anfang an zur amerikanischen Kolonisation, als sich Männer in Gruppen zusammenfanden, um ihre Gemeinden gegen Indianer und ausländische Invasoren zu verteidigen. Als 1775 der Krieg ausbrach, waren dies im Wesentlichen die Truppen, die den Kommandeuren der amerikanischen Rebellen zur Verfügung standen.

BÜRGERWEHREN

Die Milizen waren für kurzfristige Bedrohungen gedacht, nicht für lange Kriege. Viele ihrer Mitglieder waren Landarbeiter, Kleinbauern oder kleine Geschäftsleute, die regelmäßig, oft zu bestimmten Jahreszeiten, nach Hause zurückkehrten. Das stellte die frühen amerikanischen Kriegsanstrengungen vor Probleme, da es im entscheidenden Moment an der nötigen Truppenstärke fehlen konnte. Daher wurde schon in den Vorkriegsjahren ein bestimmter Anteil der Milizen zu „Minutemen“ (Minutenmännern) erklärt. Dies waren Männer, die bei Gefahr unabhängig von der Jahreszeit innerhalb einer Minute mobilisiert werden konnten. Sie waren jung, unverheiratet und erfahren im Umgang mit Waffen.

▲ Revolutionäre Truppen warten 1775 in ihrer Verteidigungsstellung auf den britischen Angriff.

▼ Die Minutemen folgen in kürzester Zeit dem Aufruf zum Kampf gegen die Briten, 19. April 1775.

AUGENZEUGENBERICHT

„Als ich dort ankam, fragte ich Captain Parker, den Kommandeur der Lexington Kompanie, was es Neues gebe … Doch als wir uns unterhielten, kam ein Bote und meldete dem Captain, dass die britischen Truppen nur eine halbe Meile entfernt seien. Parker wandte sich sofort an seinen Trommler, William Diman, und befahl ihm, zu den Waffen zu rufen, was auch geschah.“
– Sylvanus Wood, 1775

PÖBELARMEE

Die amerikanischen Milizen waren auf keiner Rangebene geschliffen oder professionell. Die ersten Kriterien für den Dienst wurden vom Kontinentalkongress am 18. Juli 1775 auf Grundlage der Ausrüstung festgelegt. Jeder konnte sich zum Dienst melden, der eine gute Muskete, ein Bajonett, Schwert oder einen Tomahawk hatte, dazu eine Patronentasche mit 24 Schuss Munition, 900 g Schießpulver und dasselbe Gewicht in Blei (für die Musketenkugeln) sowie eine Tasche, um all das unterzubringen. Es gab weder eine reguläre Uniform noch konsequente Führung, Ausbildung oder Disziplin, und die Milizen hatten oft Mühe, sich gegen die gut gedrillten Briten zu behaupten.

Dennoch brachten viele Milizionäre Erfahrungen aus dem irregulären Kampf gegen die amerikanischen Ureinwohner mit. Sie wussten, wie man sich von dem ernähren konnte, was die Natur hergab, und wie man sich in ihr bewegte. Diese Kombination von Fähigkeiten war lebenswichtig und bedeutete, dass die Milizen zwar in der offenen Schlacht unterliegen mochten, für das Kriegsresultat aber einen wertvollen Beitrag leisteten.

▼ Milizen fehlte oft jedes einheitliche Erscheinungsbild, obwohl ab 1776/77 die militärische Uniform allmählich standardisiert wurde.

DIE KONTINENTALARMEE

Washingtons Kontinentalarmee war Amerikas erster Versuch, ein stehendes Heer einzurichten. Sie begann als Truppe von zweifelhafter Qualität und Begeisterung, konnte es jedoch letztlich mit den Briten aufnehmen und diese besiegen, sogar im offenen Gefecht.

Die Entscheidung, ein permanentes stehendes Heer aufzubauen, wurde für den Kongress unvermeidlich. Obwohl die Milizen die Entschlossenheit der Briten auf die Probe stellten, war eine professionelle und gut ausgebildete Armee nötig, um den Feind in der offenen Schlacht besiegen zu können.

ZUSAMMENHALT

Am 14. Juni 1775 wurde die Gründung der Armee beschlossen und George Washington zum Kommandeur berufen. Sie bestand aus Soldaten der 13 Kolonialstaaten. Um genug Männer zusammenzubekommen, wurden auch befreite Sklaven, frühere Deserteure, „umgedrehte" britische Kriegsgefangene, Exsträflinge und Söldner rekrutiert. Sie wurden für drei Jahre oder die Dauer des Kriegs verpflichtet, aber dieser langen Dienstzeit nachzukommen, stellte sich als großes Problem mit nie endenden Schwierigkeiten bei der Verpflegung und Ausrüstung heraus. Zeitweise lebten die Soldaten unter extremen Entbehrungen, als selbst das Minimum an Verpflegung und Kleidung knapp war, von Waffen und Munition ganz zu schweigen.

INFANTERIERATION

Die offizielle Ration für einen Infanteristen der Kontinentalarmee betrug im Jahr 1775 wie folgt: täglich 450 g Rind oder Salzfisch, 450 g Brot, ½ l Milch und 1 l Bier oder Cider, dazu wöchentlich 1,4 l Erbsen oder Bohnen sowie ¼ l Reis. Im Feld reduzierten sich die Versorgungsrationen jedoch deutlich.

▼ Artillerie und Kavallerie der Kontinentalarmee auf dem Marsch. Die Artillerie nutzte erbeutete britische ebenso wie im Land hergestellte Kanonen.

▲ Wachen der Kontinentalarmee spielen Flöte und Trommel, die Hauptkommunikationsmittel auf dem Schlachtfeld des 18. Jahrhunderts, und führen eine Infanterieformation durch die Winterlandschaft.

AUSBILDUNG

Bis 1778 war das Niveau der Disziplin und Ausbildung in der Kontinentalarmee allgemein niedrig. Die meisten Männer brachten nur ihr Training aus den Milizen mit – das fand normalerweise einmal die Woche und als jährliche Regimentsübung statt. 1778 aber machte sich der preußische Söldner General Baron Friedrich Wilhelm von Steuben ernsthaft daran, die Qualität der Ausbildung für alle Ränge zu verbessern, indem er allgemeine Ausbildungsanweisungen erstellte. Mochte auch der gemeine Soldat die Schriften nicht lesen, sein Kommandeur aber kannte sie, und so begann dieses Wissen langsam nach unten durchzusickern.

„Den unglücklichen Soldaten **fehlte alles**, sie **hatten weder Mäntel noch Hüte, weder Hemden noch Schuhe.**“

CLAUDE BLANCHARD, 1780

SOLDAT, DELAWARE-REGIMENT, 1780

Das Delaware-Regiment entstand im Dezember 1775. 1779 erließ Washington den Befehl, dass Abzeichenfarben die Herkunft des Regiments anzeigen sollten. Delawares Farbe war Rot.

Feldflasche
Sie bestand aus lackiertem Holz und wog gefüllt etwa 900 g.

Verpflegungstasche
Die einfache Stofftasche enthielt eine Tagesration.

Muskete
Die Muskete wog ungefähr 4,5 kg.

BRITISCHE & LOYALISTISCHE TRUPPEN

Den Krieg als reinen Konflikt zwischen Amerikanern und Briten darzustellen, ist irreführend. An der Seite der Briten kämpften auch viele amerikanische Loyalisten, deren Ortskenntnisse für die Truppen aus Übersee von großem Wert waren.

Selbst der unerschrockenste Rebell hatte Respekt vor der britischen Armee. Der britische „Rotrock“ entstammte oft den ärmsten Schichten der Gesellschaft, aber als lange dienender Berufssoldat war er extrem zäh. Tatsächlich hatten die meisten britischen Soldaten in Amerika schon fünf bis 15 Jahre Militärdienst hinter sich, und wer erst während des Kriegs dazukam, erhielt eine sechsmonatige Grundausbildung.

IN DER DEFENSIVE

Die britischen Soldaten in Nordamerika erkannten schnell, dass es in diesem Krieg um mehr ging als um den Kampf Mann gegen Mann. Die Entfernungen bedeuteten eine enorme logistische Herausforderung, besonders da viele Vorräte über die unsicheren transatlantischen Routen kamen. Hunger und abgetragene Uniformen wurden zu Markenzeichen des britischen Armeelebens. Ein typisches Gericht war Rinderbrühe und Kartoffeln, hinuntergespült mit *small beer*, einem dünnen Gebräu, das siche-

▼ Die Rebellenheldin Nancy Hart nimmt in dieser berühmten Szene, die die Spannungen zwischen Briten und Amerikanern darstellt, britische Soldaten gefangen.

OFFIZIER, BUTLER'S RANGERS, 1781
Die Butler's Rangers wurden 1777 bei englandtreuen Flüchtlingen in Kanada rekrutiert. Den Grünrock trugen viele leichte britische und loyalistische Infanterieeinheiten.

Rock
Die Tarnwirkung des grünen Stoffs wurde durch das Rot zum Teil wieder aufgehoben.

Proviantasche
Die Taschen der Loyalisten trugen manchmal das Regimentswappen.

Vorderlader
Der Vorderlader war für eine Reichweite von bis zu 200 m einsetzbar.

Strümpfe
Die Strümpfe verhinderten, dass man sich auf langen Märschen Blasen lief.

GRENADIER, 17. FUSSREGIMENT, 1777
Die britischen Soldaten tragen den vertrauten roten Rock. Manche lernten aus ihren Erfahrungen und schnitten die Rockschöße ab, um nicht im Unterholz hängen zu bleiben.

Gekreuztes Lederzeug
Auf der Brust kreuzte sich das Lederzeug.

Feldflasche
Die Feldflasche hing links auf der Hüfte, während die Patronentasche rechts getragen wurde.

Scheide
In der Scheide steckte das Tüllenbajonett, das hier auf der Muskete zu sehen ist.

▲ Obwohl die Briten in der Schlacht bei Guilford Courthouse 1781 siegten, waren ihre Verluste so hoch, dass der weitere Vormarsch nach Virginia scheiterte.

rer war als Wasser, weil der Brauvorgang die meisten gefährlichen Bakterien abtötete. Im Feld war die Kost weniger herzhaft, und die Truppen lebten von dem, was der Wald oder die geplünderten Farmen zu bieten hatten.

IM DIENST DER SACHE

Die Briten wurden im Krieg von einem breiten Spektrum anderer Kämpfer unterstützt. In britischen Verbänden kämpften viele Indianer, und etwa 30 Prozent der britischen Truppen waren in Wahrheit deutsche – „hessische" – Söldner, die eine Begabung für die leichte Infanterie zeigten. Es gab auch viele amerikanische englandtreue Truppen. Diese „loyalistischen" Soldaten lassen sich nicht leicht fassen. Manche bildeten prestigeträchtige konventionelle Einheiten wie das King's Royal Regiment, das Queen's Regiment und die Butler's Rangers, andere wurden für leichte Scharmützel oder als Sicherheits- und Garnisonstruppen eingesetzt. Manche waren daher in formeller militärischer Uniform gekleidet, während andere die rustikale Kleidung des Hinterwäldlers trugen. Die Loyalisten kämpften aus unterschiedlichen Gründen, aus Loyalität zum Vaterland oder wegen starker kommerzieller oder familiärer Bindungen über den Atlantik hinweg.

IRREGULÄRE KRIEGFÜHRUNG

Obwohl der generelle Einsatz von Guerillataktiken im Amerikanischen Unabhängigkeitskrieg oft überbewertet wird, nutzten die Rebellen aber doch unkonventionelle Kampftechniken, um ihren Feind zu zermürben.

Der Großteil der Rebellentruppen bestand zwar aus regulären Infanteristen, doch zu Washingtons Armee gehörten auch leichte Infanterie, Gewehrschützen und Gruppen unabhängig agierender Rangers. Diese waren nicht nur auf Scharmützel spezialisiert. Sie konnten mit Vorderladern auf lange Distanzen genau treffen, und viele von ihnen wagten sich bei Erkundungsmissionen weit ins feindliche Gebiet hinein, wobei sie sich in der Landschaft tarnten, um nicht entdeckt zu werden.

SCHARFSCHÜTZEN

Die Waffe des amerikanischen Gewehrschützen war der Vorderlader. Er hatte einen meist längeren Lauf als die übliche Glattrohrmuskete, was eine hohe Mündungsgeschwindigkeit bewirkte. Zudem verliehen Züge der Gewehrkugel einen stabilisierenden Drall; diese Waffen waren über lange Distanzen genauer. Daher konnten amerikanische Schützen aus einer sicheren Position heraus einzelne Ziele über eine Distanz von mehr als 275 m ausschalten. Dank guter Kenntnis des Terrains und ausgestattet mit einer Art früher Tarnkleidung, verschwanden sie nach Abgabe des Schusses wieder.

LEBEN MIT KLEINEM GEPÄCK

Neben der Treffsicherheit besaßen viele amerikanische Leichtinfanteristen gute Überlebensstrategien in der Wildnis. Doch auch die Briten unterhielten Rangereinheiten und engagierten professionelle Scouts; die hier beschriebenen Fähigkeiten besaßen also nicht nur die Rebellen. Sie konnten Flüsse mit einfa-

► Das Schloss war das unberechenbarste Teil des Gewehrs. Der Zündstein musste exakt geformt sein, um verlässlich einen Funken aus dem Stahl zu schlagen.

▼ Musketenzubehör und -ausrüstung
1 Feder, 2 Kugelzieher; 3 Mündungspfropfen; 4 und 5 Feuerstein und Feuerstahl, 6 Zündlochnadel und Pfannenbürste 7 Reinigungswerkzeug; 8 Musketenwerkzeug, 9 Stahlwolle, 10 Pfriem, 11 Feuersteinhammer, 12 Laufreinigungsbürste, 13 hölzerner Feuerstein, 14 Ersatzfeuerstein, 15 Ladestockaufsatz, 16 Krätzer; 17 Ladestock/Werkzeugadapter, 18 Pulvermaß

▲ Ein Soldat der leichten Infanterie zielt mit seinem Vorderlader, der Mann rechts hinter ihm stößt gerade Pulver, Kugel und Papier in den Lauf.

chen Kanus aus Birkenrinde oder Walfängern aus Zedernplanken befahren. Sie wussten auch unter widrigsten Bedingungen ein Feuer zu machen, und ein erfahrener Soldat baute in 30 Minuten einen Unterstand aus Zweigen und Rinde. Im Winter errichteten die Männer ihn aus isolierenden Kiefernzweigen und richteten die Öffnung zum Lagerfeuer aus, um etwas von dessen Wärme einzufangen. Der Boden dieser Unterstände bestand ebenfalls aus Schichten dicker Kiefernzweige, auf denen die Soldaten in Bärenfelle gewickelt lagen.

Das Geheimnis des Lebens in der Wildnis war Einfachheit. Nur die allerwichtigste Ausrüstung wurde mitgenommen, kleine Rationen, das Gewehrzubehör, Dolch und Beil, jahreszeitgerechte Kleidung (darunter Hirschlederhose,

„Wenn du **von einer Erkundung zurückkehrst** und dich unserem Fort näherst, **vermeide die üblichen Wege** …“

ROBERT ROGERS, AUS DEN 28 *REGELN FÜR RANGERS*, 1757

Jagdhemden und Mokassins), Koch- und Essutensilien und eine Provianttasche. Ein Artikel im *Pennsylvania Journal* von 1775 fasst die Qualitäten dieser Kämpfer zusammen: „Diese Männer sind in den Wäldern aufgewachsen und seit ihrer Kindheit abgehärtet gegen Strapazen und Gefahren. Sie erscheinen, als sei ihnen das Gefühl von Furcht gänzlich unbekannt, als hätten sie es noch nie verspürt.“

▼ Rangerkundschafter in leichter Jagdkleidung untersuchen ein Lagerfeuer daraufhin, wann die Bewohner aufgebrochen sind.

GELÄNDE & LEBENSBEDINGUNGEN

Die Vereinigten Staaten sind eine gnadenlose Wildnis für jene, die in der Natur leben. Im Amerikanischen Unabhängigkeitskrieg mussten sich die Soldaten beider Seiten im tiefen Winter wie im Hochsommer mit den Extremen ihrer Umwelt arrangieren.

Selten war das Soldatentum während des Unabhängigkeitskriegs härter als für die Männer der Kontinentalarmee in den ersten Kriegsjahren. Mäßig ausgerüstet, unterernährt, schlecht gekleidet und ausgebildet, versuchte der amerikanische Soldat, in den gefrorenen Tälern und endlosen Waldgebieten des Ostens zu überleben.

ÜBERLEBEN UND ANPASSUNG

Im Winter 1777/78 schlug ein großer Teil der Kontinentalarmee das Winterlager in Valley Forge nordöstlich von Philadelphia auf. Die Versorgungslage war da-

„Wir leben in einem **abscheulichen Land**, es taugt nur für **Wölfe und die wilden Eingeborenen**.“

BRITISCHER OFFIZIER DES 55. FUSSREGIMENTS, LAKE GEORGE, 1758

AUGENZEUGENBERICHT

„Bald erblickte ich ein Lager. Ich hatte mir Soldaten in Uniform, den Glanz der Waffen, Standarten etc. vorgestellt, kurz, militärischen Pomp aller Art. Statt des eindrucksvollen Spektakels, das ich erwartet hatte, sah ich ein paar Milizionäre in Gruppen oder allein, schlecht gekleidet und meistenteils ohne Schuhe, viele nur schlecht bewaffnet, aber alle gut mit Lebensmitteln ausgestattet. Ich sah, dass zu ihrer Verpflegung Tee und Zucker gehörten.“
– Chevalier de Pontgibaud, Valley Forge, 1777

▼ Die berühmte Molly Pitcher soll 1778 in der Schlacht bei Monmouth, New Jersey, den Rebellen in ihrer abgerissenen Kleidung geholfen haben.

mals so schlecht, dass rund 3000 Männer nicht antreten konnten, weil sie keine Schuhe und nur wenig Kleidung besaßen. Sie waren schmutzig – es gab keine Seife mehr – und litten unter den Folgen des Winterwetters. Alle waren sie halb verhungert wegen des Fleisch- und Gemüsemangels, und Nachschubprobleme bei Musketen und Schießpulver führten dazu, dass man ernsthaft die Verwendung von Pfeil und Bogen erwog.

AUF DEM MARSCH

Als der Krieg voranschritt, verbesserten sich glücklicherweise die Bedingungen für die Kontinentalarmee, obwohl sie nicht einmal ansatzweise an Luxus heranreichten. Im Winter bauten sich die Soldaten in bewaldeten Gegenden Holzhütten, in denen zwölf Männer oder je nach Rang ein bis vier Offiziere untergebracht werden konnten. Die Lager blieben manchmal bis in die Sommermonate bestehen und erlaubten es den Truppen, so etwas wie ein Gesellschaftsleben aufzubauen, darunter auch Theateraufführungen. Musik mit Banjos, Blechflöten und Fiedeln erklang zwischen Bäumen und Hütten und bot in dunklen Nächten und am sommerlichen Lagerfeuer wohl eine gewisse Erleichterung.

▲ George Washington trifft den Marquis de Lafayette in Valley Forge, wo die Kontinentalarmee während des Winters 1777/78 schrecklich leiden musste.

▼ Lagerfeuer waren für das Kochen und als Wärmequelle wichtig, doch der Rauch führte auf lange Sicht zu vielen Atemwegsinfektionen und sogar zu einigen Krebsarten.

Im Kampfeinsatz lebte man in Zelten, oder im Hochsommer schliefen die Soldaten auf Decken unter freiem Himmel und hofften darauf, dass der Rauch der schwelenden Feuer die blutrünstigen Insekten des Waldes fernhielt. Beim Marsch durch unwegsames oder bergiges Gelände legte die Armee manchmal nur 8 km am Tag zurück, aber normalerweise erwartete man, dass sie mehr als das Doppelte der Strecke schaffte. In einem berühmten Geschwindigkeitsmarsch bewältigten die amerikanischen Soldaten bei Brandywine 8 km in nur 45 Minuten. Waren sie im Lager, wechselten sich die Männer mit dem langweiligen Wachestehen alle drei Tage ab.

Die Gesundheit war für Soldaten sowohl bei Feldzügen wie in der Kaserne ein wichtiges Thema. Krankheiten forderten zahllose Opfer, aber 1777 verbesserte sich die Lage deutlich, als die Kontinentalarmee begann, ihre Soldaten gegen die Pocken, eine der todbringendsten Gefahren des 18. Jahrhunderts, zu impfen.

UNIFORMEN & AUSRÜSTUNG

Die Soldaten in diesem Krieg waren nicht einheitlich uniformiert und ausgerüstet. Das Schlachtfeld strapazierte auch die Ausrüstung bis zum Äußersten, weshalb viele Soldaten die von ihnen getragenen oder mitgeführten Dinge den eigenen Bedürfnissen anpassten.

Die Uniform der regulären britischen Truppen war stark reglementiert, vor allem im Vergleich zum kreativen und variablen Erscheinungsbild der Kontinentalarmee.

BRITISCHE FÖRMLICHKEIT

Obwohl die Briten im 18. Jahrhundert vor allem für die leichteren Einheiten einige Zugeständnisse an Tarnung und Bequemlichkeit machten, blieb die Standarduniform im Amerikanischen Unabhängigkeitskrieg doch steif und wenig flexibel. Sie bestand im Allgemeinen aus einem schweren roten Wollrock, Weste, Kniehose, Gamaschen und Lederschuhen. Alles an ihr war eng und unbequem und machte sowohl die Kälte als auch die Hitze schwer erträglich.

▲ Rollenspieler stellen den Rückzug der Briten aus Concord dar. Der Dreispitz wurde von Briten und Rebellen viel getragen.

◄ Etwa sechs oder sieben Männer teilten sich einen gusseisernen Kochtopf, jeder steuerte Kessel oder Küchenutensilien bei.

1

2

▼ Öllampen (1) und Sturmlaternen (2) sorgten für Licht.

Zur Ausrüstung des Soldaten gehörten eine Patronentasche, die auf seiner rechten Hüfte an einem Lederriemen hing, eine Bajonettscheide am Gürtel und eine Tasche für die praktischen Gegenstände wie Schuhputzzeug, Musketenzubehör, Kochtöpfe, Essgeschirr, Zeltzeug (das Zubehör eines Zelts wurde unter fünf Männern aufgeteilt) sowie seine persönliche Habe. Hinter dem schneidigen Aussehen verbargen sich viele Muskelschmerzen und wundgescheuerte Stellen.

KLEIDUNG DER AMERIKANER

Kleidung und Ausrüstung der Kontinentalarmee waren weniger einheitlich, da die gerade entstehende Nation sich schwertat, ihre Männer mit einer Uniform auszustatten. In den ersten beiden Jahren trugen diese einfach, was zur Hand war, wobei einige Regimenter normierte Kleidung hatten und andere eine verwegene Mischung aus Jagd- und Arbeitskleidung zur Schau stellten.

Jagdhemden blieben im Verlauf des ganzen Kriegs sehr beliebt, weil sie im Feld praktisch waren und zudem die offizielle Uniform vor Abnutzung schützten.

Im September 1777 gab der Kongress die ersten offiziellen Regeln zur Uniformierung heraus: 1 Rock, 1 Weste, 1 Paar Hirschleder- oder 2 Leinenkniehosen, 1 Hut/Lederkappe, 2 Hemden, 1 Jagdhemd, 2 Overalls, 2 Paar Schuhe, 1 Decke. Die Jackenfarbe war Braun, aber ab 1778 gab es auch blaue Röcke, die aus Frankreich importiert wurden. Obwohl die Kontinentalarmee eher ungehobelt erschien, waren ihre Uniformteile viel angenehmer zu tragen als jene der Briten. Die Uniform wurde durch alles, was der Soldat fand oder erbeutete, ergänzt. Transportiert wurde die Ausrüstung in einem Tornister (für Kleidung, Decke und persönliche Habe) zusammen mit drei Tagesrationen in einer kleinen Tasche.

▼ Ein idealisiertes Bild der Uniform während des Unabhängigkeitskriegs. George Washington (Mitte) ist von vier Soldaten in europäischen Uniformen umgeben.

FRANZÖSISCHER HUSAR, 1780

Im Gegensatz zur schlichten Uniform der Kontinentalarmee zeigt dieser französische Husar den Pomp der leichten Kavallerie.

Litzen
Die Litzen verschmutzten und fransten im Feldzug schnell aus.

Handschuhe
Die Handschuhe sorgten für einen festen Griff an Zügeln und Säbelheft.

Säbel
Der leichte, gebogene Säbel war ideal, um ihn auf beiden Seiten des Pferdes zu schwingen.

FACETTEN DES KRIEGS: KOMMUNIKATION

Kommunikation macht aus einer Ansammlung einzelner Soldaten einen zusammenhängenden und koordinierten Verband. Doch die Fähigkeit, sich schnell über große Entfernungen zu verständigen, hat sich nur langsam mit dem technischen Fortschritt entwickelt.

Eine effektive Kommunikation auf dem Schlachtfeld zu erreichen, war immer ein Problem bei militärischen Operationen. Wo gekämpft wird, ist es laut und verwirrend, und Kommandeure haben lange nach Mitteln gesucht, um durch das Getöse und den Qualm der Schlacht hindurch verständliche Anweisungen zu übermitteln.

SEHEN UND HÖREN

Vom Altertum bis zum 19. Jahrhundert waren die wichtigsten Mittel der Gefechtskommunikation sicht- und hörbar. Für Letzteres galt, dass die Stimme am unmittelbarsten war, obwohl sie hierzu sehr laut sein musste – daher das Gebrüll der Feldwebel auf dem Exerzierplatz. Die Stimme ging aber in anderen Geräuschen schnell unter, weshalb Musikinstrumente, besonders Trommeln, Blechbläser und Flöten, zum Einsatz kamen, um codierte Nachrichten in größerer Lautstärke weiterzugeben.

In der visuellen Kommunikation standen Flaggen, Banner und Standarten als einfache Mittel für die Orientierung der Einheit zur Verfügung (deshalb wa-

▲ Die Infanterie der Kontinentalarmee verlässt sich bei einem Nachtangriff 1779 auf die visuelle Kommunikation mit dem Offizier.

▼ Im Ersten Weltkrieg waren Brieftauben für das Hauptquartier ein wichtiges Fernkommunikationsmittel.

◄ Das Winkeralphabet. Es bietet die Möglichkeit zur Übermittlung präzise formulierter Befehle. Nachteilig ist, dass der Feind mitlesen kann und der Winker sich in exponierter Stellung befindet – ein verlockendes Ziel für Scharfschützen.

CHRONIK

1792 Der Franzose Claude Chappe erfindet das Winkeralphabet.

1837 Der elektrische Telegraf wird von dem Amerikaner Samuel Morse erfunden.

1863 Das US Army Signal Corps, die Fernmeldetruppe des amerikanischen Heers, wird gegründet.

1869 Der Engländer Henry Mance verbessert den professionellen Spiegeltelegrafen.

1880er Die ersten Feldtelefone werden hergestellt und eingesetzt.

1901 Der italienische Physiker Guglielmo Marconi führt die Funkübertragung des Morsecodes über große Distanzen vor.

1920er Kurzwellensender und elektrische Codierung werden erfunden.

1939–1945 Perfekter Funkverkehr zwischen Land-, Luft- und Seetruppen im Zweiten Weltkrieg.

ren die Standarten des Gegners so begehrt). Andere Methoden waren unter anderem Handsignale, Feuer oder Spiegeltelegrafen; Letztere wurden im 19. Jahrhundert deutlich verbessert. Das Winkeralphabet mit Flaggen wurde 1792 erfunden und danach besonders von Marinen weltweit, aber auch von Heeren genutzt.

ELEKTRONISCHE REVOLUTION

Die wahren Revolutionen in der militärischen Nachrichtenübermittlung begannen im 19. Jahrhundert. Die Erfindung der elektrischen Telegrafie in der ersten Hälfte des Jahrhunderts veränderte zusammen mit dem Morsecode die Verbreitung von Kommandos sogar über Kontinente hinweg. 1880 fand die Erfindung des Telefons ihren Niederschlag im militärischen Feldtelefon, das im Ersten Weltkrieg eine wichtige Kommunikationsform bildete. Dennoch waren es die praktischen Raffinessen der drahtlosen Verständigung – Funk – in den 1920er-Jahren, die Befehlshabern das beste Mittel der mobilen Echtzeitkommunikation gewährten. Auf dieser Grundlage entwickelte sich das vernetzte Schlachtfeld.

▲ Deutsche Funker an der Ostfront im Zweiten Weltkrieg. Mit Funkgeräten konnte man auch den Funkverkehr des Feinds abhören.

▼ US-Marines kommunizieren bei einer Sicherheitspatrouille im Distrikt Nahri Saraj in Helmand in Afghanistan mit ihrer Basis.

DER KRIEG EINES GANZEN VOLKS

Der Amerikanische Unabhängigkeitskrieg als Bürger- und Kolonialkrieg betraf jeden Bereich der Gesellschaft. Jeder, ob er es wusste oder nicht, spielte in der Entwicklung und dem Ausgang des Kriegs sowie bei der folgenden Gründung der Nation eine Rolle.

Der Unabhängigkeitskrieg war vor allem ein Krieg des Volkes. Die Zusammensetzung der Rebellenmilizen und der Kontinentalarmee ließ die Grenzen zwischen Militär und Zivilisten verschwimmen, auch weil viele Soldaten zusätzlich zivile Aufgaben auf nahe gelegenen Farmen oder in Geschäften übernahmen. Für Frauen, Kinder und Zivilisten reichten die Auswirkungen auf ihr Leben von minimal bis katastrophal.

AUSWIRKUNGEN IM ALLTAG

Wie alle Kriege brachte auch der Unabhängigkeitskrieg verschiedene

▲ Das bewegende Bild zeigt Amerikaner, die Heim und Familie gegen einen räuberischen Überfall der Briten verteidigen; der Mann in der Mitte lädt seine Flinte.

▼ Samuel Adams, einer der Architekten der amerikanischen Revolution, führt eine Gruppe an, die einen britischen Steuerbeamten zum Rücktritt zwingt.

Unannehmlichkeiten mit sich. So trafen unvermeidlich Zivilisten auf kriegsmüde Soldaten – die eigenen oder feindliche –, mit all den unvorhersehbaren sozialen Interaktionen, die das mit sich brachte. Unter dem Vorwand der Kriegsdringlichkeit konfiszierten die durchziehenden Armeen Lebensmittel und Habe der Zivilisten, die ohnehin unter den Folgen des Kriegs auf den Handel, etwa der Schließung örtlicher Märkte, und der britischen Seeblockade litten. Manchmal wurden Zivilisten von einquartierten Soldaten bestohlen. Einige Diebe wurden gehängt, aber selten bekam die Bevölkerung trotz anderslautender Versprechen ihr Recht.

Der enge Kontakt der Zivilisten zu feindlichen Soldaten verschaffte in diesem Krieg der geteilten Loyalitäten so

DER CULPER-RING

Das berühmte Spionagenetzwerk der Rebellen, der Culper-Ring, wurde 1778 in New York gegründet. George Washington hatte den Kavallerieoffizier Benjamin Tallmadge zum Chef des Geheimdienstes der Armee ernannt. Der Ring war nach „Samuel Culper", dem Decknamen des Spions Abraham Woodhull, einem der engsten Mitarbeiter und Freunde Tallmadges, benannt.

► Die Kontinentalarmee setzte oft Frauen ein, um den Feldärzten zu assistieren. Auf zehn Patienten kam eine Krankenschwester.

manche Gelegenheit zur Spionage. Mitunter hängten weibliche Spione ihre Wäsche in einer abgesprochenen Weise auf und vermittelten so codierte Informationen über die Zahl oder Lage der Soldaten, die in ihrem Dorf oder ihrer Stadt stationiert waren.

▼ Hier begann alles: Die Boston Tea Party von 1773 war ein ziviler Protest gegen Steuern, aus dem eine wahre Revolution erwuchs.

ROLLE DER FRAUEN

Frauen spielten sowohl bei den Rebellen als auch bei den Briten aktive Rollen. Etwa 20 Prozent der britischen Soldaten brachten Familienangehörige mit, und auch die Kontinentalarmee erlaubte mitreisende Familien, da so verhindert wurde, dass Soldaten desertierten oder Urlaub nahmen, um für ihre notleidenden Frauen und Kinder zu sorgen. Frauen wurden generell in der Krankenpflege, zum Putzen, Waschen und Flicken eingesetzt und dafür von den Soldaten bezahlt. Die Kontinentalarmee erließ Richtlinien, in denen sie Wäscherinnen davor warnte, zu hohe Preise vom dienenden Personal zu verlangen; in solch einem Fall bestand die Strafe in der Ausweisung aus dem Militärlager. Frauen bereiteten auch oft das Essen zu, wenngleich eher für die zivilen Mitarbeiter; die Soldaten kochten für sich selbst.

MILITÄRFÜHRER & KOMMANDEURE

Dies war ein Konflikt, in dem einige Männer ohne ihr Wollen und eher unerwartet zu Größe gelangten. Andere verloren plötzlich – und manchmal gewaltsam – ihre Autorität und Reputation, der Preis für die Niederlage in der Schlacht.

Obwohl hochrangige Offiziere vom Alltag der Soldaten weit entfernt scheinen, lohnt es sich, Leben und Charakter der Männer an der Spitze der Befehlskette in Erinnerung zu rufen. Der Amerikanische Unabhängigkeitskrieg ist in dieser Hinsicht faszinierend, denn die Bandbreite von Fähigkeiten und Background war bei den Kommandeuren beider Seiten sehr groß.

HERKUNFT DER OFFIZIERE

Es gab einige wesentliche Unterschiede zwischen den Befehlshabern der britischen und der Kontinentalarmee. Für die Briten waren ihre Offiziere das Produkt einer professionellen Offiziersschicht, obwohl das System käuflicher Offizierspatente bedeutete, dass sie genauso wenig geeignet sein konnten wie die Offiziere anderer Armeen. Die Kontinentalarmee dagegen entstand, bevor es ein formales System der Offiziersrekrutierung und -ausbildung gab. Daher war die Eignung der Rebellenoffiziere oft ungewiss, einige hatten einen militärischen Hintergrund, andere kamen direkt aus dem Zivilleben. Wer nie zuvor gedient hatte, musste schnell lernen.

▲ George Washington (l.) mit anderen Offizieren. Er war nicht nur ein fähiger Kommandeur, sondern galt zu Recht auch als gewiefter Politiker.

▼ Der Marquis de Lafayette, ein französischer Offizier, kam im Jahr 1777 nach Amerika und trat der Kontinentalarmee bei.

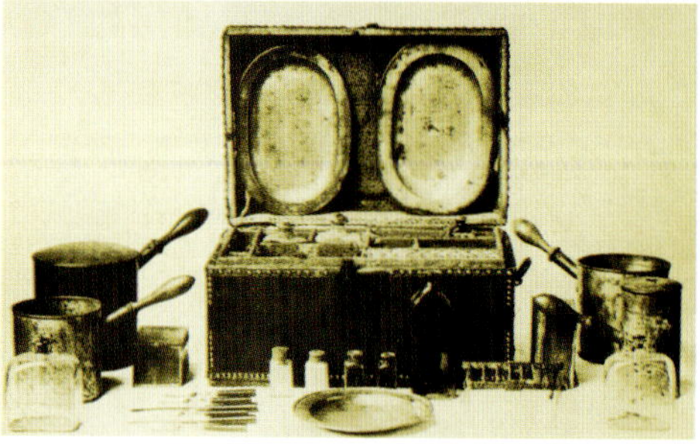

◀ Washingtons Kochgeschirr. Das Geschirr eines einfachen Soldaten sah anders aus und bestand meist nur aus Kessel, Pfanne und Löffel.

DANIEL MORGAN

Der Rebellenführer Brigadier-General Daniel Morgan (1736–1802), bekannt für seine schnell marschierenden Einheiten und seinen irregulären Gefechtsstil, erhielt als Soldat vor dem Krieg 499 Peitschenhiebe, weil er einen britischen Offizier geschlagen hatte.

„Was den Krieg betrifft, so bin und war ich stets sein **großer Feind** und zugleich die meiste Zeit meines Lebens ein Krieger."

BRIGADIER-GENERAL DANIEL MORGAN, 1758

GROSSE NAMEN

Die großen Führer der Rebellentruppen waren gemischter Herkunft. Ganz oben stand George Washington, ein Aristokrat aus Virginia, der im Siebenjährigen Krieg in Nordamerika ein Regiment mit maximal 2000 Mann geführt hatte, 1775 aber plötzlich über 15 000 Soldaten kommandierte, nachdem er 20 Jahre lang als Zivilist gelebt hatte.

Wie Washington hatten viele Kommandeure der Rebellen zuvor bei den Briten gedient, so auch General Horatio Gates. General Benedict Arnold dagegen begann bei den Rebellen, lief dann aber zu den Briten über. Mancher amerikanische Kommandeur brachte wenig militärische Erfahrung, dafür aber viel Charakter mit. So war General Anthony Wayne vor dem Krieg Landvermesser und Besitzer einer Gerberei und kam aus der Oberschicht Pennsylvanias. Trotzdem wurde er 1776 als Colonel der Kontinentalarmee angeworben und verdiente sich für den Kampfgeist, mit dem er am 16. Juni 1779 das britische Fort in Stony Point, New York, stürmte, den Spitznamen „Verrückter Anthony".

Einige Kommandeure verdankten ihren dauerhaften Ruhm ihrem Erfindungsreichtum ebenso wie ihrem Talent als Befehlshaber. Bei den Briten erfand Major Patrick Ferguson das erste britische Hinterlader-Ordonnanzgewehr. Sein Gewehr im Kaliber .615 feuerte doppelt so schnell wie die reguläre Muskete, aber die Herstellungskosten verhinderten seine weitere Verbreitung.

GEORGE WASHINGTON, 1781
Als General Washington 1775 den Befehl über die Kontinentalarmee übernahm, sagte er: „Ich erkläre heute in aller Ernsthaftigkeit, dass ich dem Kommando, mit dem ich geehrt werde, nicht gewachsen bin."

Uniform
Die Uniform des Generals entspricht der Generalanordnung vom Juni 1780.

Schwert
Das Schwert ist ein Stoßdegen mit Königsmarck-Klinge.

Kniehose
Die Kniehose war weiß oder gelbbraun und wurde in die Reitstiefel gesteckt.

„Ich glaubte, es **gäbe nichts Besseres**, als gegen **alle möglichen Widerstände** zu **kämpfen.**“

JEAN-BAPTISTE BARRÈS, FRANZÖSISCHER SOLDAT

DIE NAPOLEONI-SCHEN KRIEGE

1799–1815

1789 wurde Frankreich von der Revolution erschüttert und verändert. Aber dies war nicht nur ein innerer Aufruhr. Die Revolution wurde zum Auslöser mehrerer großer Kriege, die über 20 Jahre lang Europa und andere Teile der Welt überrollten. Ab 1799 war der Mann im Zentrum dieser Konflikte der berüchtigte Napoleon Bonaparte.

◄ Die französische Kavallerie greift während der Schlacht bei Fère-Champenoise am 25. März 1814 an. Die Kavallerie konnte den Ausgang der Schlacht bestimmen, indem sie sehr schnelle Attacken gegen die offenen gegnerischen Linien ritt.

ENTSTEHUNG DER GROSSARMEEN

Die Armeen der Napoleonischen Kriege entstanden aus einer Verbindung von Tradition und Moderne. Die Tradition zeigte sich in den Uniformen und im Stolz auf das Regiment, doch Ausmaß und Intensität der Kriegführung erforderten moderne Taktiken.

Die Bezeichnung „Napoleonische Kriege" geht auf den vermutlich größten Militärführer der Geschichte, Napoleon Bonaparte (1769–1821), zurück. Vom relativ bescheidenen Artillerieoffizier der französischen Armee wurde er als loyaler und hoch kompetenter Befehlshaber in den nationalen und internationalen Kriegen nach der Französischen Revolution 1789 bekannt. Napoleon machte Schlagzeilen mit seinem geschickten Vorgehen in Schlachten bei Toulon (1793), Arcola (1796) und in Ägypten (1798), aber er war auch politisch versiert. 1799 wurde er Erster Konsul Frankreichs und krönte sich fünf Jahre später selbst zum Kaiser.

An der Spitze einer der größten und eindrucksvollsten Armeen, die Europa je gesehen hatte, setzte Napoleon den Kontinent in Brand. Mit seinem Talent für schnelle, taktisch aggressive Manöver führte er seine Truppen zu großen Siegen, die noch heute als entscheidende Momente der Militärgeschichte gelten. Doch er erlitt auch katastrophale Niederlagen wie bei Borodino in Russland 1812 und bei Waterloo 1815, der Schlacht, die Napoleons imperiale Träume zerstörte und ihn ins Exil auf der Atlantikinsel St. Helena beförderte.

► Leichte französische Kavallerie feuert im Gefecht mit russischen Kosaken 1812 ihre Karabiner aus dem Sattel ab.

„Zu solchen Gelegenheiten werden auch die Tapfersten blass."

BRITISCHER OFFIZIER AM VORABEND DER SCHLACHT

▼ Preußische Husaren im Gespräch während der Nachtwache. Husaren galten als die schneidigsten unter den Kavalleristen.

GROSSARMEEN

Die Napoleonischen Kriege wurden von Armeen in ganz Europa ausgefochten. Die Truppen wuchsen in Stärke und Feuerkraft zu bislang selten gesehener Größe an. Für die Invasion Russlands 1812 zählte Napoleons Armee (inklusive Soldaten aus Polen, Österreich, den Niederlanden, Italien, der Schweiz und Dänemark) 614 000 Mann mit einem Versorgungszug aus 25 000 Pferdewagen. Die britische Armee stockte die Zahl ihrer Soldaten von 50 000 im Jahr 1789 auf 300 000 im Jahr 1813 auf, Preußen verfügte 1806 über eine ähnlich große Streitmacht. Dieser massive Anstieg der Truppenstärke brachte komplizierte Probleme hinsichtlich von Logistik, Ausbildung und Disziplin mit sich. Obwohl jede Armee über altgediente reguläre Kerntruppen verfügte, war die Motivation vieler neuer Soldaten allein die Flucht vor Armut oder Gefängnis. Von dem berühmten britischen Kommandeur Arthur Wellesley, dem 1. Duke of Wellington, stammte die bekannte Bemerkung, die einfachen britischen Soldaten seien „der Abschaum der Erde".

TAPFERKEIT IM FELD

Wie viele Generäle feststellten, konnten scheinbar aussichtslose Männer letztlich zu erstaunlich fähigen Kämpfern geformt werden. Wellingtons Soldaten mögen von ihrem eigenen General als „Abschaum" bezeichnet worden sein, aber viele meldeten sich freiwillig, um bei Himmelfahrtskommandos als Erste die Bresche in einer Befestigungsanlage zu stürmen und dabei fast mit Sicherheit den Tod zu finden. Die preußische Armee erhob sich ebenfalls von schweren Niederlagen zu Siegen in Leipzig (1813) und Waterloo (1815).

▲ Napoleons Feldlager bei Schloss Ebelsberg 1809. Napoleon war ein überragendes strategisches und taktisches Talent und wurde von vielen seiner Soldaten vergöttert.

▼ *Am Abend der Schlacht bei Waterloo* von Ernest Crofts gibt einen Eindruck vom Chaos des napoleonischen Schlachtfelds. Panische, reiterlose Pferde trampelten oft Soldaten nieder.

Die Truppenhierarchie blieb weiter bestehen, doch wie an Napoleon selbst zu sehen, stieg allmählich ein Verdienstadel auf, vor allem im Offizierskorps. Auch gewannen technische Bereiche wie Pioniere und Artillerie an Bedeutung. Es dauerte noch 100 Jahre, bis diese Veränderungen zum Tragen kamen, aber die Napoleonischen Kriege zeigten, dass der Charakter anstelle der Herkunft entscheidend sein konnte.

DIE FRANZÖSISCHE ARMEE

Vom einfachsten Rekruten bis zum Offizier adliger Herkunft verband sich die französische Armee unter Napoleon zu einer effektiven Kampftruppe, die fast alle Gegner aus dem Weg fegte.

Die Französische Revolution und die Konflikte, die sie auslöste, führten in Frankreich zu einem fast unstillbaren Bedarf an Soldaten. Daher begannen im August 1793 Massenrekrutierungen. Alle kampffähigen Männer zwischen 18 und 25 Jahren konnten eingezogen werden. Tausende versuchten, der Einberufung durch Desertion oder auf andere Weise zu entgehen, indem sie etwa jemanden bezahlten, um ihr Ersatzmann zu sein. Trotzdem führte die Rekrutierung zu einem Anstieg der Truppenstärke auf 1,5 Millionen Mann am Ende des Jahres.

INFANTERIE

Frankreichs Armee bestand wie andere europäische Heere jener Zeit aus drei Waffengattungen: Infanterie (die größte Gruppe), Artillerie und Kavallerie. Seit 1803 war die Infanterie in Regimenter, Bataillone und Kompanien unterteilt. Bevor Napoleon das Kommando übernahm, konnte das revolutionäre Frankreich seine Truppen kaum ernähren und kleiden, und auch Sold gab es nicht immer. In den 1800er-Jahren verbesserte sich die Lage stetig, Uniformen und Ausrüstung wurden normiert. Trotzdem stand die französische Infanterie nicht

> „Die **Franzosen griffen** mit geschulterten Waffen an, wie es ihre Art war, … **die Engländer standen still.**“
>
> FRANZÖSISCHER SOLDAT, 1814

▲ Gut koordinierte Kavallerieattacken waren schlagkräftig, konnten aber zu hohen Verlusten durch feindliches Artillerie- und Musketenfeuer führen.

gut da. Später wurden Tausende Jugendliche, die sogenannte Marie-Louise-Armee, zwangsrekrutiert, um Lücken in den Reihen zu füllen.

KAVALLERIE UND ARTILLERIE

Die Kavallerie, die schneidigste und elitärste von Napoleons Truppen, war mit „leichten" wie „schweren" Waffen ausgerüstet. Die leichte Kavallerie (Husaren, Jäger und Ulanen) übernahm Erkundungen sowie Überraschungsangriffe und unterstützte die Infanterie. Die wichtigste Truppengattung der schweren Kavallerie waren die Kürassiere, die den Kürass, einen metallenen Brustpanzer, trugen und Säbel schwangen. Ihre Spezialität waren donnernde Attacken, um die feindlichen Reihen zu durchbrechen.

Die Artillerie war eine der einflussreichsten Waffengattungen Frankreichs. Reformen der 1760er-Jahre hatten die Zahl der Acht- und Zwölf-Pfund-Kanonen in den Fronttruppen drastisch erhöht. Napoleon nutzte seine von Pferden gezogenen Feldwaffen virtuos und fügte den Feinden damit schreckliche Verluste zu.

DIE ANTIFRANZÖSISCHE ALLIANZ

Gegen die imperialen Bestrebungen Frankreichs wandte sich ein breites Spektrum verbündeter Kräfte, die Truppen, Wissen und Führerschaft in unterschiedlichem Maß beisteuerten. Letztlich führte die vereinte Stärke dieser Koalition 1815 Napoleons Niederlage herbei.

▲ Ein Rotrockdarsteller schießt mit seiner Brown-Bess-Muskete. Er trägt den Tschako mit Feder.

Loyalitäten waren während der Napoleonischen Kriege wandelbar. Zu einigen Zeiten des Kriegs kämpften Österreich, Russland und Preußen zum Beispiel als Klientelstaaten für Frankreich, aber auch für die antifranzösische Allianz. Eine Verschiebung zu Letzterer hin zeigte sich in den beiden ausgehenden Kriegsjahren besonders deutlich, als Napoleon nach seiner Niederlage in Russland 1812 geschwächt war. Die Qualität jeder Armee und ihrer Soldaten unterlag daher politischen und strategischen Entscheidungen. So litt die österreichische Armee unter Problemen mit einer Heeresreform, die sich auch auf die Moral und Lebensbedingungen der einfachen Soldaten auswirkten und sich bis 1807 nicht besserten. Preußen legte von jeher Wert auf soldatische Tatkraft und Disziplin, war aber taktisch im ersten Jahrzehnt des Konflikts nicht auf der Höhe der Zeit und wurde daher 1806 nahezu vernichtet. Von diesem Tiefpunkt jedoch gelang es Preußen, seine Truppenstärke und Taktik wieder zu stärken, und spielte schließlich eine tragende Rolle bei Napoleons endgültiger Niederlage in Waterloo.

▼ Typische Ausrüstung britischer Soldaten: 1 Damespiel, 2 Metallpolitur, 3 Lederpolitur, 4 Kompass, 5 Knopfputzleiste, 6 Wasch- und Rasierzeug, 7 Taschenmesser, 8 Nähzeug, 9 Feuerstein, Stahl und Zunder.

GROSSBRITANNIEN

Der beharrlichste Feind Frankreichs in dieser Zeit waren die Briten. Den Kern ihrer Truppen bildeten die „Rotröcke“ der Infanterie, benannt nach ihren roten Jacken, auf denen sich unseligerweise zwei weiße Lederriemen kreuzten und feindlichen Schützen ein perfektes Ziel boten. Zwar stammten die britischen Rekruten oft aus den unsoldatischsten Bevölkerungsteilen der Insel, doch wurden durch hartes Training und strenge Disziplin meist standhafte Kämpfer aus ihnen, die eine tiefe Loyalität mit ihrem Regiment verband. Britische Soldaten waren für ihre stoische Belastbarkeit unter Feuer und ihre Brutalität in Mann-gegen-Mann-Kämpfen bekannt. Die Offiziere kamen gewöhnlich aus dem Adel und waren reich – Letzteres war eine Voraussetzung, um als Offizier Karriere zu machen, denn die Patente wurden verkauft. Dennoch konnten sich auch einfache Männer in den Napoleonischen Kriegen auszeichnen.

RUSSLAND

Russische Soldaten wurden ab 1793 für 25 Jahre verpflichtet. Im Gegensatz zu den Briten nahmen sie ihren Platz in einer riesigen, weit verteilten Armee ein, die in der Regel unterbesetzt war. Einfache Rekruten waren meist arm, und junge Offiziere verfügten über wenig militärisches Wissen. Höhere Ränge entstammten immer dem Adel und hatten keine Ahnung vom Alltag ihrer Untergebenen. Wie in anderen Heeren verbesserten ab etwa 1806 Reformen auch das Leben der russischen Soldaten zumindest etwas durch effektivere Logistik und modernere Musketen.

▼ Offiziere der King's German Legion, einer deutschen Truppe unter britischem Kommando, entspannen auf dem Feldzug.

RUSSISCHER GRENADIER, 1806

Der Grenadier lädt seine Muskete. Er stößt Pulver und Kugel mit einem Ladestock in den Lauf und achtet darauf, das aufgepflanzte Tüllenbajonett nicht zu berühren.

HANDFEUERWAFFEN

Nicht lange nach Beginn eines Gefechts war das Schlachtfeld in den dichten Qualm von Gewehrfeuer gehüllt, durch den die Blitze des Mündungsfeuers zuckten. Treffsicherheit war nicht so wichtig wie die Fähigkeit, schnell neu zu laden und rasch Salven abzufeuern.

Angesichts der überaus präzisen Gewehre heutiger Zeit kann man sich kaum vorstellen, wie willkürlich das Schießen mit Musketen zu Napoleons Ära war. Obwohl vor allem Eliteschützen der leichten Infanterie eine Schießausbildung erhielten, hatten die meisten anderen Soldaten kein derartiges Training. Das war keine Unterlassung, sondern Realitätssinn. Musketen waren an sich äußerst ungenaue Waffen. Selbst große Ziele trafen sie effektiv nur auf etwa 100 m Distanz oder weniger. Tests haben gezeigt, dass die Hälfte aller Schüsse ihr Ziel, eine große Leinwand, auf 164 m Entfernung verfehlte – selbst auf 68,5 m ging ein Drittel der Schüsse daneben.

SALVENFEUER

Daher nutzte man Salvenfeuer – koordinierte, wiederholte Schüsse aus eng geschlossenen Reihen. Die Annahme

AUGENZEUGENBERICHT

„Im Infanteriefeuer ging es brutal und beengt zu. Schlug die Zündmischung Funken, flogen uns Schauer halb verbrannten Pulvers und Feuersteinstückchen ins Gesicht. Die Muskete zuckte wie wild. Feuerten drei Reihen, wurde die mittlere angerempelt und verfehlte oft … Es war eine harte, gehetzte Arbeit mit knallenden Musketen und Rauch in den Augen. Der Mund war vom Patronenaufbeißen trocken."
– Ein französischer Soldat, zitiert in *Tactics and Experience in the Age of Napoleon* von Dr. Rory Muir.

▼ Musketenzubehör eines französischen Voltigeurs der leichten Infanterie: 1 An-IX-Infanteriemuskete, 2 An-XI-Dragonermuskete, 3 Patronentasche, 4 Tüllenbajonett und Scheide, 5 Inneres einer Patronentasche, 6 Musketenwerkzeug, 7 Krätzer, 8 Zündlochnadel, 9 Feuerstein, 10 Feuerstein mit Bleiummantelung, 11 hölzerner Übungsfeuerstein

war, dass auch bei großer Ungenauigkeit des Einzelnen eine Vielzahl von Schüssen die dicht aufgestellten Reihen des Feindes treffen würde.

KRIEGSWERKZEUGE

Die Muskete des frühen 19. Jahrhunderts war ein Steinschlossgewehr mit glattem (zuglosem) Lauf – daher die fehlende Treffgenauigkeit. Die Kavallerie nutzte kurze Musketen, sogenannte Karabiner, und Pistolen.

Eine typische Muskete wie die französische Charleville oder die britische Brown Bess waren 1,5 m lang und wogen 4,5 kg. Der Umgang mit diesen Waffen im Salvenfeuer war nicht einfach. Das Pulver setzte sich im Lauf ab und machte es immer schwieriger, die Kugel hinabzustoßen, was die Feuerraten verringerte. Außerdem waren die Musketen einfach unzuverlässig. Selbst bei perfektem Wetter mit guten Feuersteinen gingen bis zu 15 Prozent der Schüsse nicht los, im Regen waren es doppelt so viele. Was als geordnetes Salvenfeuer begann, konnte mit gelegentlichen willkürlichen Schüssen enden. Der Nahkampf mit dem Bajonett war ratsam, denn Stahl war wenigstens verlässlich.

▲ Nach der ersten Salve wurde es für Offiziere immer schwieriger, das Feuer zu koordinieren. Andauerndes Schießen machte die Soldaten „schussscheu", denn ihre Schultern erlitten dabei Prellungen.

> „Unerfahrene **Offiziere** haben wiederholt befohlen, **das Feuer zu eröffnen,** ohne **Urteilsvermögen** oder Rücksicht …"
>
> BRITISCHER VETERAN DER KRIEGE AUF DER IBERISCHEN HALBINSEL

◄ Ein Jäger zu Fuß der französischen Kaiserlichen Garde reißt mit den Zähnen eine Patrone auf. Das Verschlucken von Schießpulver konnte während der Schlacht zu schwerer Übelkeit führen.

NAPOLEONISCHE KANONIERE

Der Umgang mit napoleonischen Geschützen war harte Arbeit – körperlich anstrengend, extrem laut und oft lebensgefährlich. Die Männer mussten über technisches Wissen verfügen und die komplexen Kriegsmaschinen im Chaos der Schlacht bedienen können.

Zu Napoleons Zeiten war Artillerie schon seit mehreren Jahrhunderten im Einsatz, aber in seinen Kriegen erwies sie sich als besonders wichtig. Die Kanonen wurden grob in zwei Kategorien eingeteilt: schwere Geschütze für die Verteidigung vor Ort und leichtere halbmobile Geschütze für Feuerkraft im Feld. Feldkanonen wiederum gab es für die Artillerie zu Pferd oder zu Fuß.

ZU PFERD UND ZU FUSS

Die Mitglieder der berittenen Artillerie betrachteten sich als besonders schneidig, und ihre Uniformen waren an die der stolzen Husaren angelehnt. Die Kanonen der berittenen Artillerie wurden von Pferden an ihren Standort gezogen. So waren Männer und Geschütze schnell dort, wo sie helfen oder eine Gelegenheit ausnutzen konnten. Eine gute Mannschaft konnte die Kanone in weniger als einer Minute abprotzen und gefechtsbereit machen.

Die Artillerie zu Fuß spielte eine stoischere und weniger glanzvolle Rolle. Obwohl die Kanonen und die dazugehörigen Utensilien auch von Pferden gezogen wurden, gingen die Soldaten selbst neben ihnen her. Sie waren normalerweise zur Verteidigung oder Unterstützung fester Positionen bestimmt.

„Soldaten gefällt der **Lärm der Artillerie**, er gibt ihnen Zuversicht, wenn er **ihrer Unterstützung** dient."

DER BRITISCHE LIEUTENANT-COLONEL DICKSON, UM 1816

◄ Die Schlacht bei Waterloo, 1815. Während Wellington hinten Befehle erteilt, versucht die Fußartillerie, die vor eine Neun-Pfund-Kanone gespannten Pferde zu bändigen.

ARTILLERIE-EFFEKTE

Die Kanonen verschossen Metallkugeln, Kartätschen (Zinkblechbehälter mit Musketenkugeln oder schwerem Traubhagel) oder explodierende Schrapnells. Alle drei hatten schreckliche Auswirkungen auf ihr Ziel. Tests im Jahr 1812 zeigten, dass eine Zwölf-Pfund-Kugel mehr als zwölf Menschen im Umkreis von 550 bis 640 m durchschlagen konnte. Die Kugeln wurden oft so abgeschossen, dass sie den Boden touchierten und eine Schneise durch die feindlichen Linien zogen.

▲ Ein Kanonier der berittenen Artillerie der französischen Kaiserlichen Garde lädt eine Kugel in eine Feldkanone mit kurzem Rohr.

DAS LEBEN DER KANONIERE

Das Leben eines Artilleristen konnte genauso heikel und zermürbend sein wie das eines Infanteristen. Die Reichweite der Kanonen lag bei 230 bis 550 m, und die Batterien waren Ziel von Artilleriefeuer und Angriffen der feindlichen Reiterei. Das ständige Laden und Abfeuern der Kanonen war strapaziös, die Männer waren schweißgebadet, stanken nach Schießpulver und hörten wegen des ständigen Knallens nichts mehr. Dennoch mussten sie mitten in der Schlacht aufmerksam bleiben. Funken aus den Kanonen konnten das Gras anstecken, das wiederum das Pulver zu entzünden drohte. Die Feuerrate (ein bis zwei Schuss je Minute waren üblich) musste angepasst werden, wenn sich Kanonen im Lauf des Gefechts erhitzten. In einer großen Schlacht gab eine Kanone zwischen 100 und 150 Schüssen ab.

Die technischen Fähigkeiten der Artillerie wurden von den höheren Rängen geringschätzig betrachtet. Daher war die Artillerie nicht die erste Wahl, wenn man eine Offizierslaufbahn anstrebte. Trotzdem wuchsen ihr Einfluss und ihre Bedeutung unaufhaltsam.

FRANZÖSISCHER BERITTENER GARDEARTILLERIST, 1806

Die französischen berittenen Artilleristen glichen den Husaren. Rock und Hose waren blau mit roten Besätzen und Schnüren.

Tschako
Rote Kordeln und ein Kugelpompon waren Zeichen der Artillerie zu Pferd.

Treibspiegel
Die Munition steckte in einem Holztreibspiegel, der sie beim Laden und im Flug stabilisierte.

Gürtel
Am weißen Gürtel ließ sich der Säbel befestigen.

Stiefel
Die Stiefel der berittenen Artillerie hatten manchmal auch rote Litzen und Troddeln.

LEBEN IM FELDLAGER

Soldaten der napoleonischen Zeit kampierten weit von der Heimat entfernt, wo Sprache, Essen und Gelände unvertraut waren. Feldlager waren der einzige Ort, den sie ihr Eigen nennen konnten, selbst wenn solche Unterkünfte nur auf Zeit errichtet wurden.

Das Leben im Feldlager zu Napoleons Zeiten war natürlich selten bequem. Der Komfort hing letztlich von der logistischen Herangehensweise einer Armee ab und von den Umständen, unter denen sie agieren musste.

LOGISTIK UND ORGANISATION

Das Heer der Österreicher war recht gut ausgerüstet und besaß Regeln für die Errichtung eines Feldlagers und dessen Versorgung. Jeder Soldat hatte einen fellbezogenen Tornister. Dieser enthielt persönliche Gegenstände, darunter etwa Kamm und Haarband, Waschzeug, Messer und Gabel sowie Schuhcreme. Jedes Regiment besaß 534 Zelte, je eines für fünf Männer, und sie wurden auf Pferdewagen und Packpferden transportiert. Der Versorgungszug hatte auch eine bestimmte Anzahl Strohbündel und Bretter dabei, die für den Boden der Zelte bestimmt waren. Ein Problem lag darin, dass die Zelte oft triefend nass wurden und verrotteten. Dennoch gelang es den Österreichern, am Ende eines Marschs ein ordentliches Lager zu errichten.

▲ Rekonstruktion eines preußischen Feldlagers. Die Truhe enthält wohl die persönliche Habe einer Frau, die mit den Truppen zog.

▼ Französische Rollenspieler vermitteln ein authentisches Bild der Feldküche. Meistens trugen die Franzosen nur Reis und Brot bei sich, der Rest wurde geplündert.

DIE FRANZÖSISCHE METHODE

Die französischen Armeen gingen das Lagerleben zumindest bei Feldzügen in Westeuropa anders an. Sie zogen die Vorteile schneller Beweglichkeit denen eines langsamen Versorgungszugs vor.

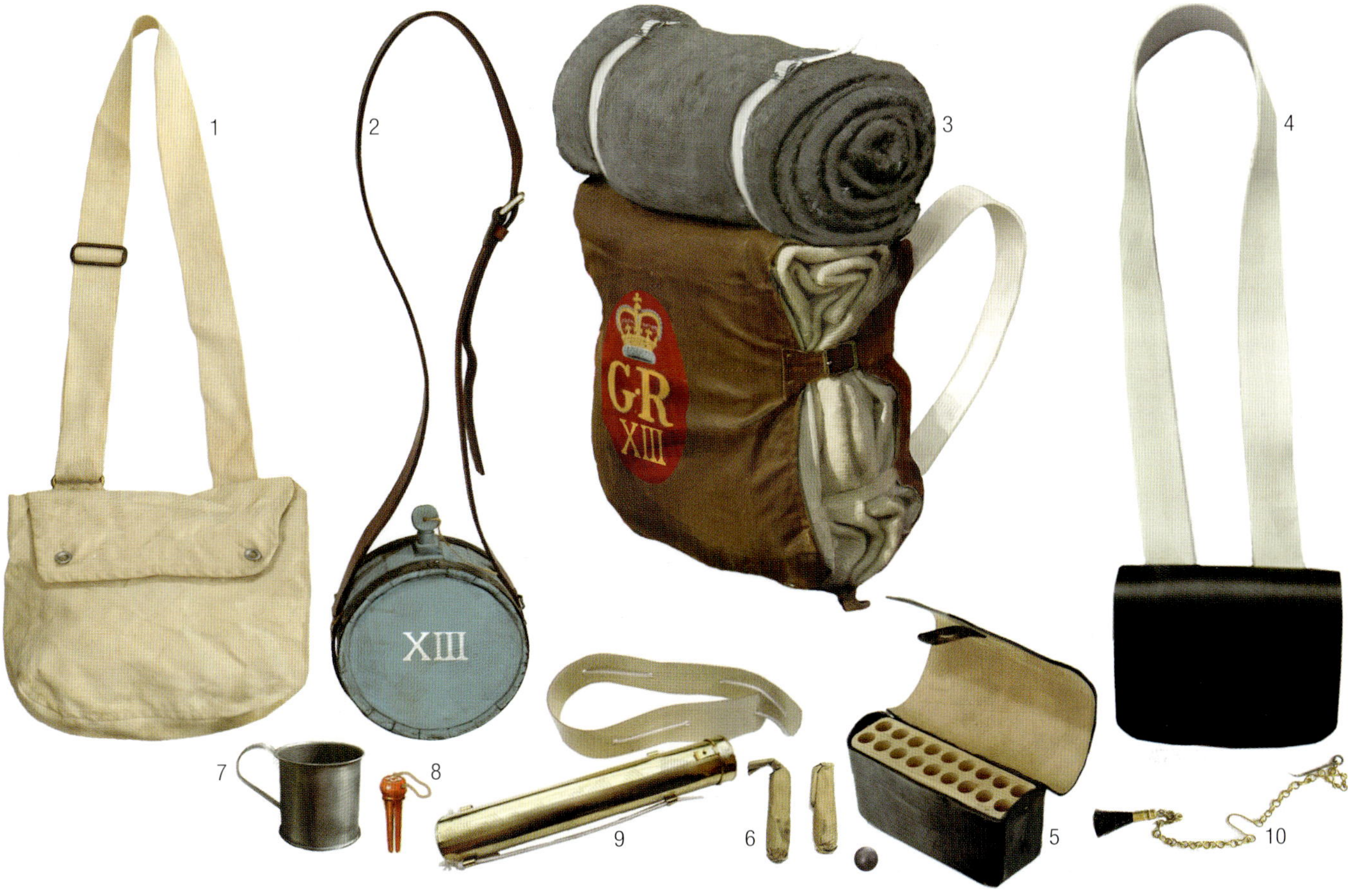

▲ Persönliche Dinge eines britischen Soldaten im Karibikfeldzug: 1 Proviantbeutel, 2 Feldflasche, 3 Rucksack und Bettrolle, 4, 5 und 6 Patronentasche und Patronen, 7 Trinkbecher, 8 Mündungspfropfen, 9 Messingbehälter einer Flöte, 10 Zündlochnadel

Wenn sie ein Nachtlager brauchten, errichteten sie Unterstände aus vor Ort verfügbarem Material oder beschlagnahmten nahe gelegene Häuser. Lebensmittel kamen aus erfolgreichen Plünderzügen in der Umgebung. Zog ein französisches Regiment durch, ließ es viele Bauern ohne ihre Ernten und ihr Vieh zurück.

Mit solch leichtem Gepäck reiste es sich gut in fruchtbaren Gegenden mit gemäßigtem Klima wie Österreich oder Bayern, aber im Russlandfeldzug musste die französische Armee auch auf die üblichen Versorgungszüge zurückgreifen. Beide Systeme brachen nach und nach zusammen, während die Armee Polen und Russland durchquerte, und Tausende Männer verhungerten elendig auf dem Rückzug von Moskau.

Die Briten bevorzugten manchmal ebenfalls eine vereinfachte Logistik, vor allem während der Kriege auf der Iberischen Halbinsel, wo die heißen Sommernächte ein Kampieren unter freiem Himmel erlaubten. Die Decken waren oft so genäht, dass sie zu rudimentären Zelten aufgespannt werden konnten, wenn es die Lage erforderte.

„Bessere Lager als die Ihren zu errichten, ist unmöglich, aber es kostete einige verzweifelte Dörfer."

DER PREUSSISCHE KÖNIG ÜBER EIN FRANZÖSISCHES LAGER

▼ Französische Soldaten bereiten am Tag der Schlacht bei Marengo ein Huhn für Napoleon zu. Die Armee wurde oft von Zivilisten bekocht.

MARSCH & STATIONIERUNG

Zum Los des Soldaten im frühen 19. Jahrhundert gehörte es, lange Strecken zu Fuß zurückzulegen. Manchmal waren diese Märsche kühne Unternehmungen bei bester Moral, zu anderen Gelegenheiten aber verzweifelte Qualen, bei denen es ums reine Überleben ging.

Eine Armee schnell und effizient bewegen zu können, war lebenswichtig. Während der Napoleonischen Kriege waren Europas Armeen ständig unterwegs. Jede versuchte, durch Schnelligkeit den Feind auszumanövrieren.

AUF DEM VORMARSCH

Eine ganze Armee mit Pferden, Wagen, Artillerie und zivilem Anhang zu bewegen, war ein enormes Unterfangen. Bei einem großen Feldzug bildeten allein 30 000 Infanteristen in Reih und Glied einen Zug von rund 8 km Länge, aber mit der Zeit dehnte sich die Formation aus und erreichte dann bis zu 11 km. Die Kavallerie mit 6000 Mann brauchte 4 km, ebenso viel wie 60 Kanonen.

▼ Schnee, Minusgrade und Hindernisse im Gelände konnten die Marschgeschwindigkeit einer Kolonne auf ein Viertel dessen reduzieren, was sie sonst bewältigte.

▲ Eine Szene der Verzweiflung während des Russlandfeldzugs der Franzosen von 1812. Hier schlagen Soldaten in der eiskalten offenen Steppe ein Nachtlager auf.

PREUSSISCHER TROMPETER, 1815

Trompeter waren in den Armeen der napoleonischen Zeit wichtig. Sie übernahmen nicht nur zeremonielle Pflichten, sondern gaben auch auf dem Schlachtfeld weithin hörbare Kommandos. Sie trugen helle Uniformen, damit die Kommandeure sie im Chaos und Rauch der Schlacht erkennen konnten.

Die Hauptaufgabe der Kommandeure war es, derart lange Kolonnen ihren schnellen Schritt beibehalten zu lassen. Jeder Soldat hatte 23 bis 35 kg zu tragen, eine Last, die nach tagelangen Märschen zu Erschöpfung, Gelenkschmerzen und Taubheitsgefühlen führte (vor allem dort, wo die Riemen die Blutzufuhr abschnitten). Dazu kamen Probleme mit verschlissenem Schuhwerk und schweißgetränkter Kleidung. Solch eine Armee konnte im Verlauf des Marschs deutlich langsamer werden. Napoleons Lösung bestand darin, die Traglast eines jeden Soldaten zu verringern. Dadurch erhöhte sich die Schrittfrequenz von 70 auf 120 Schritte in der Minute, und es wurden 30 statt 20 km am Tag marschiert.

QUALVOLLE REISEN

Napoleons Russlandfeldzug von 1812 ist das Paradebeispiel dafür, wie sich ein Marsch auflösen kann. Schon als die Armee im September Moskau erreichte, hatte sie die erschütternde Zahl von 200 000 Mann an Typhus, Ruhr, Erschöpfung und im Kampf verloren.

Nachdem die überlebenden Franzosen im fast verlassenen Moskau keine nennenswerten Vorräte gefunden hatten, begannen sie im Oktober den Rückzug, hinein in einen ungewöhnlich grausamen Winter. Zehntausende erfroren in der Steppe. Jedes Pferd wurde von den nun verhungernden Soldaten gegessen – Überlebende berichteten, dass sich die Männer wie wild auf jedes Pferd stürzten, das zusammenbrach. Einige versuchten, Ausrüstungsgegenstände aus Leder zu essen, es gab sogar Fälle von Kannibalismus.

Der Rückzug aus Moskau war ein besonders schreckliches Ereignis. Dennoch waren alle Märsche schwere und kräftezehrende Erfahrungen, die umso bemerkenswerter sind, als sie in durchweg unpraktischen Uniformen unternommen wurden.

KRIEGE AUF DER IBERISCHEN HALBINSEL

Die Kriege auf der Iberischen Halbinsel dauerten von 1808 bis 1814 und waren im Rahmen der Napoleonischen Kriege ungewöhnlich. Darin stand ein französisches Expeditionsheer verbündeten Truppen aus Großbritannien, Portugal und Spanien gegenüber.

Die Iberische Halbinsel war während eines Großteils der napoleonischen Zeit der Hauptkriegsschauplatz für die Briten. In der fremden Wildnis und Kultur bewältigten Zehntausende britischer Soldaten Ebenen, Flüsse und Berge und erwarben sich den Ruf, zäh und tapfer zu sein.

WILDNIS UND KRIEG

Die britischen Soldaten, die auf die Iberische Halbinsel entsandt wurden, kamen in den Genuss eines erstklassigen Kommandeurs, Sir Arthur Wellesley, dem späteren Duke of Wellington. Er stand großen logistischen Schwierigkeiten gegenüber. Anders als die fruchtbaren Landschaften Westeuropas waren große Teile Spaniens und Portugals öde und unwirtlich. Wellington löste dieses Problem durch ein effektives Versorgungssystem übers Meer sowie eine Kette von Depots im Landesinnern, von denen aus die Bedürfnisse der vielen Standorte erfüllt wurden. Der britische Soldat blieb während dieses Feldzugs also vergleichsweise gut versorgt.

► Das 15. Husarenregiment der Briten überquert vor der Schlacht bei Vitoria (1813) den Fluss Zadorra. Briten, Spanier und Portugiesen siegten gemeinsam.

„Mit **Befriedigung** kann ich sagen, dass ich sie oft gefordert habe und sie mich **nie im Stich ließen**.“

WELLINGTON ÜBER SEINE SOLDATEN

▼ Die britische Infanterie empfängt angreifende Franzosen mit Salven. Wurde es brenzlig, formierten sich die britischen Soldaten für eine Rundumverteidigung zum Karree.

Dennoch war die iberische Wildnis für die Soldaten ein schwieriges Terrain, in dem Hitze und intensives Sonnenlicht im Sommer mit Regen und Kälte im Winter abwechselten. Das führte dazu, dass ihre Uniformen schnell die Farbe verloren und die Lederriemen morsch wurden und rissen. Die Tschakos der Soldaten boten den Augen keinen Schutz vor der Sonne, was zu Kopfschmerzen und Sehstörungen führte. Ausgerechnet Zelte wurden erst im letzten Jahr des Feldzugs geliefert, was die Winter zu einer grausamen Erfahrung werden ließ.

GNADENLOSE FELDZÜGE

Die Kriege auf der Iberischen Halbinsel brachten die schlimmsten Seiten der Menschen hervor. Die hoch diszipliniert en britischen Soldaten gaben sich

mehrmals nach Belagerungen exzessiven und systematischen Plünderungen hin, so in Badajoz (1812) und San Sebastían (1813).

Die Franzosen wurden ständig von portugiesischen und spanischen Guerillatruppen bedrängt, die schnell über isolierte Außenposten herfielen, um eine Handvoll Franzosen zu töten oder gefangen zu nehmen. Die Unglücklichen, die in Gefangenschaft gerieten, wurden oft gefoltert und hingerichtet, manchmal von rachsüchtigen Bewohnern der Gegend. Auf dem Höhepunkt des Konflikts verlor Frankreich täglich 25 Mann an Guerillaüberfälle.

Diese Situation war entstanden, weil die Franzosen ein ebenso gnadenloses Besatzungsregime führten. So starben während der Belagerung Saragossas 1808/09 schätzungsweise 54 000 Menschen durch Beschuss der Franzosen und an Typhus. Saragossa verwandelte sich in eine Stadt der Leichen. Keine Seite war bereit nachzugeben.

▲ Am 2. Mai 1808 erhoben sich die Bürger von Madrid gegen die französischen Besatzer. Die Franzosen erlitten nur wenige Verluste, aber die darauf folgende Hinrichtung von Gefangenen verstärkte die Feindseligkeit der Spanier noch.

► Britische Truppen hatten nicht viel Gepäck, aber das Kochgeschirr war wichtig. 1 und 2: das grundlegende Geschirr der Männer: Metalleimer und Kombinationsbesteck. Rechts hingegen das Kupfergeschirr eines Offiziers: 3 Spiritusbrenner, 4 Kaffeekanne, 5 Kessel auf Stövchen, 6 und 8 zwei Behälter, 7 Teekanne, 9 Flachmann.

FACETTEN DES KRIEGS: LOGISTIK

General Robert H. Barrow, ein früherer Kommandant des US Marine Corps, sagte einmal: „Amateure denken über Taktik nach, Profis über Logistik." Es stimmt, dass ein Militärkommandeur, der die Logistik außer Acht lässt, sich und die Truppe in Gefahr bringt.

Um ihre Handlungsfähigkeit im Feld zu gewährleisten, brauchen Heere Unmengen an Material. Als Napoleon 1812 zu seinem verhängnisvollen Russlandabenteuer aufbrach, versuchte er, einen Versorgungszug aufzubauen, der Proviant und Ausrüstung für 600 000 Mann und 250 000 Pferde mit sich führte. 26 Bataillone mit 9300 Wagen sollten den Vorrat für 40 Tage bereithalten. Doch obwohl er mehr als 10 000 Tonnen Vorräte transportierte, lieferte der Wagenzug letzten Endes doch nur weniger als die Hälfte des tatsächlichen Armeebedarfs. Dies war die Ursache der späteren verheerenden Probleme.

▲ Frankreich 1918, ein US-Versorgungszug auf dem Weg zur Front. Das uralte Transportmittel des Pferdewagens war noch im Einsatz.

▼ Eine mittelalterliche Illustration zeigt Soldaten aus dem Heer Karls des Großen (747/48–814), die Weinfässer und anderen Proviant in einfachen Karren transportieren.

LOGISTISCHE BERECHNUNGEN

Soldaten, die sich um den Nachschub kümmern, und der Stab, der die Logistik plant, spielen eine wenig glanzvolle, aber extrem wichtige Rolle in der Truppe. Sie müssen sich mit sehr komplexen Berechnungen befassen und Formeln erstellen, in denen die Größe der Armee, ihr voraussichtlicher Bedarf an Lebensmitteln, Munition, Wasser, Ausrüstung, Uniformteilen, Medikamenten, Treibstoff, elektrischen Bauteilen sowie zahllose andere Faktoren berücksichtigt werden. Alle Berechnungen müssen die Dauer der Operation, die vorhandenen logistischen Mittel, die Anschaffungs-, Transport- und Lagerkosten sowie die Haltbarkeit der Vorräte einkalkulieren.

LOGISTISCHE MITTEL

Das einfachste Mittel, um Vorräte auf einen Feldzug mitzunehmen, ist der Soldat selbst. Schon im 4. Jahrhundert v. Chr. befreite sich der große Heerführer Philipp von Makedonien vom Versorgungszug und machte seine Soldaten zu Lasttieren – mit großem Erfolg. Dennoch gibt es Grenzen für das, was der Soldat tragen kann und dabei noch mobil bleibt. Daher waren jahrtausendelang Pferde, Maultiere, Kamele und Ochsen die bevorzugten logistischen Mittel. Generell gilt, dass ein Pferd oder Maultier 20 Prozent des

Eigengewichts tragen kann, das sind im Durchschnitt 90 kg für ein Maultier. Tiere waren für die Logistik bis in die erste Hälfte des 20. Jahrhunderts von Bedeutung, wurden allmählich aber durch Motorfahrzeuge und Schiene ersetzt und schließlich durch Flugzeuge, die unermüdlich riesige Mengen transportieren konnten.

▲ Im Indochinakrieg (1945–1954) waren die Viet Minh Meister improvisierter Logistik. Hier wird Reis auf Fahrrädern transportiert.

▼ Provinz Helmand, Afghanistan. Britische Armeelaster des 13. Air Assault Support Regiment, die Tonnen von Vorräten transportieren können, stehen zur Abfahrt bereit.

CHRONIK

700 v. Chr. Die Assyrer versorgen das erste stehende Heer der Welt mit einem Tross.

4. Jahrhundert v. Chr. Alexander der Große nutzt See- und Flusslogistik für seine Landfeldzüge.

500–1500 Die Logistik mittelalterlicher Heere ist schlecht und besteht vor allem aus Plünderungen.

17.–18. Jahrhundert Die Franzosen sind führend in der Logistikentwicklung, sie nutzen zivile Vertragspartner und Lagersysteme.

19. Jahrhundert Die mechanisierte Logistik profitiert vom wachsenden Straßen- und Schienennetz.

1914–1945 Während der Weltkriege vollzieht sich der logistische Wandel vom Pferd zur Maschine.

Ab 1945 Transporthubschrauber verändern die Logistik.

ZUSAMMENHALT & KAMERADSCHAFT

Damit ein Regiment oder Bataillon möglichst gut kämpfte, musste es hoch motiviert und sich seiner Überlebenschancen sicher sein. Das stärkste Bindemittel für Soldaten und Offiziere war ein gemeinsamer Sieg, während Niederlage und Rückzug solche Bande zerstörten.

Eine einheitliche Moral war für die Armeen Napoleons ein hoher militärischer Wert. Regimenter und Einheiten mit starkem Zusammenhalt zeigten den nötigen individuellen Mut, selbst wenn es große Verluste gab. Löste sich dieser Zusammenhalt auf, war es viel wahrscheinlicher, dass eine Einheit einem feindlichen Angriff nachgab oder eigene Attacken halbherzig ausführte.

TRADITION

In allen Armeen schuf die Regimentstradition besonders starke Bindungen. Männer in Regimentern, die sich als Elite betrachteten, waren meist entschlossen, diese Tradition mit ihrem eigenen Verhalten aufrechtzuerhalten, nicht nur im Kampf. Solche Eliteeinheiten waren die Kaiserliche Garde der Franzosen, die berittene Artillerie der Briten und die russischen Garderegimenter. In allen Heeren hatte die Kavallerie ein besonders ausgeprägtes Statusbewusstsein. Husaren zum Beispiel versuchten, ihrem Ruf ungemeinen Mutes gerecht zu werden, und waren als Frauenhelden bekannt.

▲ Die Royal Scots Greys griffen in Waterloo geschlossen an. Ihr Ruf „Schottland für immer!“ stand für Loyalität zu Land und Einheit.

▼ Hilfe von Zivilisten kann den Truppenzusammenhalt stärken. Das Heldenmädchen Johanna Stegen bringt den Deutschen 1813 Munition.

Traditionelles Symbol für den Zusammenhalt des Regiments war das Regimentszeichen, das auf das Schlachtfeld getragen wurde, so der Fahnenadler der Franzosen. Feldzeichen dienten nicht nur der Orientierung bei den Manövern der Einheit, sondern standen auch für den Stolz des Regiments, eine Tradition aus römischer Zeit. Damit der Feind sie nicht erbeutete, was für das Regiment überaus beschämend war, begingen Männer geradezu selbstmörderische Akte. Manchmal fanden Kommandeure sogar, die Feldzeichen seien in zu großer Gefahr, und behielten sie im Hintergrund.

SIEG UND NIEDERLAGE

Siege schweißten die Einheit zusammen und förderten die Kameradschaft. Die Triumphe der Franzosen in Marengo (1800), Ulm (1805), Austerlitz

EINFACHER SOLDAT DER BRITISCHEN INFANTERIE, 1812

Dieser Soldat gehört zum 71. (Highland-)Regiment zu Fuß, dessen 1. Bataillon sich in den Kriegen auf der Iberischen Halbinsel hervortat. In der Schlacht von Vitoria 1813 wurde es jedoch fast aufgerieben.

Muskete
Dieser Soldat ist mit einer India-Pattern-Muskete 1797 bewaffnet.

Tornister
Der „Trotter“-Tornister hatte einen mit Leinwand bezogenen Holzrahmen.

Uniformrock
Der klassische britische Uniformrock war einreihig und ziegelrot. Vorn zeigte er Litzen im Husarenstil.

Hose
Die graue Hose bestand aus dicker Wolle und konnte im spanischen Sommer sehr unbequem sein.

„Ein Mann kann im Feld **zurückfallen**, aber **sein Ruf** könnte darunter **schrecklich leiden.**“

SERGEANT ANTON, BRITISCHER VETERAN, 1813

(1805) und Jena (1806) verliehen der französischen Armee ein intensives Machtgefühl und tiefes Vertrauen in ihren Befehlshaber. In ähnlicher Weise zeigten die britischen Siege auf der Iberischen Halbinsel, dass die Franzosen nicht unbesiegbar waren, und führten ebenfalls zu einem gesteigerten Selbstbewusstsein.

Moral und Zusammenhalt der Einheit waren jedoch fragil. Logistische Probleme, Erschöpfung, schlechte Führung und zu wenig Erholung konnten die Entschlossenheit der Einheit schwächen. Es war Aufgabe des Kommandeurs, für die Soldaten zu sorgen und ihre Effizienz aufrechtzuerhalten.

▼ Nationalflaggen und Regimentssymbole schweißten die Truppen zusammen, die stolz auf Nationalembleme und Traditionen ihrer Einheit waren.

DISZIPLIN & STRAFE

Soldat zu sein, erfordert enorme Selbstdisziplin. Aber in der napoleonischen Ära wurde die militärische Disziplin auch von außen durch eine Kombination materieller und körperlicher Drohungen erzwungen, die von Soldkürzungen bis zur Todesstrafe reichten.

Angesichts der Größe der Armeen zur napoleonischen Zeit und ihrer Zusammensetzung aus allen Gesellschaftsschichten war es unvermeidlich, dass die Kommandeure auf verschiedenste disziplinarische Belange reagieren mussten. Probleme waren Trunkenheit, Diebstahl, geringfügiger Ungehorsam, Pflichtvergessenheit und unerlaubte Abwesenheit. Obwohl weitverbreitet, wurden sie hart bestraft, denn man glaubte, Nachgiebigkeit würde eine laxe Disziplin im Ganzen begünstigen.

STRAFEN FÜR DIE EINHEIT

Der Erhalt der Disziplin vollzog sich vom Offiziersrang nach unten, wobei dies in manchen Armeen an Sadismus grenzte. In Russland etwa war Prügel von Offizieren auch für kleinste Vergehen üblich, woran die bitteren Worte über das Soldatenleben erinnern: „Rekrutiere drei, schlag zwei tot, und bilde einen aus.“ Aber Disziplin und Strafe wurden auch intern von Unteroffizieren und niederen Rängen auferlegt. Ein Vergehen von nur ein oder zwei Männern konnte die ganze Kompanie oder sogar das Bataillon betreffen, zum Beispiel durch eine Ausgangssperre. Daher übernahmen Soldaten der Einheit oft selbst die Bestrafung.

Eine klassische Maßregelung in vielen Armeen war der Spießrutenlauf. Das Opfer wurde gezwungen, mit nacktem Oberkörper langsam durch zwei Reihen von Kameraden zu gehen, die ihn gnadenlos mit Peitschen und Stöcken schlugen. Ein anderer Soldat ging rückwärts mit aufgepflanztem Bajonett vor ihm her und achtete darauf, dass

„**Zwei Deserteure** aus dem 7. und 23. Regiment **wurden vor der versammelten Division erschossen.** Der Anblick war **widerlich.**“

LEUTNANT FRIEDRICH VON WACHHOLTZ

ZÜCHTIGUNG

Die Züchtigung war in vielen Heeren des 19. Jahrhunderts eine traditionelle Strafe. Die Anzahl der Schläge richtete sich üblicherweise nach der Schwere des Vergehens – für die schlimmsten konnte es mehrere Hundert Hiebe geben, obwohl nicht immer alle auf einmal verabreicht wurden. Die neunschwänzige Katze, eine Peitsche oder eine Birkenrute kamen dabei zum Einsatz.

▼ Vergeltung und Todesstrafen des Militärs trafen manchmal auch Zivilisten. *Die Erschießung der Aufständischen* von Francisco de Goya zeigt, wie französische Soldaten Männer aus Madrid hinrichten.

er nicht zu schnell lief. Eine etwas mildere Strafe der französischen Armee war es, den Delinquenten 50-mal mit einem alten Schuh zu schlagen.

▲ Französische Kürassiere greifen schottische Highlander in Waterloo an. Disziplin und Zusammenhalt in der britischen Verteidigungslinie waren berühmt.

▼ Disziplin in der Kaserne war die Grundlage für Belastbarkeit in der Schlacht. Hier spielt ein verwundeter Highlander in der Schlacht bei Vimeiro (1808) weiter Dudelsack.

KAPITALVERBRECHEN

Schwere Verbrechen wie Desertion, Meuterei oder Mord wurden mit der Todesstrafe statt mit Züchtigung geahndet. Das kam nicht selten vor. Wellington verurteilte zwischen 1808 und 1814 122 Männer zum Tode. Die beiden vorherrschenden Hinrichtungsarten in der britischen Armee (und vielen anderen) waren das Erschießungskommando und Hängen. Beide waren schrecklich. Nach der Hinrichtung musste die Einheit an dem Toten vorbeimarschieren, damit sich die Botschaft über Disziplin festsetzte.

AUGENZEUGENBERICHT

„… die Gefangenen, einer schon älter, einer etwa 19, werden auf die Seite des Karrens gezogen. Sie knien … und ihre Augen werden verbunden. Alle sind still … Der Militärpolizist sieht zum General wegen des Signals. Es wird gegeben. Zwölf Mann feuern. Beide Täter fallen. Der Junge ist tot, der Ältere wälzt sich in Agonie. Weitere Schüsse treffen Kopf und Brust. Die Deserteure sind nicht mehr.“
– Britische Hinrichtung, 1812

DIE SCHLACHT BEI WATERLOO

Die Schlacht bei Waterloo am 18. Juni 1815 war der letzte dramatische Kampf der Napoleonischen Kriege. Mehr als 180 000 Soldaten kämpften an diesem Tag im heutigen Belgien. Napoleons Kräfte standen einer entschlossenen Koalition aus sechs Ländern gegenüber.

Taktik und Ereignisse der Schlacht bei Waterloo haben Historiker der letzten 200 Jahre detailliert beschrieben. Für die einzelnen Soldaten, die tatsächlich vor Ort waren, muss die Erfahrung viel begrenzter und verwirrender gewesen sein, denn sie kämpften, bluteten und starben für ihr kleines Stück vom Schlachtfeld.

BEGRENZTER ÜBERBLICK

Historische Berichte über den Schlachtverlauf verleihen ihm eine fast balletthafte Präzision, aber die Beschreibungen vom Schlachtfeld selbst vermitteln einen ganz anderen Eindruck. Ein wichtiger Aspekt war die eingeschränkte Sichtweite. Es war an diesem Tag überwiegend windstill, und der Qualm Tausender Musketen und Kanonen sowie von Feuern in Hougoumont und La Haye Sainte sammelte sich auf kleinem Raum. Die Männer kämpften sich daher durch heiße, stinkende Luft und konnten nur wenige Meter weit sehen. Einzig Mündungsfeuer half bei der Orientierung.

▲ Inmitten des Gemetzels verteidigt das Nassauer Regiment seine Stellung gegen die Franzosen.

Außerdem war das Schlachtfeld ungemein voll. Allein die britischen Truppen schickten 24 000 Soldaten pro Meile ins Feld. Daher standen die kämpfenden Soldaten eng beieinander, suchten im Gedränge nach Platz und erlebten aus nächster Nähe, wie Kameraden und Feinde fielen. Die Verwirrung wurde noch gesteigert durch Hunderte Pferde, auf denen Kavallerie oder berittene Artillerie

▼ Zubehör der französischen Artillerie. 1 Munitionskiste, 2 Eimer, 3, 4 Granate und Treibspiegel, 5 Kartätsche, 6, 7 Traubhagel, 8 Seil zur Befestigung der Kanone auf dem Wagen, 9 Zündnadeln, 10 Luntenspieß, 11, 12 Rohrwischer und Ladestock, 13 Krätzer mit Ladeschaufel

„Ich werde **nicht vergessen**, wie die Artillerie begann, uns zu beschießen, … und viele **tötete und verwundete**."

CAPTAIN J. H. GRONOW, BRITISCHE ARMEE

umhersprengten. Ein Soldat berichtete, wie gegnerische Kavalleristen geradewegs aufeinander zusteuerten. Statt jedoch zu kollidieren, was auf beiden Seiten zu schweren Verlusten geführt hätte, öffneten sich die Reihen, und sie zogen aneinander vorbei, als hätten sie sich abgesprochen. Das war tatsächlich nicht ungewöhnlich für Begegnungen feindlicher Kavalleristen, denn keine Seite wollte unnötige Verluste bei Mensch oder Tier riskieren.

GEWALT DER SCHLACHT

Die brutale Gewalt dieses Tages muss nervenaufreibend gewesen sein. Der Artilleriebeschuss war für die Männer höchst gefährlich, riss Körperteile ab oder verursachte schreckliche Wunden. Nicht selten wurden Soldaten von herumfliegenden Knochenteilen anderer Angeschossener verletzt. Tote und Verwundete lagen übereinander auf dem Boden. Die Verletzten litten besondere Qualen, denn ihre schiere Menge bedeutete, dass sie oft erst Stunden, manchmal gar erst Tage später versorgt werden konnten. Noch drei Tage nach der Schlacht wurden Verwundete gefunden.

Wellington vergab an alle Soldaten dieser epischen Schlacht den „Waterloo-Orden", was bei vielen Soldaten, die auf der Iberischen Halbinsel gekämpft hatten, böses Blut verursachte. Sie hatten zwar nicht am letzten Kampf teilgenommen, aber einen sehr langen Feldzug ertragen.

SERGEANT, NORDBRITISCHE DRAGONER, WATERLOO

Dragoner waren berittene Infanteristen. Sie sollten ursprünglich die Schlachtmanöver vorantreiben, dann aber für den weiteren Kampf absitzen. Mit der Zeit wurden sie immer mehr zu normalen Infanteristen.

TEIL ZWEI

ZEITALTER DER WELTREICHE & NATIONEN

DAS 19. JAHRHUNDERT WAR EIN ZEITALTER DER WELTREICHE. NEBEN SPANIEN UND FRANKREICH WAR GROSSBRITANNIEN DIE AUFSTREBENDE MACHT, DIE ETWA EIN FÜNFTEL DER WELT BEHERRSCHTE. ZUR GLEICHEN ZEIT BEMÜHTEN SICH NATIONEN WIE DEUTSCHLAND UND ITALIEN UM EINIGUNG ODER DURCHLEBTEN, WIE IM FALL DER VEREINIGTEN STAATEN, EINEN BÜRGERKRIEG. IN DIESEM ZUSAMMENHANG BEGANN DIE ENTWICKLUNG ZUM MODERNEN KRIEGSHANDWERK.

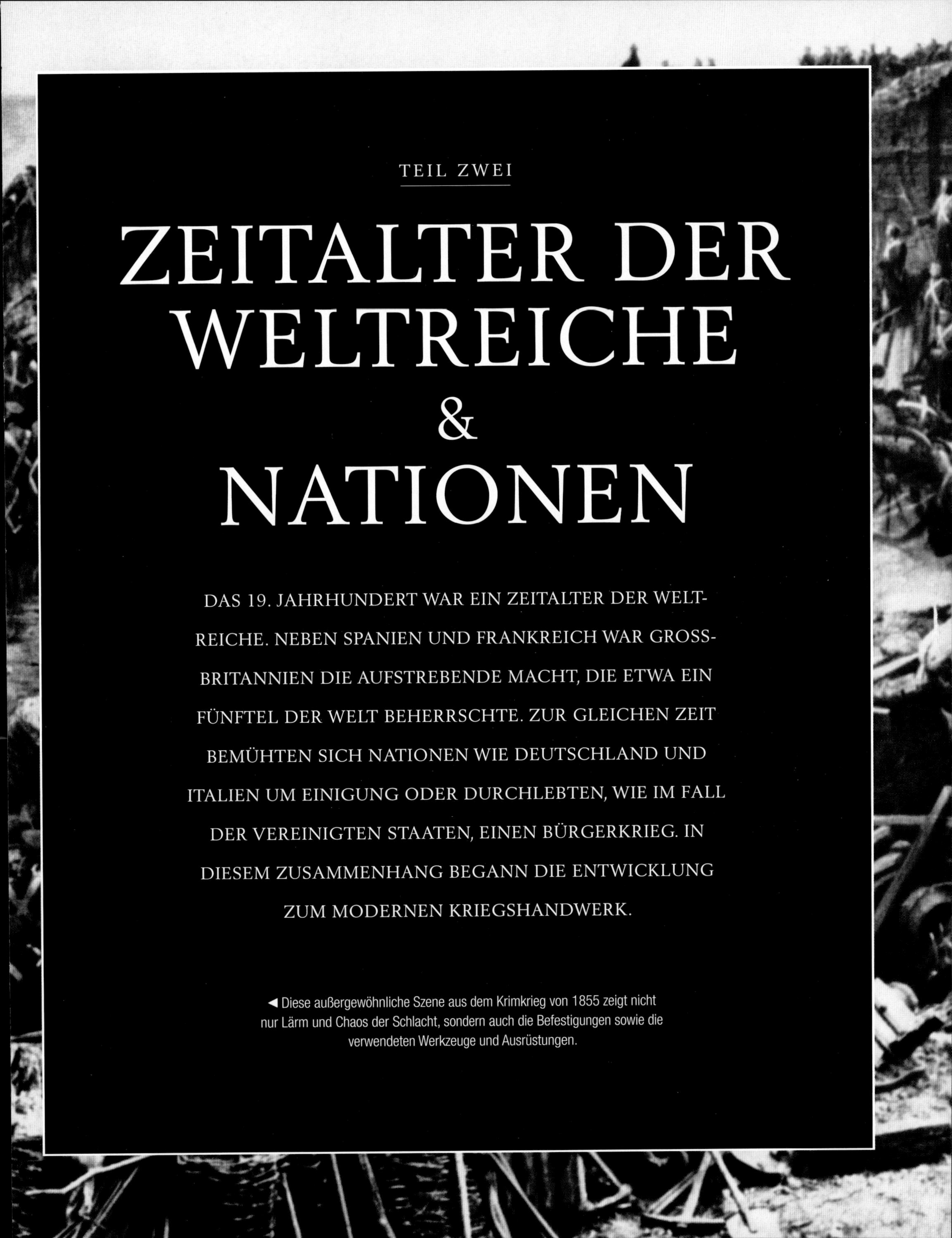

◄ Diese außergewöhnliche Szene aus dem Krimkrieg von 1855 zeigt nicht nur Lärm und Chaos der Schlacht, sondern auch die Befestigungen sowie die verwendeten Werkzeuge und Ausrüstungen.

„Die **Kriegskunst** ist einfach. Finde heraus, **wo dein Feind ist**. Erreich ihn, so schnell du kannst. **Schlag ihn so hart**, wie du kannst, und **zieh weiter**.“

ULYSSES S. GRANT, ARMEEGENERAL DER UNION

DER SEZESSIONSKRIEG

1861–1865

Bürgerkriege bringen eine einzigartige Form von Brutalität mit sich. 1861 bis 1865 kämpften Truppen aus dem Norden und Süden der Vereinigten Staaten um Land und Überzeugungen. Kämpfe, Krankheiten und Hunger trafen Soldaten wie Zivilisten. Mit etwa 750 000 Toten in vier Jahren blieb dies der verlustreichste Krieg der USA.

◀ Dieses Foto von Unionssoldaten nahm Mathew Brady auf, der über 10 000 Aufnahmen während des Kriegs machte und Realitäten statt romantischer Vorstellungen zeigte. Brady gilt als „Vater des Fotojournalismus“.

KAMPF BIS ZUM TOD

Als im Frühjahr 1861 der Krieg zwischen den Nord- und Südstaaten ausbrach, erwartete kaum jemand einen langen Konflikt, besonders weil der Norden materiell und personell überlegen war. Dennoch dauerte es vier blutige Jahre bis zum Sieg und zu einer Lösung.

Der Sezessionskrieg oder Amerikanische Bürgerkrieg war in vielerlei Hinsicht ein Konflikt zwischen zwei Lebensweisen. Der Norden war – vereinfacht dargestellt – verstädtert und industrialisiert, hatte hohe Geburtenraten und viele europäische Einwanderer. Trotz eines tief verwurzelten Rassismus war er gegen die Sklaverei eingestellt. Der Süden dagegen empfand sich als traditionsbewusstes Agrarland, seine Plantagenwirtschaft baute auf der Sklaverei auf. Es lebten weniger Menschen im Süden bei einer niedrigen Geburtenrate.

Der Bürgerkrieg wurde durch die Wahl des Sklavereigegners Abraham Lincoln zum Präsidenten herbeigeführt. Die Abspaltung (Sezession) der Südstaaten war die Antwort darauf und führte zu einem gewalttätigen Zusammenstoß, der 750 000 Menschen das Leben kostete.

GEGNERISCHE SEITEN

Zu Beginn des Konflikts sah es so aus, als sei der Norden im Vorteil. Er konnte bis zu drei Millionen Männer mobilisieren, während die Konföderierten im Süden nur eine Million aufbrachten. Die Marine des Nordens war viel stärker, wodurch sie die Häfen des Südens blockieren konnte, und der Norden kontrollierte auch die wichtigen Eisenbahnlinien nach Westen und Süden. Seine Industrie war produktiver und stellte mehr Militärerzeugnisse wie Gewehre, Kanonen und Ausrüstung her.

Diese Ungleichheit machte sich auch an der Front bemerkbar, besonders bei Materialqualität und -quantität der Konföderierten, doch ihre Kampfqualitäten und Führung machten das mehr als wett. Tatsächlich lief zu Kriegsbeginn ein Drittel der Unionsoffiziere zu

ROBERT E. LEE

Robert E. Lee (1807–1870) war ein sehr talentierter konföderierter Kommandeur. Vor dem Krieg diente er als Pionier und Colonel der US-Armee, doch lief er 1861 zu den Konföderierten über. Taktisch war er ein intelligenter Befehlshaber und manövrierte die Unionstruppen oft aus. Strategisch war er weniger umsichtig.

▼ Soldaten des 44. Indiana-Infanterieregiments, 1863. Das Regiment erlitt schwere Verluste, und 200 Männer erlagen Krankheiten.

▲ Artilleristen beim Üben in ihrer befestigten Verteidigungsstellung bei Washington. Der Kommandeur steht rechts.

den Konföderierten über und verschaffte dem Süden einen Kader ausgezeichneter und erfahrener Militärführer wie Robert E. Lee und Thomas „Stonewall" Jackson.

EINE NEUE ART DES KRIEGS

Der Sezessionskrieg war ein brutaler Konflikt mit enormen Verlusten auf beiden Seiten. Die Schlacht bei Shiloh am 6./7. April 1862 kostete gut 13 000 Unionisten und 11 000 Konföderierte das Leben. In der Schlacht von Gettysburg kamen mehr als 50 000 Männer um. Die hohen Verluste entstanden zum Teil durch die Taktik der traditionellen Linieninfanterie, die nun auf präzise treffende Musketen mit gezogenem Lauf und verbesserte Artillerie traf, für die die dichten Reihen der Männer wie Zielscheiben waren. Es fehlte auch an Professionalität unter den begeisterten, aber schlecht ausgebildeten Milizen und Freiwilligen, die taktisch schlechte Entscheidungen auf einem gnadenlosen Schlachtfeld trafen.

Darum entstanden Verteidigungsstellungen, mit denen der Süden die sich abzeichnende Niederlage abzuwehren suchte. Auch die Brutalität des Kriegs war neu. Zivilisten litten sehr, nicht nur bei direkten Begegnungen mit feindlichen Soldaten, sondern auch unter den riesigen Armeen, die ihren Proviant zusammenplünderten. Nach einer Reihe vernichtender Niederlagen des Südens endete der Krieg. Doch gab er eine Vorahnung auf die Schrecken der Weltkriege im 20. Jahrhundert.

„Wie **grausam** ist doch der **Krieg**, der **Freunde und Familien trennt** und zerstört und die reinsten Freuden und das Glück trübt."

ROBERT E. LEE, BRIEF AN SEINE FRAU, 25. DEZEMBER 1862

► Ulysses S. Grant, hier in einem Lager in Virginia, war ein rücksichtsloser General, der einen gnadenlosen Zermürbungskampf gegen den Süden mit entfesselte.

DIE SOLDATEN DES NORDENS

Die Unionsarmee war eine recht chaotische Truppe: Sie bestand aus einer Mischung aus ehemaligen Milizionären, Freiwilligen ohne Ausbildung, Abenteurern, die finanzielle Anreize lockten, und einem soliden Kader regulärer Soldaten. Dennoch gewann sie den Krieg.

Die Infanterie der Union kam aus der relativ kleinen regulären Truppe sowie der bunten und vielfältigen Gruppe der Milizionäre, halb militarisierte Zivilisten, deren Aufgabe eigentlich die Staatsverteidigung war. Hinzu kamen Zehntausende von Freiwilligen, die sich der Sache anschließen wollten, vorwiegend junge Männer mit landwirtschaftlichem oder städtisch-industriellem Hintergrund.

IM DIENST DES VATERLANDS

Zu Beginn des Kriegs im April 1861 zog Lincoln lediglich 75 000 Milizionäre für 90 Tage ein – man glaubte, in dieser Zeit und mit diesen Truppen die Rebellen im Süden besiegen zu können.

◄ Eine Gruppe von Unionsoffizieren im Lager. 1861/62 waren die Offiziere schlecht ausgebildet, doch ab 1862 verbesserten sich die Führungsqualitäten.

Als die Kämpfe eskalierten, wurde jedoch schnell klar, dass diese Zahl wohl nicht reichen würde, also warb Lincoln mit einem neuen Programm Männer für drei Jahre an. Noch später, als die Unionstruppen schon schwere Verluste erlitten hatten, wurden weitere Soldaten durch eine Wehrpflicht und durch

DESERTION

Im Sezessionskrieg war das Desertieren für beide Seiten ein Problem. Im März 1863 zum Beispiel hatten sich 125 000 Mann allein bei der Union unerlaubt von der Truppe entfernt. Nach Einführung der Wehrpflicht wurde es sogar noch schlimmer, obwohl auf Desertion die (selten verhängte) Todesstrafe stand.

▼ Eine Infanteriekompanie der Union wartet darauf, einen Zug zu besteigen. Die Eisenbahn brachte die Soldaten schneller an den jeweiligen Frontabschnitt.

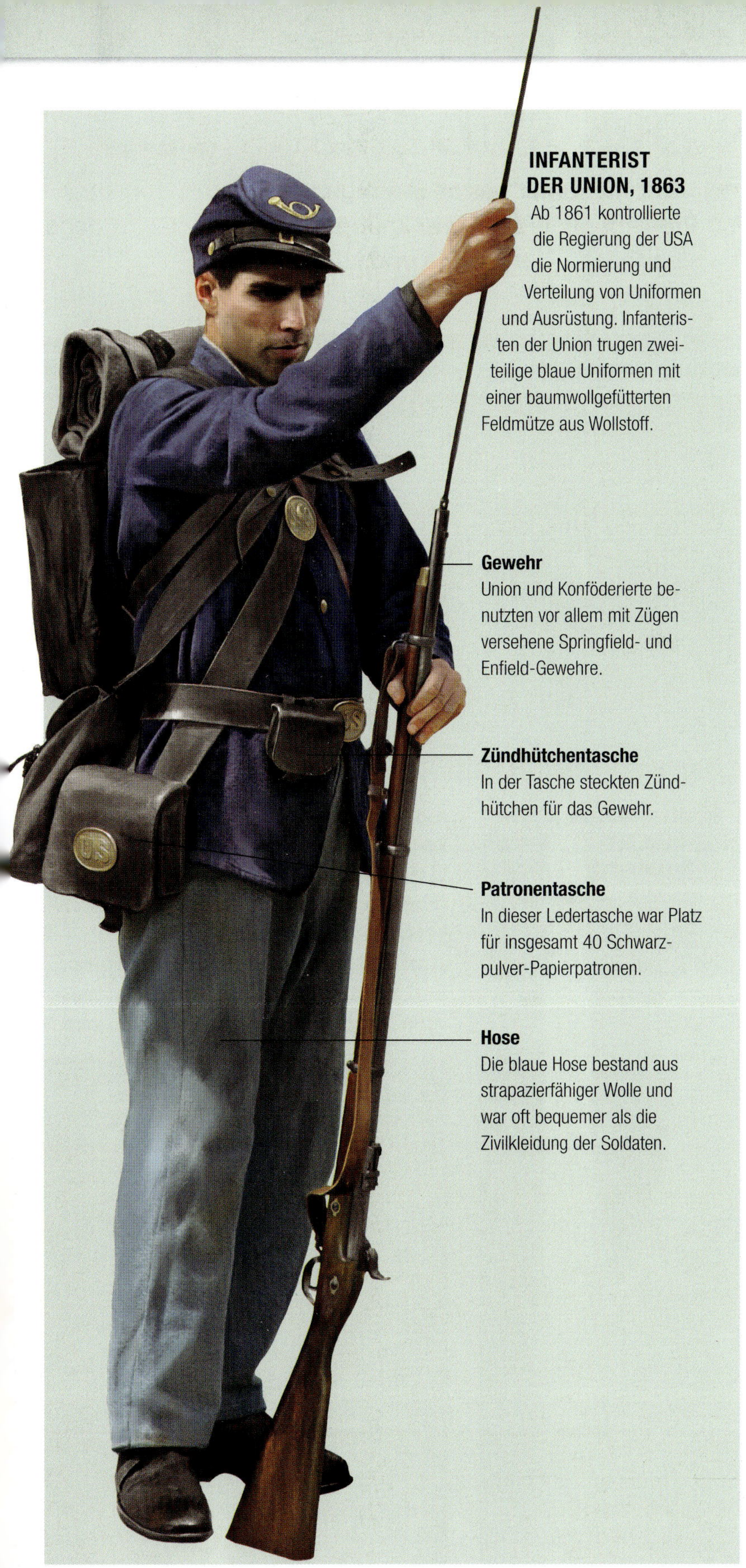

INFANTERIST DER UNION, 1863

Ab 1861 kontrollierte die Regierung der USA die Normierung und Verteilung von Uniformen und Ausrüstung. Infanteristen der Union trugen zweiteilige blaue Uniformen mit einer baumwollgefütterten Feldmütze aus Wollstoff.

Gewehr
Union und Konföderierte benutzten vor allem mit Zügen versehene Springfield- und Enfield-Gewehre.

Zündhütchentasche
In der Tasche steckten Zündhütchen für das Gewehr.

Patronentasche
In dieser Ledertasche war Platz für insgesamt 40 Schwarzpulver-Papierpatronen.

Hose
Die blaue Hose bestand aus strapazierfähiger Wolle und war oft bequemer als die Zivilkleidung der Soldaten.

▲ Eine Kavallerieordonnanz mit Pferd am Antietam, 1862. Im Lauf des Kriegs verlor die Kavallerie aufgrund neuer Schlachttaktiken ihre große Bedeutung.

die *bounty men*, Agenten, die mit Geldprämien lockten, zum Militärdienst geholt.

DAS LEBEN BEIM MILITÄR

Das Leben der Infanteriemänner bei der Union war hart und asketisch. Die Männer mussten auf langen Märschen durch das weite Land bis zu 23 kg Gepäck und Ausrüstung tragen. Seuchen, vor allem Cholera und Ruhr, lichteten die Reihen. Es gab nur selten Urlaub, aber viele wollten ohnehin nicht in ihre Heimatstädte und -dörfer zurück, in denen vielleicht der Krieg tobte.

Disziplin war ein großes Thema. Die amerikanischen Soldaten hatten traditionell oft wenig Respekt vor Autoritäten, und viele junge und unerfahrene Offiziere hatten Mühe, die Ordnung und das Kommando über ihre Männer aufrechtzuerhalten. Diese Situation trug gemeinsam mit schlechter Ausbildung und unerfahrener Führung zu einigen Niederlagen der Union bei. Dennoch konnten die Unionisten auch stolz auf ihre Einheit sein und in der Schlacht viel Mut zeigen.

DIE SOLDATEN DES SÜDENS

Die konföderierten Truppen dienten und kämpften unter harten Bedingungen. Der Süden litt unter der Blockade der Union, alles von Proviant bis Waffen war knapp. Der Soldat des Südens war trotzdem ein zäher Kämpfer, der sich hartnäckig verteidigte und kühn angriff.

Ähnlich wie die Unionsarmee wurden auch die Truppen der Konföderierten während der ersten Kriegsmonate hastig und planlos zusammengestellt. Ein Großteil der Männer kam aus Milizen, die von örtlichen Honoratioren oder einflussreichen Bürgern statt von professionellen Offizieren angeführt wurden. Doch mit Blick auf die drohende Krise führte der Süden 1862 die Wehrpflicht ein. Damit konnten alle Männer zwischen 18 und 35 Jahren eingezogen werden. Unter dem Kommando früherer Offiziere der amerikanischen Armee wurden viele dieser Männer trotz ihres ungepflegten Erscheinungsbilds zu effektiven Kämpfern.

▲ Porträt von Südstaatensoldaten aus Louisiana, 1861. Geiger sorgten in den Einheiten oft für Unterhaltung.

MANGEL

Die größte Herausforderung für Infanteristen der Konföderierten bildete die Versorgungsknappheit. Weil die Union die Schifffahrtsrouten und viele Eisenbahnlinien kontrollierte und der Süden nur wenig Industrie besaß, war alles knapp – Essen, Gewehre, Munition, Uniformen und Ausrüstung. Daher sahen sich die konföderierten Soldaten gezwungen zu lernen, mit kleinster Ausstattung zu kämpfen, zu plündern und kontinuierlich Waffen und Ausrüstung optimal einzusetzen. Sie nahmen

▼ Rohe Holzwinterhütten der Konföderierten. Schlamm zwischen den Holzbrettern isolierte zumindest etwas.

AUGENZEUGENBERICHT

„Müde und schläfrig marschierten wir immer noch weiter, und als wir in die Nähe des Schlachtfelds kamen, erinnerten uns die vielen Verwundeten auf ihrem Weg in die hinteren Linien an das Blutbad, das gerade stattfand. Ein Stück weiter, links der Straße, hielten wir und luden. Kaum waren wir fertig, ging es los. Die feindlichen Batterien beschossen uns unablässig und bewirkten viel Unruhe im Rückgrat unserer Linie."
– James J. Fitzpatrick,
16. Mississippi-Infanterie

> „Schlacht, **oh grausame Schlacht.** Was habe ich gesehen, was sehe ich nun. **Ich bin verwundet.**“
>
> SERGEANT JONATHAN STOWE

den toten und gefangenen Unionisten so viel wie möglich ab, auch Stiefel und persönliche Habe, um ihre offizielle Ausrüstung zu ergänzen.

VERTRAUEN UND ZUGEHÖRIGKEIT

Trotz der gefährlichen Versorgungslage beeindruckten die Infanteristen der Konföderierten immer wieder Anführer und Feinde mit ihrer Kampfbereitschaft. Das erklärt sich vor allem mit ihrer immensen Motivation. Die meisten sahen den Krieg als Weg, ihren traditionellen gottesfürchtigen Lebensstil, den sie im Blut zu haben meinten, zu schützen. Bis heute weigern sich viele Südstaatler, vom Amerikanischen Bürgerkrieg zu sprechen, sie nennen ihn den „Angriffskrieg des Nordens“. Unionssoldaten lernten den *rebel yell* zu fürchten, den schaurigen Ruf, mit dem die grau gekleideten Soldaten des Südens ihre Stellung verließen und angriffen.

Wenn die Konföderierten nicht gerade kämpften, verlief ihr Alltag etwa so wie jener der Soldaten im Norden: Um fünf Uhr von der Trommel geweckt, gab es ein schnelles Frühstück und dann endlose Lager- und Kasernendienste. Dazu gehörten Holz sammeln, Waffen und Ausrüstung reinigen, Verteidigungsgräben ausheben, Wasser holen, Pferde pflegen und füttern sowie langweiliges stundenlanges Wachestehen. Aber mit einem Ziel vor Augen kämpfte der Infanterist des Südens verlässlich.

Enfield-Gewehr
Das Enfield-Gewehr mit gezogenem Lauf hatte eine effektive Reichweite von 270 m.

KONFÖDERIERTER INFANTERIST, 1863
Obwohl die Konföderierten meistens mit grauen Uniformen in Verbindung gebracht werden, hing die Farbe eigentlich davon ab, welcher Stoff vor Ort vorrätig war. Die Uniform als solche wurde im Herbst 1862 vereinheitlicht.

Tasche
Der Soldat trug die Leinentasche für seine persönliche Habe über der Schulter.

Uniform
Die konföderierten Truppen ersetzten die offizielle Uniform oft mit ziviler Kleidung oder erbeuteten Uniformteilen, was ein uneinheitliches Erscheinungsbild ergab.

DER AUFSTIEG DES PIONIERS

Zu Beginn des Sezessionskriegs gab es nur wenige Pioniere. Innerhalb von Wochen wurde jedoch deutlich, dass die einmaligen Fähigkeiten dieser Männer für den gerade ausgebrochenen Krieg entscheidend sein würden, und ihre Zahl stieg schnell an.

Das folgende Zitat eines Infanterieveteranen der Union gibt Einblick in die Bedeutung der Pioniere während des Sezessionskriegs: „Sie wurden schnell Freunde und Kameraden. Sie errichteten einen Sportraum, um Brust und Muskeln zu stärken, sie schützten uns vor Regen und Sonne, sie versteckten uns vor dem Feind, sie transportierten unsere Verwundeten und nahmen unsere Toten entgegen. Wenn wir als Veteranen entlassen wurden, warfen wir noch einen langen Blick zurück auf die alten Boote, ramponiert und geflickt, aber ausgerüstet und bereit für die nächste Aufgabe." Wie dieser Soldat berichtet, waren Pioniere nicht nur Spezialisten für abstrakte technische Aufgaben, sondern für das Leben vor Ort und die Moral der Armee von großer Bedeutung.

▲ Die Artilleriebatterie bei Fort Brady, Petersburg. Für den Bau der Schutzstellung wurde stark in die Landschaft eingegriffen.

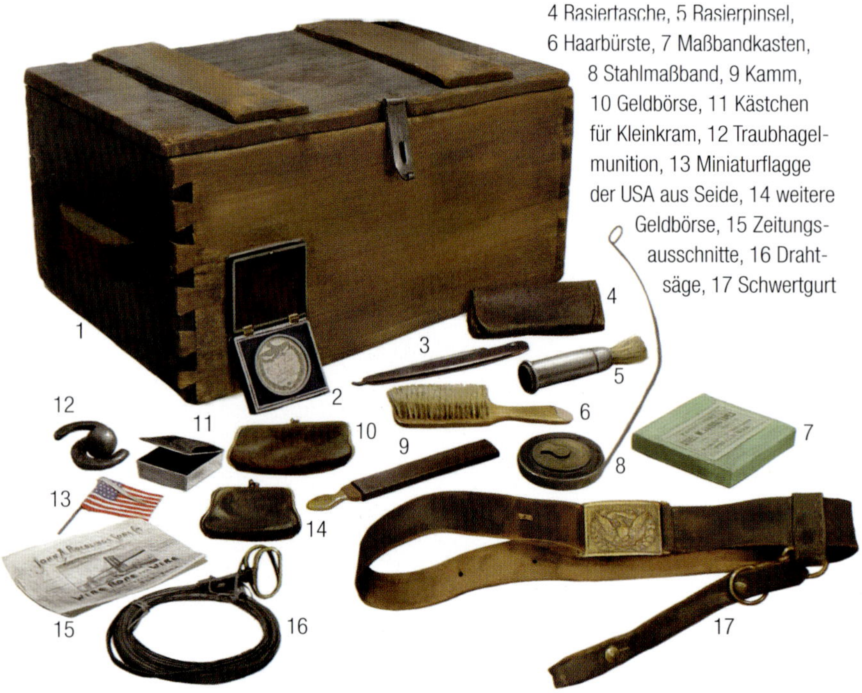

▼ Besitz eines Pioniers im Sezessionskrieg: 1 Truhe, 2 Pionierabzeichen der US-Armee, 3 Rasiermesser, 4 Rasiertasche, 5 Rasierpinsel, 6 Haarbürste, 7 Maßbandkasten, 8 Stahlmaßband, 9 Kamm, 10 Geldbörse, 11 Kästchen für Kleinkram, 12 Traubhagelmunition, 13 Miniaturflagge der USA aus Seide, 14 weitere Geldbörse, 15 Zeitungsausschnitte, 16 Drahtsäge, 17 Schwertgurt

EXPANSION

Zu Beginn des Sezessionskriegs gab es bei Unionisten und Konföderierten zu wenig professionelle Pioniere, die Unionsarmee verfügte im Januar 1861 über gerade einmal 43. Am Ende des Jahres gab es dagegen zwei freiwillige und ein reguläres Pionierbataillon, die dem Pionierkorps unterstanden. Das konföderierte Pionierkorps wurde 1861 eingerichtet und bestand aus Offizieren, die Pionieraufgaben für die Kampfeinheiten übernahmen, aber erst im Mai 1863 wurde es zu einem offiziellen Zweig der Armee. Pioniere waren immer knapp, auf beiden Seiten, aber was ihnen an Personal fehlte, glichen sie mit Erfindungsgeist aus, oft mithilfe von Zivilisten, die Erfahrung in technischen Berufen hatten.

ROLLEN

Die Aufgaben der Pioniere waren vielfältig und eine Herausforderung. Sie wurden zusätzlich zur normalen Infanterieausbildung geleistet. Die Pioniere wurden auch praktisch und theoretisch

> „Die Kompanie stand um zwei **Uhr morgens** bereit, um die **Pontons abzuladen**, die dann eingetroffen waren."
> NEWTON HARTSHORN, PIONIER, 1862

für die Artillerie ausgebildet. Eine besondere Rolle spielte der Pontonier, der dafür verantwortlich war, Brücken über die zahllosen Gewässer zu schlagen, die das Kampfgebiet durchzogen. So errichteten Pioniere der Union am 26. Februar 1862 in nur neun Stunden eine Pontonbrücke von 253 m Länge über den Potomac. Die Brücke wurde genialerweise von 41 Booten getragen.

Pioniere entwickelten auch feste Verteidigungsanlagen, darunter den gewaltigen Befestigungsgürtel der Union rund um Washington, D. C., zu dem im Jahr 1864 68 Forts, 100 Artilleriebatterien und 32 km Gräben gehörten. Zudem verlegten Pioniere auch Eisenbahnschienen, legten Lager und Straßen an, gruben Tunnel, hielten den Betrieb in Leuchttürmen und Hafenanlagen aufrecht, kartierten Gelände und schmierten insgesamt das Räderwerk des Kriegs.

▲ Unionspioniere bauen eine Pontonbrücke aus Holzplattformen, die über Boote gelegt und stabilisiert werden.

▼ Pioniere, hier in einem einfachen Unterstand in Virginia, 1864, errichteten auch die Infrastruktur für Telegrafenverbindungen.

INDIVIDUELLE BEWAFFNUNG

Der Sezessionskrieg fand während einer bedeutenden Übergangszeit in der Geschichte der Handfeuerwaffen statt. Das Ende der glattrohrigen Muskete war in Sicht, und die neue Zeit des Hinterladergewehrs brach an.

Das im Sezessionskrieg meistverwendete Gewehr war die einschüssige Vorderladermuskete, die den Waffen der Napoleonischen Kriege sehr ähnelte. Dennoch bestanden deutliche Unterschiede.

Zum einen war der Sezessionskrieg die Ära des Perkussionsschlosses. Die Steinschlossmechanismen waren überholt (obwohl manche Irregulären sie weiterhin benutzten) und wurden vom Zündhütchen abgelöst. Dieses setzte man unter dem Hahn der Waffe auf das Piston auf, das eine Verbindung zur Kammer hatte. Das Perkussionsschloss erlaubte eine schnellere Schussfolge als das Steinschloss und hatte eine verlässlichere Zündung. Jeder Soldat trug eine Büchse mit Zündhütchen als Teil seiner Ausrüstung bei sich.

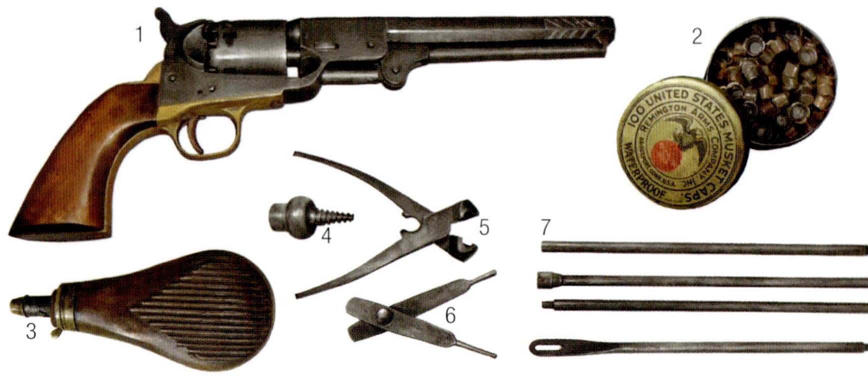

▲ Ausrüstung eines Infanteristen: 1 Colt Navy Modell 1851, 2 Dose mit Zündhütchen, 3 Pulverflasche, 4 Kugelzieher, 5 Kugelzange, 6 Musketenwerkzeug, 7 Teile des Putzstocks.

GEZOGENE WAFFEN

Glattrohrmusketen kamen im Sezessionskrieg noch oft zum Einsatz, aber der Großteil der Waffen waren Büchsen mit gezogenem Lauf. Sie hatten eine enorm verbesserte Treffsicherheit und Reichweite, denn die Projektile erhielten beim Schießen einen Drall. So konnten die Schützen ein Ziel von der Größe eines Menschen auf Hunderte Meter anvisieren und treffen. Die Genauigkeit wurde durch die Erfindung des französischen Minié-Geschosses verbessert, einer speziellen Kugel, die sich leicht laden ließ und sich dann auf ihrem Weg aus der Waffe heraus ausdehnte, sodass sie eng an den Zügen des Laufs entlangglitt.

Die gezogenen Waffen, die beide Seiten am häufigsten nutzten, waren die Springfield im Kaliber .58 und die britische Enfield im Kaliber .577. Für beide entnahm der Soldat seiner Patronentasche zunächst eine Papierpatrone, in der sich Pulver und Kugel befanden. Er riss mit den Zähnen die Spitze ab, schüttete das Pulver in den Lauf und

◀ Gewehre mit Bajonett im Arsenal der 134. Illinois Volunteer Infantery. Bajonette kamen vor allem bei Angriffen auf feste Stellungen zum Einsatz.

stieß Kugel und Papier mit einem Ladestock fest hinein. Dann spannte er den Hahn halb, setzte das Zündhütchen auf das Piston und zog den Hahn ganz zurück. Erst dann konnte er mit der Waffe zielen und sie abfeuern. Jeder Soldat erhielt 60 bis 80 Patronen, 40 passten in die Patronentasche.

▲ Diese Szene aus der Schlacht bei Shiloh in Tennessee am 6./7. April 1862 zeigt das ganze Feuerwaffenspektrum bis hin zur Feldartillerie.

▼ Kavalleristen waren mit Karabinern (kurzen Gewehren) bewaffnet, verließen sich im Nahkampf aber auch auf ihren Säbel.

MEHRLADER

Neben der Vorderladerwaffe kam im Sezessionskrieg auch eine neue Waffengeneration auf, die Mehrlader. Kavalleristen zum Beispiel nutzten gern den Sharps-Karabiner, einen Hinterlader, der noch Papierpatronen nutzte, aber mechanisch die Feuerrate auf fünf Schuss in der Minute erhöhte.

Weitaus revolutionärer waren aber die neuen Waffen, die einheitliche Metallpatronen abfeuerten. Das Spencer-Repetiergewehr, hergestellt in den USA und von Präsident Lincoln persönlich gefördert, enthielt in einem röhrenförmigen Magazin sieben Patronen, die durch eine Hebelbewegung in den Lauf befördert wurden. Eine Spencer konnte 20 präzise Schüsse in der Minute abgeben. Die meisten der 94 000 Spencers waren in Händen der Union und verursachten bei den Konföderierten, die an den Rhythmus der Vorderlader gewöhnt waren, schreckliche Verluste. Andere Mehrlader, die aber nur in kleiner Zahl zum Einsatz kamen, waren das 16-schüssige Henry-Gewehr und eines der ersten handbetriebenen Gatling-Maschinengewehre.

SCHARFSCHÜTZEN

Scharfschützen gehörten zur leichten Infanterie. Sie erlernten die Kunst des Präzisionsschießens auf große Distanzen, flexible Kampftechniken zur Überlistung des Gegners und Zermürbungstaktiken für den weniger beweglichen Feind.

Obwohl viele amerikanische Soldaten dank der Jagdtradition des Landes gute Gewehrschützen waren, verfügte die große Mehrheit von ihnen doch nur über Grundkenntnisse im Schießen.

BERDANS SCHARFSCHÜTZEN

Ein Mann mit einer weiter reichenden Vision war Hiram G. Berdan, ein Ingenieur und Erfinder, der zudem ausgezeichnet schießen konnte. Im Sommer 1861 wollte er einen Beitrag zum Kriegserfolg der Union leisten und schlug der Regierung vor, eine Elitetruppe aus bestens ausgerüsteten Meisterschützen zu bilden und zu trainieren. Berdans Vorschlag wurde

▼ Der Unionsscharfschütze „California Joe“ (eigentlich Truman Head) mit seinem Sharps-Gewehr, 1862. Er kam erst mit 52 Jahren zur Truppe – er hatte ein falsches Alter angegeben –, war aber ein erstaunlich guter Schütze.

AUGENZEUGENBERICHT

„Wir warteten lange darauf, ihn zu sehen, aber er ließ sich nicht blicken. Es wurde schon Abend, als eine Rauchwolke von einem Baum nahe dem Fort aufstieg und eine Kugel an unseren Köpfen vorbeipfiff. Wir planten die Sache. Mit dem Fernrohr konnte ich sein schwarzes Gesicht hinter dem Baum sehen. Ich richtete mein Fernrohr aus und feuerte. Ich war wohl nahe dran, denn er sprang heraus. Als er das tat, schoss Brown, und ‚mein Joker‘ fiel getroffen. Browns Zielfernrohr war auf knapp 1500 m ausgerichtet.“
– Ein Mitglied der 1. USSS beschreibt die Tötung eines Rebellenscharfschützen

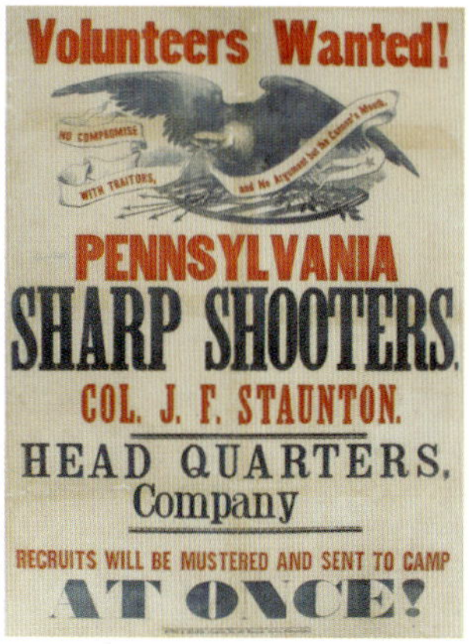

▲ Rekrutierungsplakat für Scharfschützen in Pennsylvania. Unzählige meldeten sich freiwillig für die Scharfschützen, aber nur wenige bestanden den ersten Schießtest.

Feldmütze
Statt im Blau der Union war auch die Feldmütze in Grün gehalten.

SCHARFSCHÜTZE, 1. USSS, 1862
Die grüne Uniform der US-Scharfschützen ging auf den Jagdstil europäischer leichter Infanterie zurück. Um für den Feind weniger gut erkennbar zu sein, hatte der Rock keine Messingknöpfe.

Gewehr
Das Sharps-Gewehr hatte eine maximale effektive Reichweite von 914 m.

Hose
Wie der Rock auch bestand die Hose aus praktischem grünem Wollstoff.

> „Man erkannte uns überall an unserer Uniform, und bald hatten wir den Namen **‚Grünröcke'**."
>
> CAPTAIN C. A. STEVENS

angenommen, und er scharte Soldaten um sich, die später dann das 1. und 2. Regiment der US Sharpshooters (USSS) bildeten.

MEISTERSCHÜTZEN

Die Männer, aus denen sich die Scharfschützen rekrutierten, waren Freiwillige, aber nur erfahrene Schützen wurden angenommen. Jeder von ihnen musste einen Test bestehen und zehn Schüsse hintereinander auf einen Kreis von 25 cm Durchmesser in 182 m Entfernung abgeben. War er aufgenommen, erhielt der Soldat ein ausgiebiges Training an dem eindrucksvollen Sharps-Hinterladergewehr, mit dem er Ziele in mehreren Hundert Metern Entfernung treffen konnte, besonders wenn das Gewehr mit einer der frühen Formen des Zielfernrohrs ausgestattet war.

Die Scharfschützen wurden zur Heimsuchung der Konföderierten. Um sich zu tarnen, trugen sie Grün, und sie zogen verdeckte Aktionen offenen Gefechten vor. Sie hatten nur wenig bei sich, reisten mit kleinster Ausrüstung und ernährten sich von dem, was die Umgebung hergab. Ihre Ziele waren gut ausgebildete Männer oder Anführer, also diejenigen, die am schwersten zu ersetzen waren. Dazu gehörten Offiziere, aber auch Pioniere und Artilleristen. Ihre Feinde lehrten sie eine wertvolle Lektion über den Wert von Deckung.

FACETTEN DES KRIEGS: FREIZEIT

Für einen Soldaten gehört die Zeit, die er nicht an der Front verbringt, zum Wertvollsten, das er hat. Wie er sie verbringt, hängt von vielen Umständen ab, vom Einsatzort der Stationierung bis zur Dauer seiner dienstfreien Zeit.

Die Bedeutung der Truppenmoral kann nicht überschätzt werden. Eine gute Moral hängt von vielen kulturellen und praktischen Phänomenen ab – guter Führung, Glauben an die Sache, Stolz auf die Einheit, hochwertiger Ausbildung, Qualität von Material, Verpflegung und Logistik usw. Ein Garant für gute Moral ist ganz schlicht Zeit für Ruhe, Erholung und Spaß.

▲ Amerikanische Soldaten machen während des Spanisch-Amerikanischen Kriegs von 1898 im Lager Musik. Vor der Musik aus der Konserve gab es beim Militär oft Musiker.

FREIZEIT SCHAFFEN

Dem Soldaten Freizeit zu verschaffen, ist keine bloße Gefälligkeit, sondern spielt für seine Leistung langfristig eine entscheidende Rolle. Im Zweiten Weltkrieg belegten alliierte Studien zu Kriegsneurosen, dass ein einziger Tag hinter der Front mit einer heißen Mahlzeit, frischer Kleidung und etwas mehr Schlaf als sonst für einen erschöpften Soldaten den Unterschied zwischen einem Nervenzusammenbruch und dauerhafter Belastbarkeit ausmachen konnte. Armeen, die dienstfreie Zeiten vernachlässigen, müssen mit einer sehr schlechten Moral wie etwa jener der russischen Soldaten im Ersten Weltkrieg rechnen.

FREIZEITBESCHÄFTIGUNGEN

Vor dem 20. Jahrhundert verbrachte ein Soldat seine Freizeit normalerweise in der Kaserne. Er spielte Karten oder Brettspiele, machte Musik, wettete usw. In römischer Zeit spielten die Soldaten etwa *latrunculi*, ein schach- oder dameähnliches Spiel. Auch Sport war immer beliebt. So fanden sich britische Offiziere des 19. Jahrhunderts gern zu einem Polomatch zusammen, während die unteren Ränge Fußball spielten.

Solche Hobbys finden sich auch noch heute, aber die Unterhaltung der Trup-

◄ Sport war immer ein wichtiges Vergnügen in der dienstfreien Zeit. Hier präsentiert sich stolz ein britisches Boxteam nach dem Ersten Weltkrieg.

pen im 20. Jahrhundert wurde zunehmend organisiert. Das galt einerseits der Festigung der Moral, sollte die Soldaten aber auch von Alkohol und Prostitution fernhalten. Im Ersten Weltkrieg richtete der britische YMCA (Christlicher Verein Junger Männer) nicht weniger als 250 Freizeitzentren für Soldaten in Großbritannien und Dutzende weitere in Frankreich und Belgien ein. Das Zentrum im französischen Étaples schenkte monatlich 200 000 Tassen Kakao aus.

Soldaten verbrachten auch immer mehr dienstfreie Zeit mit Filmen und Shows, die die Truppenbetreuung organisierte. 1941 wurde in den USA die United Service Organization (USO) gegründet und organisierte an allen Kriegsschauplätzen Veranstaltungen, zu denen auch oft Stars der damaligen Zeit beitrugen. Urlaub war natürlich die beste Freizeitgestaltung, sei es für ein Wochenende oder einen Monat, Letzteren gab es vor allem nach längeren Kampfeinsätzen.

▲ Australische und neuseeländische Soldaten besichtigen Giseh in Ägypten, 1940. Für viele war ein Auslandseinsatz die beste Gelegenheit, etwas von der Welt zu sehen.

► Amerikanische Soldaten beim Würfelspiel in ihrer Kaserne in Frankreich kurz nach dem Ersten Weltkrieg.

ESSEN & LEBENSBEDINGUNGEN

Das Leben im Feldlager war auf beiden Seiten des Sezessionskriegs sehr einfach. Die Zeit im Feld verbrachte man unter Zeltplanen oder im Winter in rudimentären Behausungen aus Holz und Lehm. Die Mahlzeiten waren eintönig und oft knapp bemessen.

Grundsätzlich waren die Truppen der Union besser untergebracht als die der Konföderierten, was auf die industriellen Möglichkeiten des Nordens zurückzuführen war. Tatsächlich waren die Konföderierten oft auf erbeutete Zelte und Ausstattung der Union angewiesen, was ihre Feldlager weniger einheitlich erscheinen ließ.

▲ Soldaten vor dem Laden eines Marketenders. Ein Marketender war ein Zivilist, der Lebensmittel, Kleidung und anderes an Soldaten verkaufte und dafür oft auf einem Feldzug mit der Truppe reiste.

DAS FELDLAGER

Wie ein Feldlager aussah, hing von der Jahreszeit ab, in der es errichtet wurde. Im Frühjahr und im Sommer – die Zeit, in der meist die Kämpfe stattfanden – lebten die Truppen in unterschiedlichen Zelttypen. Jeder Nordstaatensoldat erhielt ein „Hundezelt", ein Stück Leinwand, das über eine Stange oder Leine geworfen werden konnte und so eine provisorische Unterkunft bot. Größere geschlossene Zelte wurden für fünf bis sechs Mann entwickelt. Beide Kriegsparteien nutzten das kegelförmige Sibley-Zelt, das einen 3 m hohen Mittelpfosten und einen Durchmesser von 5,5 m hatte.

Das Leben in den Zelten war unangenehm. Sie verschmutzten innen schnell und gingen leicht kaputt. Ein Riss in der Zeltwand bedeutete,

▲ Alltagsausstattung: 1 Zwieback, ohne Geschmack, aber gut gegen den Hunger, 2 Wasserkanne, 3 Nähzeug für kleine Flickarbeiten.

◄ Ein besonders gut gebautes Unionszelt mit zwei Betten und einem kleinen Tisch zum Briefeschreiben. Die Truhen am Ende eines jeden Betts und die Qualität der Unterkunft lassen vermuten, dass dies das Zelt eines Offiziers ist. Die Holzkiste vor dem Zelt bietet Stauraum und dient als Esstisch.

dass Bewohner und Ausrüstung den Elementen ausgesetzt waren. Im Winter kamen die Soldaten in festeren, dauerhafteren Behausungen unter. Dabei handelte es sich meist um Blockhütten aus dem Material der Umgebung, das mit Lehm isoliert wurde. Die Dächer bestanden aus der Leinwand der Zelte oder aus Holzbrettern, und jede Hütte hatte einen Kamin sowie einige unbequeme Holzstockbetten für die Bewohner.

▲ Diese Szene demonstriert das dürftige Leben im Feldlager. Die Bäume rechts wurden wohl gefällt, um als Baumaterial für die Hütten zu dienen. Ein Soldat wäscht Kleidung, eine Arbeit, die sonst oft eine Wäscherin übernahm.

▼ Ein Koch versorgt die Musiker des 3. New-Hampshire-Regiments in South Carolina. Der Junge rechts sieht sehr jung aus – etwa 20 Prozent der Bürgerkriegssoldaten waren jünger als 18 Jahre.

ESSEN

Die Soldaten des Bürgerkriegs befassten sich gedanklich viel mit dem Essen, seiner Qualität oder Menge. In der Nordstaatenarmee erhielten sie drei Tagesrationen, die gewöhnlich aus gepökeltem Schweinefleisch (manchmal gab es frisches Rindfleisch), Zwieback, Reis, Erbsen, Bohnen, Kartoffeln und Salz bestanden. Als Extra gab es Kaffeebohnen dazu, die die Soldaten selbst rösteten und mahlten.

Die Verpflegung der Südstaatentruppen war magerer. Meist gab es Speck, Melasse, Erbsen, Reis, Gemüse und das, was gerade beschlagnahmt werden konnte. Allerdings führte der Mangel an frischem Obst und Gemüse vor allem in den späteren Kriegsjahren auf beiden Seiten zu Skorbut, von dem bis zu drei Prozent der Soldaten einiger Einheiten befallen waren. Außerdem verbreiteten sich in den eng bevölkerten, großen Feldlagern schnell Krankheiten wie Masern, Pocken und Ruhr und forderten oft mehr Opfer als die Kämpfe. Das Leben in den Feldlagern des Bürgerkriegs war alles andere als leicht.

AFROAMERIKANISCHE SOLDATEN

Afroamerikaner dienten im Sezessionskrieg auf beiden Seiten, aber natürlich in viel größerer Zahl für den Norden. Obwohl es im Krieg zum großen Teil um die Sklavenfrage ging, litten auch die schwarzen Soldaten der Union unter Rassismus und Diskriminierung.

Die afroamerikanischen Soldaten stellten für die Union eine große Zahl von Männern, über die die sklavenhaltenden Südstaaten nicht verfügten. Und dennoch verbot noch zu Kriegsbeginn ein Statut von 1792 den Armeedienst für Schwarze. Es wurde erst Ende 1862 vollständig widerrufen und im folgenden Jahr das Bureau of Colored Troops (Amt für farbige Soldaten) für die Rekrutierung von Schwarzen gegründet.

DIENST FÜR DEN NORDEN

Die Zahl der Afroamerikaner, die den Unionstruppen beitraten, war bedeutend: 179 000 Männer allein beim Heer, das waren rund zehn Prozent des gesamten Nordstaatenheers. (Weitere 19 000 dienten in der Marine.) Etwa 160 Einheiten bestanden nur oder teilweise aus Afroamerikanern, und in der Schlacht erwiesen sich viele von ihnen als ungemein tapfer. So verlor das 54. Regiment der Massachusetts Volunteers beim unbeirrbaren Angriff auf Fort Wagner im Juli 1863 75 Prozent seiner Männer.

▲ Afroamerikanische Soldaten legen an. Schwarze Einheiten hatten oft weiße Offiziere, und die Ausbildung war meist schlecht.

▼ Trompeter des 22. und 10. Kavallerieregiments. Afroamerikaner dienten häufig als Musiker und Fahnenträger.

Dennoch kam die Mehrheit der Afroamerikaner gar nicht bis zur Front. Auch der Norden war zutiefst rassistisch, und die meisten schwarzen Soldaten wurden getrennt untergebracht und übernahmen Arbeits- und Versorgungsaufgaben. Zudem erhielten sie zehn Dollar Sold im Monat, von denen drei Dollar für Kleidung abgezogen wurden, während Weiße 13 Dollar ohne Abzüge erhielten. Dieser Missstand wurde schließlich behoben und

„Wenn **Sklaven gute Soldaten** sind, ist unsere ganze **Theorie über die Sklaverei falsch**."

HOWELL COB, COLONEL DER KONFÖDERIERTEN, GEORGIA

▲ Porträt von „Drummer“ Jackson, einem ehemaligen Sklaven, der im Bürgerkrieg als Trommler bei den 79. United States Colored Troops diente.

im Juni 1864 der fehlende Sold nachträglich ausgezahlt. Die schlechten Lebensbedingungen der Afroamerikaner zeigten sich auch daran, dass von 40 000 im Krieg gestorbenen Männern 30 000 nicht gefallen, sondern Krankheiten erlegen waren.

DIENST IM SÜDEN

Zwar dienten auch im Süden Schwarze bei der Armee, aber sie unterstützten die Feldarmee fast ausschließlich mit Sklavenarbeit. Es kam oft vor, dass konföderierte Offiziere ein kleines Gefolge vertrauter Sklaven von ihrer Plantage mitbrachten, die sich während des Feldzugs um ihn kümmerten, für ihn kochten, putzten und seine Sachen in Ordnung hielten. Im März 1865 erließ der Süden ein Gesetz, das es freien Schwarzen erlaubte, mit Genehmigung ihrer Arbeitgeber Soldat zu werden. Natürlich taten das nur sehr wenige.

ARTILLERIST, 1864
Einige wenige Afroamerikaner dienten in der Artillerie und bedienten entweder große Belagerungs- oder Feldkanonen. Die gekreuzten Kanonen auf der Mütze sind das Zeichen der Artillerie.

Stock
Mit dem Lade- und Rohrwischerstock wurde zuerst die Kugel in das Kanonenrohr geschoben und nach dem Schuss die glühende Asche aus dem Rohr entfernt.

Paspeln
Die roten Paspeln an der Jacke zeigen an, dass dieser Soldat Artillerist ist.

Wassereimer
Zum Einweichen des Schwamms, bevor das Rohr ausgeputzt wurde.

Feldflasche
Ihr Körper bestand meist aus Blech oder Zinn.

IN DER SCHLACHT

Die fliegenden Fahnen und erhebenden Ansprachen der Kommandeure konnten den Schrecken vor dem Kampf auf den Schlachtfeldern nicht verbergen. Im Rauch des Kanonenfeuers kämpfte jeder Soldat verzweifelt, den Tag zu überleben.

Der Soldatenalltag im Sezessionskrieg bestand zu etwa drei Vierteln daraus, sehr wenig zu tun zu haben und auf etwas Bedeutendes zu warten. Dennoch erlebten die Soldaten immer wieder große Schlachten mit, ein erstaunliches und erschreckendes Spektakel aus Feuerkraft, geschärftem Stahl und Gewalt, das viele von ihnen nicht überleben sollten.

▲ Rollenspieler versuchen, etwas vom Chaos der Schlacht bei Gettysburg zu vermitteln. Leichen bedeckten noch Wochen nach der Schlacht das Feld.

SCHLACHTENCHAOS

Obwohl die Schlachtfelderfahrung von der jeweiligen Aufgabe des Einzelnen abhing, gab es ein paar Konstanten. Eine der größten Herausforderungen für die Offiziere war es, ein gewisses Maß an Ordnung in ihrer Einheit zu erhalten. Beim Angriff mussten die Soldaten über unwegsames, von Schüssen gepeitschtes Terrain vorandrängen, in dem ständig Männer von Kugeln niedergestreckt und von Artilleriegeschossen zerfetzt wurden. Dabei sollten sie die Reihen geschlossen halten und gezielt Salven schießen.

Offiziere bemühten sich, doch wurde ihre Anwesenheit im Lärm und in den beißenden Schießpulverwolken oft nicht wahrgenommen, und natürlich schwebten auch sie in Gefahr, getötet zu werden. Die Schlacht konnte in verzweifelte, individuelle Gefechte zerfallen, in denen Einzelne oder Gruppen fast unabhängig voneinander kämpften. Schwieriges, bewaldetes Gelände verschärfte die Problematik noch.

> **„… Tote und Verwundete** wurden wahrhaftig **zu Haufen aufgetürmt.“**
>
> AUGENZEUGE ÜBER ANTIETAM

▼ Die Springfield-Muskete, Modell 1861, prägte den Konflikt, darunter sind drei Granatenformen des Sezessionkriegs zu sehen. Am interessantesten ist die flossenstabilisierte Ketchum-Granate (Nr. 4), die beim Aufprall durch ein Zündhütchen in der Spitze detonierte.

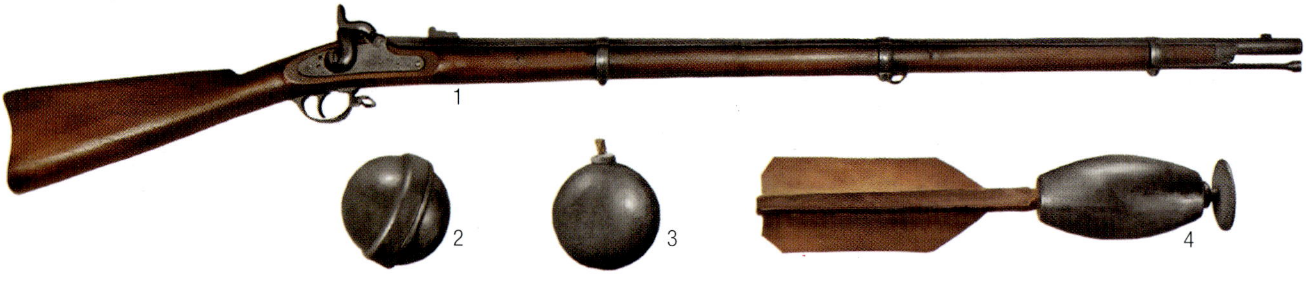

▲ Die äußere Linie der konföderierten Befestigung vor Petersburg, Virginia. Der Erdwall sorgte für Schutz vor feindlichen Kugeln.

Ein Beispiel war die Kraterschlacht am 30. Juli 1864, die Teil der Belagerung von Petersburg war. Die Unionstruppen ließen 230 Fässer Schießpulver in einer Mine unter den konföderierten Linien detonieren und töteten 278 feindliche Soldaten. Dann verzögerten sie aber den Vormarsch auf den perplexen Gegner. Das führte dazu, dass Hunderte Unionssoldaten in dem Krater festsaßen, wo Konföderierte sie vom Kraterrand aus erschossen. Der Norden verzeichnete 3798 Verluste, die Konföderierten erstachen viele gefangene Afroamerikaner mit dem Bajonett.

MUSIK IN DER SCHLACHT

Auf Schlachtfeldern des Sezessionskriegs spielten Musiker (wenn sie keinem Chirurgen assistierten) ganze Lieder, um die Männer anzufeuern. Beliebt waren „The Battle Cry of Freedom" (Norden) und „I Wish I Was in Dixie" (Süden).

▲ Eine reich dekorierte Trommel aus dem Sezessionskrieg. Trommler waren unbewaffnet.

▲ Ebenso wie Trommeln dienten Trompeten dazu, Kommandos zu erteilen, aber oft waren sie im Schlachtlärm nicht zu hören.

▶ Chirurgische Instrumente. Der Krieg erbrachte viele medizinische Neuerungen, darunter bessere Methoden zur Behandlung von Brustverletzungen und effizientere Amputationen.

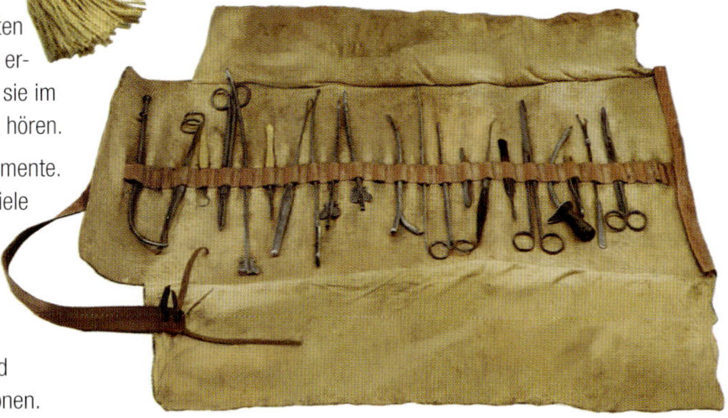

VERWUNDET

Es war das Schicksal Hunderttausender Soldaten, auf den Schlachtfeldern ernsthaft verwundet zu werden. Anfangs war die medizinische Versorgung sehr schlecht, wenn viele Verwundete verarztet werden mussten. Das verbesserte sich allmählich, als Ambulanzwagen, von Pferden gezogen, die Verwundeten in Feldlazarette brachten.

Die Lazarette konnten ein Albtraum sein. Tote und Sterbende lagen oft nebeneinander, amputierte Glieder stapelten sich. Die effiziente chirurgische Ausbildung bedeutete aber, dass ein geübter Arzt in nur sechs Minuten ein Bein oder einen Arm abnehmen konnte.

5453.

„An der Grenze, **im klaren Morgenlicht**, wenn die Berghänge von kleinen Rauchwolken übersät sind … **funkelt jeder Kamm mit hellen Schwertern**.“

WINSTON CHURCHILL, NORDWESTGRENZE, 1897

KOLONIAL-KRIEGE

1850–1914

Europäische Soldaten, die in Kolonien in Amerika, Asien oder Afrika stationiert waren, machten oft exotische Erfahrungen an ebenso exotischen Orten. Einige verbrachten fast ihr gesamtes Leben im tropischen Indien oder Afrika und lernten, mit dem Klima zu leben. Und immer wieder mussten sie brutale Kolonialkriege führen.

◄ Soldaten des City Imperial Volunteers Regiment marschieren am 29. Oktober 1900 nach ihrer Rückkehr aus den Burenkriegen in Südafrika vom Londoner Bahnhof Paddington zum Erntedankgottesdienst in St Paul's Cathedral.

FREMDE NEUE WELT

Die Weltpolitik des 19. Jahrhunderts war vom Kolonialismus geprägt. Europäische Mächte, vor allem Großbritannien, Deutschland, Portugal, Spanien und Frankreich, hatten sich Teile der weiteren Welt angeeignet und brauchten Soldaten, um diese Territorien zu kontrollieren.

Das 18. und 19. Jahrhundert erlebten eine intensive koloniale Expansion, als europäische Mächte sich in ihrer militärischen und kulturellen Landnahme überschlugen. Viele dieser Eroberungen geschahen unter dem Deckmantel christlicher Nächstenliebe, in Wahrheit aber waren sie bloße imperiale und wirtschaftliche Aggression, die meist mit Waffengewalt durchgesetzt wurde.

GLOBALE KOLONIEN

Blickt man heute auf Karten dieser Zeit, ist es erstaunlich, welch große Teile der Welt Kolonien waren. Das bei Weitem größte Reich war das britische. Am Ende des 19. Jahrhunderts ging in ihm im wahrsten Sinn des Wortes die Sonne nie unter. Seine Kolonien umfassten Kanada, Nigeria, Sudan, Rhodesien, Südafrika, Indien, Birma, Malaysia, Borneo, Australien und Neuseeland. Aber Großbritannien stand nicht allein. Afrika war willkürlich zwischen Frankreich (das den Großteil Nordwestafrikas besetzte), Italien, Deutschland, Portugal und Belgien aufgeteilt. Zu den deutschen Kolonien und Schutzgebieten gehörten Deutsch-Ostafrika, Deutsch-Südwestafrika, Kamerun, Togo sowie Deutsch-Neuguinea. Doch nicht nur die Europäer hatten Kolonien: Im frühen 20. Jahrhundert eroberte Japan die Koreanische Halbinsel und viele pazifische Gebiete.

▲ Britische Soldaten verhören afrikanische Männer, die unter Spionageverdacht stehen, Südafrika 1899.

▼ Porträt der Lieutenants Mevill und Coghill (24. Regiment), die in der Schlacht von Isandhlwana am 22. Januar 1879 im Zulukrieg bei der Verteidigung der Fahne fielen.

KONTROLLE DER KOLONIEN

Die Erlangung von Kolonien war nicht einfach, sie mussten oft gewaltsam gegen vehementen Widerstand erobert werden. Größere britische Kriege, die durch koloniale Expansion entstanden, waren der Zulukrieg von 1879 sowie die Burenkriege von 1880/81 und 1899 bis 1902.

Doch die Übernahme der Regionen bildete nur den Anfang. Kontrolle und Verwaltung einer Kolonie stellten ganz andere, langfristige Herausforderungen dar. Sie wurden zum Teil durch die

Einrichtung eines Beamtenapparats nach europäischem Vorbild, aber auch durch die Stationierung großer stehender Heere überall in den Territorien bewerkstelligt.

Kolonialposten waren eine Lernerfahrung für eine ganze Generation europäischer Soldaten. Die Unterschiede zwischen dem Herkunftsland der Soldaten und der Kolonie waren oft enorm. Alles war anders – Sprache, Gesetze, Religion, Kleidung, Klima, Flora und Fauna, Kultur, Krankheiten, Essen und sexuelle Beziehungen. Einige der offeneren Soldaten, vor allem Offiziere, passten sich dem neuen Lebensstil an, lernten die Landessprache und Gebräuche und bemühten sich, Brücken zwischen den Kolonisten und den Kolonialisierten zu bauen. Unzählige andere aber versuchten nur, ihre eigene Kultur in einem neuen Kontext nachzubilden oder den Einheimischen fremde Werte aufzuzwingen. Manchmal verstanden sich beide Völker, oft aber erwuchsen aus den Spannungen Konflikte, wie der Indische Aufstand von 1857, der zu Grausamkeiten auf beiden Seiten führte.

„Nachts **konnten wir nicht schlafen** wegen der **Hitze** und des **Heulens der Schakale**."

JOHN PEARMAN, BRITISCHER SOLDAT, INDIEN, OKTOBER 1845

▲ Das Gemälde mit dem vielsagenden Titel *Eine freundliche Macht in Ägypten* von W. C. Horsley zeigt das 41. (Walisische) Regiment am Metwali-Tor in Kairo, 1887.

SPRACHKENNTNISSE

Soldaten, die die Landessprache lernten, waren meist Offiziere mit klassischer Universitätsbildung (Griechisch und Latein). Sprachführer waren von unschätzbarem Wert, darunter der *Hobson-Jobson*, das englisch-indische Wörterbuch von Henry Yule und Arthur C. Burnell (1886).

EUROPÄISCHE MÄCHTE IN AFRIKA

Afrika war für europäische Regimenter ein exotischer Standort. Die Bedingungen konnten allerdings besonders schwierig und unerbittlich sein, wie die Soldaten schnell herausfanden. Viele Männer sahen ihre Heimat nie wieder.

Ob es Deutsche in Ostafrika, Belgier im Kongo oder Briten in Südafrika betraf – einige Erfahrungen verbanden alle Soldaten, die in Afrika stationiert waren.

ÜBERLEBEN IM BUSCH

Außer in der Regenzeit mit ihren sintflutartigen Güssen arbeiteten die Soldaten im Afrika des 19. Jahrhunderts in großer Hitze, und das in Uniformen, die für das gemäßigte Klima Europas gedacht waren. Um nicht zu dehydrieren, mussten sie Unmengen von Wasser zu sich nehmen. Aber die Beschaffung sauberen Trinkwassers war problematisch. Die Soldaten entnahmen es jeder nur auffindbaren Quelle, solange keine toten Tiere darin zu sehen waren, doch in vielen Fällen war auch vermeintlich sauberes Wasser nicht trinkbar. Trotz-

„Sie drängten unsere Kameraden aus dem Hospital und **töteten die Patienten**.“

DER BRITISCHE OFFIZIER WALTER DUNNE, DER 1879 IN RORKE'S DRIFT KÄMPFTE

AUGENZEUGENBERICHT

„Es ist fast unmöglich, den genauen Bestand der Vorräte zu kennen, aber ich glaube, wir haben Proviant für mehr als drei Wochen. Die Rinder aber können jeden Moment gestohlen werden, denn sie müssen natürlich draußen in der Wagenburg bleiben. Ich halte eine kleine Reserve in den Gräben, in denen wir auch die Pferde haben. Das Gelände ist hier vollkommen offen, es gibt nur ein oder zwei Flecken Wald, aber die werden gefällt …“
– Brief von Colonel Charles Pearson in Rorke's Drift, 1879

▼ In der grauenvollen Schlacht von Rorke's Drift am 22./23. Januar 1879 siegten 150 britische Soldaten über eine Armee von 3000 bis 4000 Zulukriegern.

▲ Britische Soldaten werden in den Burenkriegen per Schiff nach Transvaal gebracht, ihre Ausrüstung hängt an den Balken.

dem wurden die Feldflaschen damit aufgefüllt, wodurch sich Cholera und andere Krankheiten schnell verbreiteten. Das Fleisch stammte entweder von Rinderherden, die die Einheiten mitführten, oder von weniger vertrauten Tieren im Busch – ein umherziehendes Bataillon hatte meist einen vernichtenden Einfluss auf die Tierwelt, die es als Nahrung oder zum Vergnügen schoss. Für Offiziere war die Großwildjagd ein Highlight Afrikas. Wegen der Hitze schliefen viele Soldaten auch auf dem harten Boden im Freien und litten daher unter Arthritis.

SCHLACHTEN

Europäer in Afrika hatten viele Feinde. Während der Burenkriege zum Beispiel kämpften die Briten gegen die zähen, robusten Buren, die exzellente Schützen und Reiter waren. Im Zulukrieg dagegen standen sie einer riesigen Armee einheimischer Krieger mit Speeren, Keulen und Schilden gegenüber. Soldaten auf allen Seiten begingen immer wieder Gräueltaten an ihren Feinden. Nach dem Massaker von Isandhlwana 1879 fürchteten Briten vor allem, von Zulus gefangen genommen zu werden.

BRITISCHER INFANTERIST, 1879
Der britische „Rotrock", wie er 1879 im Zulukrieg zu sehen war. Der einreihige Rock bestand aus schwerer Serge, die dicke Oxfordhose war für die afrikanische Hitze ebenso wenig geeignet.

DIE BRITEN IN INDIEN

Von der Mitte des 18. Jahrhunderts bis zu Indiens Unabhängigkeit 1947 war Großbritannien die stärkste Macht des Landes. Die in der zweiten Hälfte des 19. Jahrhunderts dort stationierten Soldaten versuchten, eine anglizierte Umgebung zu erschaffen.

Klima und Wetter waren für die Soldaten in Indien immer eine Herausforderung. Wie in Afrika waren Hitze und Luftfeuchtigkeit anstrengend und gefährlich, nicht nur im Freien. Eine der Gegenmaßnahmen britischer Truppen war es, unter dem Boden ihrer Zelte kühlende Gruben auszuheben, nasse Tücher über das Loch zu hängen und dann nackt auf dem Boden zu sitzen, um vom Schatten und der Verdunstung abgekühlt zu werden. Nur während des Monsuns ließ die Hitze nach, doch an die Nordwestgrenze entsandte Truppen erlebten in den Wintermonaten auch klirrende Kälte.

KULTURSCHOCK

Bei Soldaten aus der britischen Provinz verursachten Kultur und Lebensbedingungen in Indien oft einen richtiggehenden Schock. Dieser Schock konnte im Kontakt mit den Einheimischen durchaus gegenseitig sein. Städte wie Kalkutta waren voll erschreckender Armut, Schmutz, Gewalt und Laster, aber die kruden Rassenvorurteile der Briten wurden von einigen Mitgliedern der ungewöhnlich gebildeten indischen Mittel- und Oberschicht auf die Probe gestellt.

▲ Ein verletzter britischer Soldat liegt in Wasiristan an der unruhigen Nordwestgrenze am Boden.

▼ Kamelkarren in Indien. Britische Soldaten mochten Kamele nicht, sie fanden sie störrisch und aggressiv.

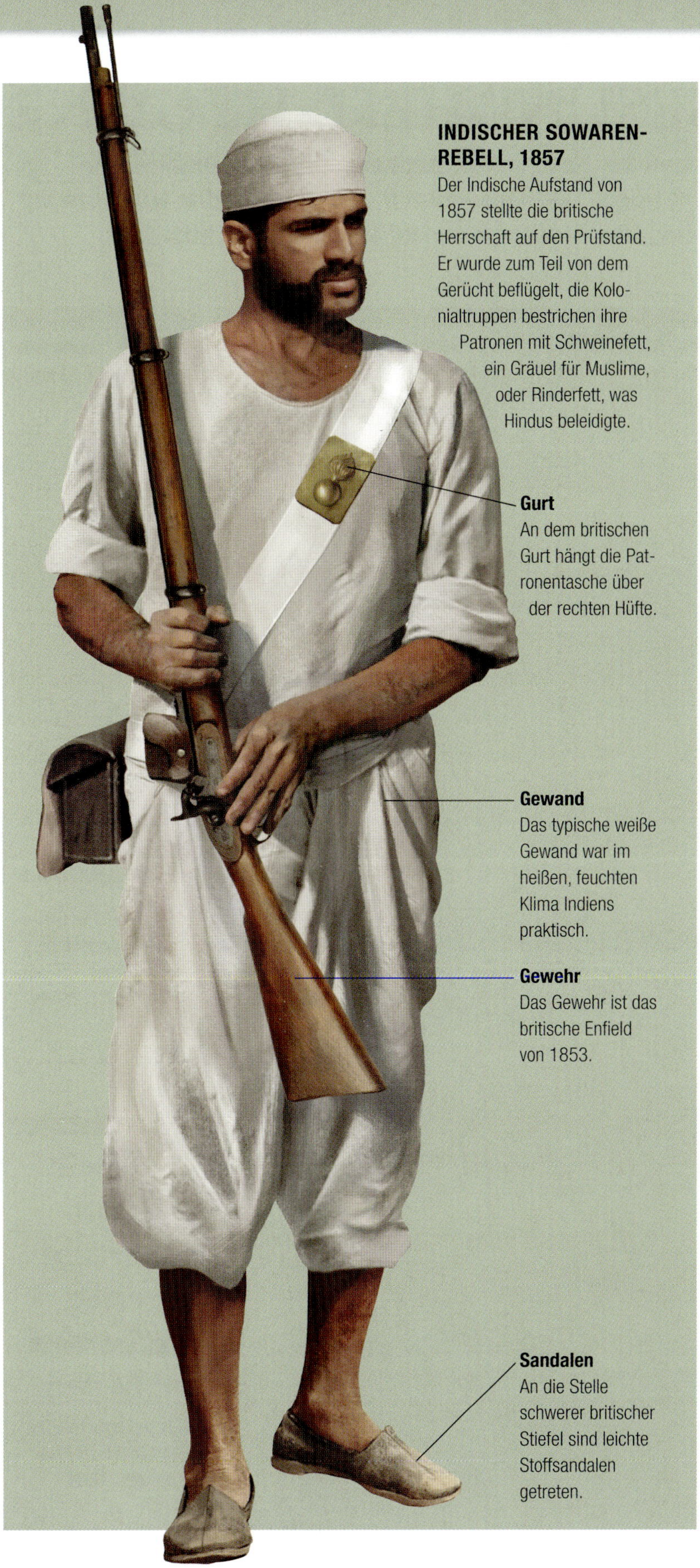

INDISCHER SOWAREN-REBELL, 1857
Der Indische Aufstand von 1857 stellte die britische Herrschaft auf den Prüfstand. Er wurde zum Teil von dem Gerücht beflügelt, die Kolonialtruppen bestrichen ihre Patronen mit Schweinefett, ein Gräuel für Muslime, oder Rinderfett, was Hindus beleidigte.

Transport und Logistik wurden wie gewohnt mit Pferd und Maultier abgewickelt, aber auch – obschon ungern – mit Elefant und Kamel. Das wachsende indische Eisenbahnnetz ließ die langen Märsche zwischen zwei strategischen Punkten selten werden.

LUXUSLEBEN

Während langer Aufenthalte in der indischen Wildnis lebten britische Soldaten wie seit Jahrhunderten in Zelten. Offiziere mussten sich diese oft selbst kaufen, eine unerwartete und unwillkommene Investition für die Neuankömmlinge. Um die festen Kasernen jedoch entstanden sehr elegante britische Quartiere. Offiziere und ihre Familien lebten meist in modernen Bungalowsiedlungen, die von Hecken und ordentlichen Zäunen umgeben waren. Sie wurden von etlichen Hausangestellten bedient, die sich um alles kümmerten, vom Kochen und Putzen bis zum Besprühen des Daches mit Wasser, um es abzukühlen. Mehrere unverheiratete Offiziere teilten sich solche Bungalows. Die Kasernen für einfache Soldaten und Stabsoffiziere sowie ihre Familien waren weitaus weniger komfortabel und unhygienisch, sodass dort viele Krankheiten grassierten.

▼ Britische Soldaten in Indien üben im frühen 20. Jahrhundert den Umgang mit dem Bajonett – nützlich für die Auflösung von Straßenunruhen.

KRANKHEIT, GESUNDHEIT, HYGIENE

Der Einfluss von Krankheiten auf Truppen der Kolonialzeit lässt sich gar nicht eindringlich genug darstellen. In weit entfernten, oft tropischen Gegenden trafen europäische Soldaten auf tödliche, nicht behandelbare Krankheiten, die Tausende von ihnen das Leben kosteten.

Trotz vieler Verbesserungen in der Gesundheitsvorsorge des 19. Jahrhunderts war dies eine Ära der Seuchen. Für europäische Soldaten waren Krankheiten sogar in den heimischen Kasernen gefährlich, vor allem Tuberkulose, Cholera und Grippe. Hierfür waren die oft ungelüfteten Kasernen ohne gute Sanitäranlagen eine ideale Brutstätte. 1852 forderte der britische Arzt Sir John Pringle bessere Belüftungen und den Bau gut gepflegter Außenlatrinen. Fünf Jahre später untersuchte die British Royal Sanitary Commission, warum bis zu 17,5 Prozent der Männer in den Tropenkasernen an Krankheiten starben. Ihre Erkenntnisse führten zu

▲ Britische Soldaten ruhen sich im Burenkrieg in einem Lager aus. Ruhe war und ist wichtig, um Truppen im Einsatz gesund zu halten.

▼ Dieser Krankenkarren mit einem indischen Kutscher diente dem Transport verwundeter britischer Soldaten in den Burenkriegen in Südafrika.

> **„Verschmutztes Wasser** gilt sehr oft **zu Unrecht** als erste **Ursache von Krankheiten.“**
>
> S. CLARK IN EINEM BUCH ÜBER MILITÄRHYGIENE IN INDIEN, 1864

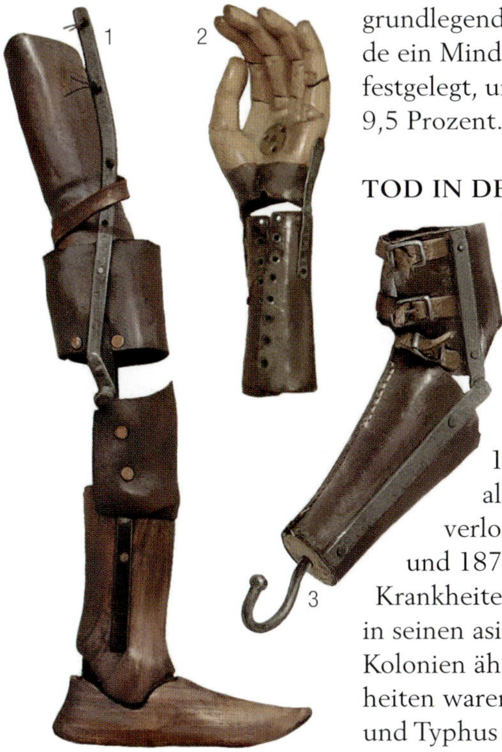

▲ Eine Auswahl von Prothesen des 19. Jahrhunderts: 1 ganze Beinprothese, 2 künstliche Hand, 2 Unterarmprothese mit Haken.

grundlegenden Verbesserungen, so wurde ein Mindestraum für jeden Mann festgelegt, und die Sterberate fiel auf 9,5 Prozent.

TOD IN DEN TROPEN

In den tropischen Kolonien Afrikas und Asiens blieb die Sterberate verheerend. Krankheiten forderten die meisten Opfer. Französische Truppen in Madagaskar verzeichneten 1895 19 Tote im Kampf und 4000 allein durch Malaria. Spanien verlor in Kuba zwischen 1868 und 1878 200 000 Mann durch Krankheiten. Deutschland erging es in seinen asiatischen und afrikanischen Kolonien ähnlich. Andere Tropenkrankheiten waren Gelbfieber, Denguefieber und Typhus sowie die allgegenwärtigen Geschlechtskrankheiten.

Obwohl auch im 19. Jahrhundert kaum Heilungschancen für solche Erkrankungen bestanden, trafen die Soldaten einige Vorsichtsmaßnahmen. Als die Verbindung zwischen Mücken und Malaria bekannt war, stellten Pioniere fest, dass das Trockenlegen oder Vermeiden von Sümpfen die Infektionsrate verringerte. Viele Männer in Afrika und Asien begannen, Chinin zu nutzen, das bis in die 1940er-Jahre ein Standardmedikament gegen Malaria blieb.

VORBEUGUNG

Im 19. Jahrhundert wurden immer mehr Hygienehandbücher für europäische Soldaten in den Kolonien veröffentlicht. Manche enthielten gute Tipps zu Ernährung, sanitären Anlagen und persönlicher Hygiene, andere hatten weniger wissenschaftliche Grundlagen. Viele europäische Soldaten trugen zum Beispiel einen „Choleragürtel“, einen langen, 15 cm breiten Streifen aus Flanell oder Wolle, der mehrmals um den Bauch gewickelt wurde, um ein Auskühlen zu verhindern, von dem man glaubte, es mache die Männer anfällig für Cholera. Dieser unsinnige Gürtel war bis ins frühe 20. Jahrhundert in Gebrauch.

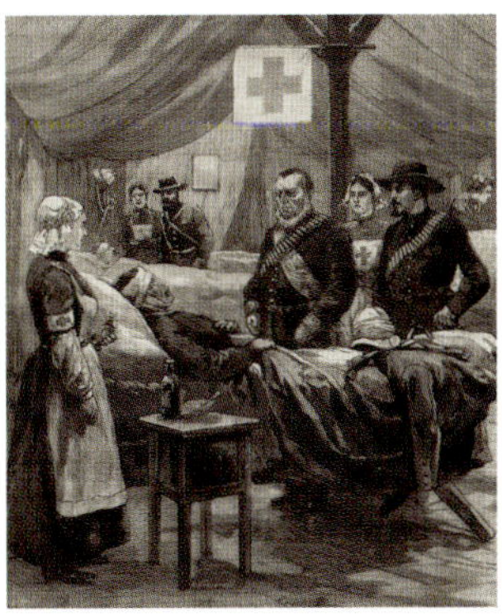

▲ Präsident Paul Kruger besucht verletzte Soldaten im Transvaal. Die Hygiene in Lazaretten verbesserte sich im späten 19. Jahrhundert.

► Florence Nightingale (1820–1910) machte die militärische Krankenpflege im Krimkrieg bekannt. Sie sprach sich energisch für Sauberkeit und gutes Essen als Grundlage für die Genesung aus.

DAS LEBEN EINES OFFIZIERS

Obwohl die Kolonien den Berufsoffizieren reichlich Gelegenheit für ein gutes Leben boten, waren sie auch Orte der Entbehrung und Gefahr – selbst für privilegierte Schichten, die gegen Krankheit und Gewalt ebenso wenig immun waren.

Die Kolonien hatten für ehrgeizige Offiziere, alte wie junge, ihren Reiz. Manche wurden einfach mit ihrem Regiment in die Kolonien entsandt, aber viele meldeten sich auch freiwillig für den Dienst in Übersee. Deutsche Offiziere standen oft vor der Wahl, sich zwischen einem öden Verwaltungsposten an der deutschen Ostgrenze und einem viel exotischeren Leben in Afrika zu entscheiden. In Übersee bot sich die Möglichkeit eines bequemeren Lebens (oft auf Kosten der Einheimischen), des Kampfs, der Beförderung und die Gelegenheit, wertvolle Kenntnisse zu sammeln und auszuprobieren, zum Beispiel bei den Pionieren. Auch die persönliche Reputation profitierte davon. Andere hingegen wurden von der Aussicht auf Reichtum oder die schlüpfrigen Geschichten über indigene Frauen angelockt.

▲ Indische Fürsten und britische Offiziere im Poloteam in Hyderabad. Polo war ein elitärer Sport, für den man vermögend sein musste.

VERSCHIEDENE SCHICKSALE

Je nachdem, wohin es die Offiziere verschlug, konnte sich ihr Leben sehr unterschiedlich gestalten. Einige fanden sich auf höllischen Feldzügen in abgelegenen, wüsten Landstrichen wieder, wo das Leben für alle Ränge kurz war. Während deutscher Afrikafeldzüge zu Anfang des 20. Jahrhunderts stellte man fest, dass für Offiziere das Sterberisiko im Kampf doppelt so hoch war wie für andere Ränge. Anders verhielt es sich mit Krankheiten, wohl weil Offiziere Essen und Unterkunft von höherer Qualität bekamen, was ihr Immunsystem stärkte und besser auf Krankheit und Infektionen reagieren ließ.

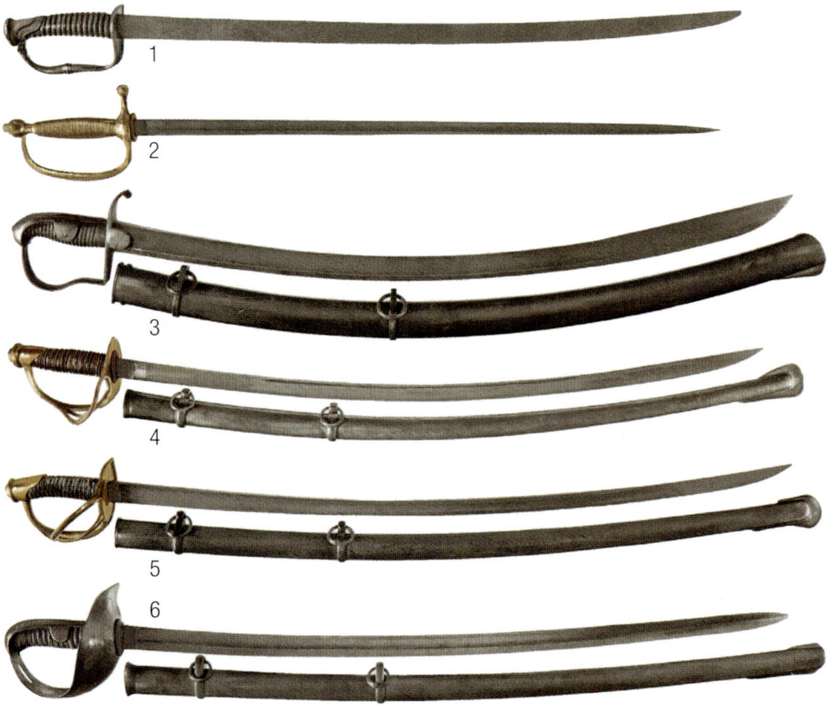

◀ Die Schwertersammlung eines Offiziers:
1 Offizierssäbel mit modifiziertem Heft
2 Musikerschwert von 1840 mit Messingheft
3 Leichter Kavalleriesäbel von 1796 mit Eisenscheide
4 Leichter Kavalleriesäbel von 1860 mit Eisenscheide
5 Schwerer Kavalleriesäbel von 1840 mit Eisenscheide
6 Schwerer Kavalleriesäbel mit Eisenscheide, 19. Jh.

GESELLSCHAFTSFRAGEN

Offiziere in lange bestehenden Kolonien dienten und lebten dort oft mit ihren Familien. Im 18. und 19. Jahrhundert war es in Indien nicht unüblich (aber ungern gesehen), dass britische Offiziere Beziehungen mit Inderinnen eingingen. Mit der Errichtung Britisch-Indiens (als die britische Regierung die Verwaltung Indiens von der Ostindien-Kompanie übernahm) wurde es üblicher, dass Offiziere ihre Frauen mitbrachten und Familien gründeten. Die Frauen mussten sich den gesellschaftlichen Gepflogenheiten ebenfalls anpassen. Bei Festivitäten zum Beispiel verließen sie den Raum in absteigender Folge gemäß dem Rang ihrer Ehemänner, was deutlich machte, welchen Status die Frauen von Lieutenants und Captains hatten.

Die Hauptfreizeitbeschäftigung der Offiziere in den Kolonien war das Jagen. In Indien waren Tigerjagden besonders beliebt, häufig vom Rücken eines fürstlich geschmückten Elefanten aus. Schätzungsweise 380 Tiger wurden jedes Jahr von Kolonisten in Indien erlegt, was ihren Bestand dramatisch reduzierte.

▼ Ein britischer Offizier lässt sich von einem indischen Diener die Füße pediküren. Verhältnisse wie diese förderten unangebrachte Gefühle kultureller Überlegenheit.

BRITISCHER CAPTAIN, 21. FUSSREGIMENT, 1881

Am roten Rock ist dieser britische Offizier sofort zu erkennen. Er diente im 21. Fußregiment im Burenkrieg von 1880/81.

Tropenhelm
Die weißen Tropenhelme des Auslandsdiensts wurden für Feldzüge oft braun gefärbt.

Roter Rock
Die roten Röcke waren seit Mitte des 17. Jahrhunderts Teil der britischen Uniform.

Fernglas
Ein teures Fernglas zeichnete einen Offizier ebenso aus wie sein Schwert.

Farben
Nach dem Burenkrieg von 1880/81 setzte sich Kaki allmählich als Farbe der britischen Uniformen durch.

UNIFORMEN DES 19. JAHRHUNDERTS

Der Dienst in weit entfernten Kolonien brachte Nachteile der Uniformen, die im moderaten europäischen Klima vollkommen tauglich waren, schnell zum Vorschein.

Die britischen Erfahrungen in Indien und Afrika demonstrierten im 19. Jahrhundert die vielen Unzulänglichkeiten der Uniformen. Der klassische rote Rock der Briten machte sich gut auf dem Exerzierplatz in England, aber in der Hitze und Feuchtigkeit der Tropen wurde er zur schrecklichen Last. Der schwere Stoff ließ den Schweiß nicht trocknen und sog ihn auf, heizte sich in der Wärme des Tages auf und war in den kühlen Abendstunden kalt. Die Nähte lösten sich auf, der Stoff stank, Jacken und Hemden hielten nur einen Bruchteil der Zeit, den sie im europäischen Klima überdauerten.

DIE GARDEROBE

Um die Kleidung in einem guten Zustand zu erhalten, musste sie viel häufiger gewaschen und geflickt werden. Das Resultat war, dass die Soldaten

▼ Deutsche Soldaten aus dem späten 19. oder frühen 20. Jahrhundert zeigen, dass man leichte Kleidung in den Tropen schätzen gelernt hatte.

▲ Ein Bild der klassischen britischen Rotröcke. Jedes Teil der Uniform wäre in der feuchten Hitze der Tropen unpassend, unbequem und unhygienisch.

in den Kolonien mehr Uniformteile brauchten als in Europa. Ein britischer Kavallerist in Indien beschrieb seine Ausrüstung folgendermaßen: „6 weiße Hosen, 6 Unterhosen, 3 Flanellhemden, 6 Hemden, 4 weiße Jacken, 4 Turbantücher, 6 Paar Socken, 1 gerippte Wollhose; für die Versorgung der Pferde: 2 blaue Overalls, 1 blaue Stalljacke, 1 Mantel, 1 Tschako, 1 Umhang, 2 Paar Stiefel." Die Wäschemenge der Regimenter muss zu jener Zeit enorm gewesen sein.

PASSEND GEKLEIDET

Wie schon angemerkt, ersetzten die Briten ihr leuchtendes Rot durch Kaki, und diese Entwicklung nahmen auch viele andere Armeen im späteren 19. Jahrhundert. Dies lässt sich zum Teil auf Beobachtungen der landesüblichen Kleidung zurückführen. In den Burenkriegen erlebten die Briten zum Beispiel, dass die Buren jede Art von konventioneller Uniform ablehnten und dafür praktische zivile Jagdkleidung trugen, gewöhnlich in Braunschattierungen, die zum Boden und zur Flora der afrikanischen Landschaft passten. Hüte mit breiten Krempen boten Gesicht und Nacken echten Schutz vor der Äquatorsonne.

SOLDAT DER FRANZÖSISCHEN FREMDENLEGION, 1867

Die französische Fremdenlegion zeichnete sich während der französischen Intervention 1861 bis 1867 in Mexiko aus. Die Uniform war extrem bunt, der breitrandige Sombrero ein Zugeständnis an praktische Gegebenheiten.

Rock
Der dunkelblaue Rock mit Fransenepauletten war in der Infanterie Standard.

Muskete
Der Soldat ist mit einem Perkussionsgewehr bewaffnet, das die Steinschlossmuskete ersetzte.

Bajonett
Bajonette mussten leicht geölt werden, um nicht zu rosten.

Gamaschen
Weiße Gamaschen reflektierten die Hitze und hielten die Füße etwas kühler.

INDIGENE KRIEGER

Die Krieger aus kolonisierten Ländern wurden trotz ihrer Kampfkraft und Entschlossenheit von Europäern und Amerikanern stets herablassend behandelt. Hinsichtlich ihrer Fähigkeit, sich im Land zu bewegen und zu versorgen, waren sie den Invasoren überlegen.

Obwohl die indigenen Armeen nicht so komplex organisiert waren wie ihre europäischen Gegner, waren sie keineswegs unkoordiniert, schlecht ausgebildet oder unerfahren im Austragen von Gruppenkonflikten.

ZULUREFORMEN

Die Zuluarmeen in Afrika wurden zum Beispiel im Zuge der militärischen und sozialen Reformen König Shakas (um 1787–1828) revolutioniert. Zulukrieger waren in einer Art Regimentsordnung organisiert, die nach Altersgruppen gegliedert war, wobei junge Soldaten der Autorität älterer, erfahrener Männer unterstanden. In diesem System wurde Disziplin mit brutalen Maßnahmen durchgesetzt. Der geringste Anschein von Feigheit, körperlicher Schwäche oder Missachtung der Führung konnte zu einem schnellen und oft grausamen Tod führen.

▲ Der legendäre Apachenhäuptling Geronimo (ganz rechts, mit Sohn und zwei Kriegern) wehrte mehr als 20 Jahre lang erfolgreich die Expansion der USA und Mexikos in Apachenland ab.

▼ Nur mit traditionellen Holzwaffen versehen, wurde der Maorihäuptling Te Hauhau 1885, einer Zeit des Aufruhrs und der Kolonisation, in Waikato fotografiert.

Shaka erneuerte auch die Bewaffnung seiner Krieger. Neben den traditionellen Wurfspeer (*assegai*) und die Keule (*knob-kerrie*) trat der kürzere Stoßspeer *iklwa* für den Nahkampf. Schutz bot der *isihlangu*, der große mit Rindsleder bezogene Schild. Shaka führte auch eine Art Grundausbildung ein, damit alle Krieger die wichtigsten Waffentechniken beherrschten und sich gemeinsam als Kompanie oder Regiment statt als Einzelkämpfer bewegen konnten. Die Zuluarmee war beeindruckend, obwohl ihre tief sitzenden magischen und abergläubischen Traditionen sie zur leichten Beute für die Realität des britischen Gewehrfeuers machten.

TRADITIONEN

Viele indigene Armeen weltweit mussten sich der kriegerischen Begegnung mit den Ausländern anpassen. Die indi-

MAORI-KRIEGSKUNST

Bekämpften sich die neuseeländischen Maori untereinander, so bildeten die Kriegerstämme *taua*, Gruppen in jeder erdenklichen Größe. Man schätzte Täuschung und Überraschung bei Angriffen, vor allem, um den Feind aus einer befestigten Stellung zu locken (*pa*). Kriegsgruppen führten rituelle Tänze (*haka*) auf, bevor sie sich in gewalttätigen Mann-gegen-Mann-Kämpfen maßen. Nach der Schlacht fand eine rituelle Reinigung statt.

ZULUKRIEGER, 1879

Der Zulukrieger ist leicht bekleidet, doch die Fell- und Lederstreifen zeigen, ähnlich wie die Rangabzeichen der europäischen Soldaten, die Regimentszugehörigkeit an.

Kopfschmuck
Der Kopfring *isicoco* war den erfahrensten Kriegern vorbehalten.

Waffen
Dieser Krieger ist mit mehreren Wurfspeeren ausgerüstet.

Schild
Der Schild aus Ochsenhaut bot an heißen Tagen auch Schutz vor der Sonne.

Beinschmuck
Die Beine wurden mit Leder, Pelzen sowie Tierschwänzen geschmückt.

„Als die Männer zurückfielen, **stürmten die Zulus heran**, und innerhalb von Minuten kämpften sie **Mann gegen Mann**."

W. DRUMMOND, BRITISCHER KOMMANDOSTAB, BERICHT VON 1879

anischen Krieger kämpften weiter mit ihren traditionellen Waffen Bogen, Tomahawk, Keule und Dolch, benutzten aber auch Feuerwaffen mit Begeisterung und setzten sie ebenfalls für die Jagd ein.

Dennoch blieben die Indianer in der Kriegführung ihren Traditionen treu. Die Prärieindianer Nordamerikas kannten den *counting coup*, eine Mutprobe, bei der der Feind mit einem Coup-Stab berührt wurde und man selbst dann unverletzt floh. Gefangene wurden oftmals gefoltert, der Sieger skalpierte unterlegene Gegner als Zeichen für seine Tapferkeit, und Gefangene wurden schrecklichen Qualen unterworfen, um ihren Mut zu testen.

▼ Japanische Samurai in traditioneller Tracht. Tradition und Waffen der Samurai blieben in Japan bis zum Ende des Zweiten Weltkriegs bedeutend.

TAKTISCHE ENTWICKLUNGEN

Die Kolonialkriege brachten die europäischen Armeen mit neuen Arten der Kriegführung in Kontakt. Die bitterste Lektion mussten wohl die Briten in den Burenkriegen lernen, wo sie einem entschiedenen und wirkungsvollen Aufstand gegenüberstanden.

Als die Buren sich 1880 zum bewaffneten Widerstand gegen die Briten entschlossen, waren sie theoretisch im Nachteil. Die britische Armee bildete die Speerspitze des mächtigsten Reichs der Welt und hatte rund um den Globus mit Mut, Disziplin und konzentrierter Feuerkraft Gegner besiegt. Die Buren hingegen waren eigentlich eine militarisierte zivile Truppe.

IRREGULÄRE KRIEGFÜHRUNG

Die Buren bildeten eine wahre Bürgerarmee, für die alle Männer von 16 bis 60 Jahren verpflichtet werden konnten.

▲ Britische Feldstellung in den Burenkriegen. Selbst großkalibrige Kugeln können den Verteidigungswall nicht durchschlagen.

▼ Britische Truppen im Burenfeldzug suchen hinter einem Erdwall Schutz vor den tödlich genauen Schüssen der Buren.

„**Fast** bevor wir uns darüber klar wurden, **schwärmten** wir über die Mauern, **schossen** und **schlugen** uns Mann gegen Mann. Es war **gute Arbeit**.“

DENEYS REITZ, BURISCHER KÄMPFER, 1900

Sie war keine formale Armee, sondern bestand aus Bürgern, die nach Bezirken organisiert waren und ihre Kommandeure selbst wählten.

Die Buren waren zähe Kämpfer, entschlossen, anpassungsfähig und durch die harte Arbeit auf dem Land an Strapazen gewöhnt. Ihr Land kannten sie ganz genau, Jagen und Reiten waren für ihr Leben unverzichtbar, sodass sie ausgezeichnete Reiter und Schützen waren und sich sicher durch den Busch bewegen konnten. In kleinen Kommandoeinheiten schlichen sie sich mit List auf Schussweite an, schlugen blitzschnell und aus guter Deckung zu und fügten den britischen Reihen großen Schaden zu, bevor sie flohen, um an einem anderen Tag weiterzukämpfen. In einigen der ungleichen Gefechte verloren die Briten mehr als 200 Männer, während die Buren weniger als zehn Opfer zu beklagen hatten.

NEUE TAKTIKEN

Die Briten reagierten auf die dramatischen Verluste mit eher strategischen (als taktischen) Innovationen, die ihnen den Sieg über die Buren verschafften, doch war die Lektion gelernt. In Kolonialkriegen waren Mobilität, gute Deckung und genaue Feuerkraft entscheidend. Die Soldaten lernten schnell den Unterschied zwischen Deckung und Tarnung. Tarnung sorgte dafür, nicht vom Feind entdeckt zu werden, bot aber keinen Schutz vor Kugeln (etwa Gebüsch). Deckung dagegen gab körperlichen und visuellen Schutz und musste gesucht werden, sobald die Kugeln flogen. Die Kolonialkriege lehrten viele Heere, darunter das französische, deutsche und amerikanische, die Prinzipien der Geländekunde sowie von Feuer und Bewegung, die heute die Säulen der Infanterietaktik bilden.

▲ Burische Kommandoeinheit in leichter Jagdkleidung und mit großkalibrigen Jagdgewehren, die auf 600 m und darüber hinaus tödlich sind.

▼ Britische Munition: 1 in Papier gewickeltes Dynamit, 2 und 3 gusseiserne Handgranaten, 4 Schrapnellgranate mit Schnitt durch den Sprengkopf (nicht maßstabsgerecht), 5–8 vier Arten Gewehrpatronen für das Snider- (5), das Martini-Henry- (6 und 7) und das Enfield-Gewehr (8).

◀ Die Buren bewegten sich gekonnt auf dem Schlachtfeld. Obwohl eher Pferde das Transportmittel ihrer Wahl waren, ist diese Konstruktion aus zwei Fahrrädern für den Schienenverkehr genial.

FACETTEN DES KRIEGS: ZIVILISTEN

In kriegerischen Auseinandersetzungen leidet die Zivilbevölkerung fast immer genauso – wenn nicht sogar mehr als die eigentlichen Kämpfer. Im Verlauf der Geschichte war die Beziehung zwischen Militär und Zivilisten immer komplex und oft tragisch.

Während sich die Militärgeschichte meist auf Soldaten und ihren Kampf konzentriert, hängt doch die generelle Kriegsfähigkeit eines Landes von seinen Zivilisten ab. Am wichtigsten ist dabei, dass die Zivilbevölkerung die Kriegsindustrien in Gang hält. Während des Zweiten Weltkriegs wurden in Großbritannien ab 1943 zum Beispiel 48 000 Männer für den Bergbau eingezogen statt für den Kriegsdienst. Die „Bevin Boys", benannt nach dem Arbeitsminister Ernest Bevin, stellten sicher, dass die wichtigsten Rohstoffe trotz des eingezogenen Personals noch gefördert wurden. Das war wichtige, gefährliche Kriegsarbeit, für die es wenig Anerkennung gab.

▲ Deutsche Sicherheitstruppen treiben Juden im Warschauer Getto zur Deportation zusammen. Juden starben nicht nur in Konzentrationslagern, 1,1 Millionen wurden im Feld hingerichtet.

FRAUEN UND KINDER

Der Krieg hat einen besonders schwerwiegenden Einfluss auf Frauen und Kinder. In früheren Zeiten begleiteten sie Männer und Söhne oft im Tross in den Krieg. Streng genommen beinhaltete dieser alle Zivilisten, die einer Truppe folgten. Dabei erledigten Frauen niedrige Arbeiten für die Armee wie Wäschewaschen, Kochen, Lebensmittelbeschaffung und – auch das sei erwähnt – sexuelle Dienste. So hoben mitreisende Frauen die Moral der Soldaten und halfen, die logistische Effizienz der Truppe aufrechtzuerhalten. Im Gegenzug erhielten sie Schutz und Proviant vom Militär, was sie zu einer Last und Hilfe zugleich machte. Die Anwesenheit der Zivilisten konnte auch tragische Folgen haben, denn die Gegner waren Unterstützern der feindlichen Seite nicht freundlich gesinnt. In der Antike wurde das römische Heer in der Schlacht im Teutoburger Wald 9 v. Chr. vernichtet, aber auch etwa 10 000 bis 20 000 Zivilisten getötet oder versklavt.

▼ Familienangehörige, die Unionssoldaten begleiten, in einem Feldlager der 31. Pennsylvania-Infanterie im Sezessionskrieg, 1862.

▼ Im Krieg verschwimmt die Grenze zwischen Zivilist und Soldat oft. Zehntausende Russen wie diese beiden wurden Partisanen.

▲ Bei der Verteidigung Leningrads graben sowjetische Zivilisten im Zweiten Weltkrieg Gräben, um Panzer aufzuhalten. Zivilisten dienten auch als Sanitäter und Feuerwehrleute.

▼ Moderne Armeen haben erkannt, dass sie das Vertrauen der Zivilbevölkerung vor Ort gewinnen müssen, um ein sicheres Operationsgebiet zu entwickeln. Hier redet ein US-Marineinfanterist mit afghanischen Kindern (2009). Das amerikanische Militär hat in Afghanistan auch Schulen gebaut.

Eine ähnliche Tragödie begab sich 1842 beim britischen Rückzug aus Kabul in Afghanistan.

ZIVILISTEN IM VISIER

Es gehört zu den Schrecken des Kriegs, dass Zivilisten manchmal die Ziele militärischer Aktionen sind, sei es aus Rache oder Zerstörungslust. Das japanische Massaker an 300 000 chinesischen Zivilisten in Nanking 1937/38 ist ein furchtbares Beispiel. In anderen Fällen ging es um rassische oder ideologische Beweggründe, etwa beim Holocaust, den die Deutschen 1941 bis 1945 entfesselten, als schrecklichstes Beispiel. Manchmal sind Zivilisten einfach nur im Weg und werden Opfer strategischer Bombardierungen (wie im Zweiten Weltkrieg), von Straßenkämpfen oder beim Durchzug feindlicher Truppen durch ihre Heimat. Soldaten mit mehr Weitblick erkennen allerdings, dass der Schlüssel zum Sieg darin bestehen kann, „Herz und Verstand" der Zivilisten für sich zu gewinnen.

CHRONIK

9 v. Chr. Rund 20 000 Zivilisten werden ermordet oder versklavt, als germanische Stämme im Teutoburger Wald über drei römische Legionen siegen.

1099 Kreuzfahrer massakrieren Zehntausende Muslime, Juden und orthodoxe Christen nach der Belagerung Jerusalems.

15. Jahrhundert Stehende Heere werden in Europa und andernorts üblich und schaffen eine deutlichere Unterscheidung zwischen Zivilisten und Soldaten.

1793 Die *levée en masse* (Massenaushebung) im Revolutionsfrankreich mobilisiert die ganze Bevölkerung für den Krieg. Zivilisten spielen eine entscheidende Rolle bei den Kriegsanstrengungen, von der Geldbeschaffung bis zum Kampf.

1842 Die britische Armee erlebt eine ihrer größten Katastrophen, als eine riesige Kolonne aus Soldaten und 12 000 Zivilisten beim Rückzug aus Kabul von afghanischen Stammeskriegern vernichtet wird.

1914–1945 In beiden Weltkriegen erlangen Frauen für die Kriegsindustrie größte Bedeutung, denn sie treten an die Stelle der eingezogenen Männer.

1941–1944 900 Tage lang belagern die Deutschen Leningrad. Zwar wirken Zivilisten in dem berühmt gewordenen Verteidigungskampf mit, doch der Preis ist hoch: Mehr als 600 000 von ihnen verhungern.

1943–1945 Die deutsche Zivilbevölkerung und ihre Wohnungen sind Ziel der strategischen Bombardierungen der Alliierten.

1949 Die Genfer Konvention schließt auch den Schutz von Zivilisten ein.

DER BOXERAUFSTAND

Bei der zweijährigen Rebellion von Chinesen gegen ihre Besatzer ging es um ein Aufeinanderprallen von Kulturen ebenso wie um chinesische Innenpolitik. Europäische Soldaten und chinesische Rebellen unterschieden sich in jeder Hinsicht – von der Uniform bis zur Einstellung.

Der Boxeraufstand begann 1899 und dauerte mit einigen besonders gewalttätigen Ausbrüchen bis 1901. Er eröffnete mit dem Angriff chinesischer Nationalisten, der „Boxer", auf Europäer und wurde schließlich von alliierten Truppen aus acht Nationen – Großbritannien, Russland, Japan, Frankreich, USA, Deutschland, Italien und Österreich-Ungarn – niedergeschlagen.

DIE BOXER

Die Boxer stammten aus Nordchina. Sie waren in der Kampfkunst ausgebildet, und jedes Dorf verfügte über eine Truppe von 25 bis 100 Männern, die von einem „älteren Bruder" mit guten Kampffähigkeiten geleitet wurde. Sie trugen farbenfrohe Kappen, Turbane, Gewänder, Schärpen, Schals und Leggings. Es gab auch eine Truppe weibli-

▲ Deutsche Truppen verlassen 1906 Tientsin. Kaiser Wilhelm II. forderte, die Chinesen sollten beim Anblick eines Deutschen erzittern.

▼ Russisches Militärlager in Sretensk. Jede Infanterietruppe stellt ihre Gewehre so auf, dass die Gewehrläufe nicht verschmutzen.

AUGENZEUGENBERICHT

„Das Gewehrfeuer und die Kanonaden waren schrecklich, Kugeln und Geschosse flogen in alle Richtungen. Mitten in der allgemeinen Verwirrung wurde eine große chinesische Kompanie [einige reguläre chinesische Truppen unterstützten die Boxer] – etwa 200 – entdeckt, als sie an der Wand entlang zur US-Gesandtschaft schlich. Unsere Soldaten beschossen sie, und 30 oder 40 wurden getötet. Sich das vorzustellen – es wäre erschreckend, im Zentrum dieses mörderischen Hasses und der Teufelei zu sein."
– Missionar J. H. Ross, Beschreibung des Boxerangriffs vom 13. Juli 1900

DEUTSCHER SOLDAT, OSTASIATISCHES EXPEDITIONSKORPS, 1900

Das deutsche Ostasiatische Expeditionskorps wurde 1900 nach Peking entsandt, um Europäer in China zu schützen. Dieser Soldat trägt eine feldgraue Winteruniform, die 1901 eingeführt wurde.

cher Boxer, die sogenannten Roten Laternen, aus der Gegend von Tientsin. Die Boxer legten großen Wert auf Spiritualität. Jeder Rekrut durchlief einen magischen Initiationsritus, um ihn für Kugeln unangreifbar zu machen (ein Mythos, der schnell widerlegt wurde).

ÜBERSEETRUPPEN

Die ausländischen Armeen waren konventionelle europäische Soldaten. Sie besaßen nicht nur moderne Gewehre und Geschütze – im Gegensatz zu den traditionellen Stichwaffen der Boxer –, sondern auch sehr unterschiedliche kulturelle Sichtweisen. Die meisten europäischen und amerikanischen Soldaten waren Protestanten, Katholiken, Orthodoxe oder in seltenen Fällen Juden, und ihre religiöse Erziehung vermittelte ihnen oft das Gefühl eines göttlichen Herrschaftsanspruchs.

Religion war für das Engagement beider Seiten wichtig. Die Boxer hielten den westlichen Einfluss für die Ursache chinesischer Probleme und metzelten christlich-europäische Gemeinden und chinesische Christen nieder. Die alliierten Truppen betrachteten ihrerseits den Glauben der Boxer als gefährlichen Spiritualismus und erlangten einen überragenden Sieg.

▼ Russische Marineinfanteristen wehren mit Gewehrfeuer einen schweren Boxerangriff auf den Botschaftsbezirk in Peking ab, 1900.

SOLDAT & PFERD

Obwohl das Pferd von seinem Naturell her für die Schlacht eher ungeeignet ist, wurde es im Lauf der Geschichte lange im Krieg eingesetzt. Das soldatische Verhältnis zu ihm hing auch zu Kolonialzeiten vom Charakter des Soldaten und der Art des Feldzugs ab.

Das Pferd spielte im Imperialismus eine große Rolle. Ohne berittene Männer, die sich um die Logistik in der Kolonie kümmerten, wären Großbritannien, Frankreich, Italien und Deutschland nicht in der Lage gewesen, ihre riesigen Gebiete zu konsolidieren und zu verwalten. Doch trotz ihrer enormen Bedeutung führten die Militärpferde kein glückliches Leben.

▲ Britische berittene Artilleristen mühen sich über eine Straße am Chaiberpass in Afghanistan.

INVESTITION IN TIERE

Obwohl manche Pferde mit den Kolonialtruppen verschifft wurden, erstand man die meisten bei Händlern im Land. Das war sinnvoll, weil europäische Tiere nicht an die Tropenbedingungen gewöhnt waren – viele dieser unglücklichen Kreaturen starben innerhalb von Wochen nach ihrer Ankunft an Hitze, Überlastung oder Krankheiten. Doch der Ankauf heimischer Pferde konnte für Logistiker oder Kavalleristen zur Herausforderung werden. Angesichts der steigenden Nachfrage versuchten örtliche Händler, zu deutlich überzogenen Preisen schwache oder alte Tiere zu verkaufen, die dann innerhalb weniger Tage tot umfielen. Aufgabe der Soldaten war es darum, die Pferde so lange wie möglich am Leben und gesund zu halten.

▼ Eine Pferdekolonne rückt auf Johannesburg vor, 1901. Die Pferde litten ebenso unter der Hitze wie die Männer.

PFLEGE UND VERSORGUNG

Damit die Pferde die beste Leistung erbringen konnten, mussten die Soldaten für die wesentlichen Bedürfnisse wie Futter und Wasser sorgen. Im Feld-

„Die **Kugeln gingen wie Hagel auf uns nieder** … Den Pferden erging es am schlechtesten.“

KANONIER ALBERT H. BUTLER ÜBER DIE SCHLACHT VON COLENSO IM ZWEITEN BURENKRIEG, 1899

▲ Ein Ulan führt 1896 in einer Gefechtsdarbietung vor, wie sein Pferd als Verteidigungsbarrikade und als Stütze beim Schießen dienen kann.

zug benötigte ein Pferd täglich eine Ration von etwa 8 kg Heu und 4 kg Getreide. Darüber hinaus verbrauchte ein Tier selbst in gemäßigtem Klima täglich 23 l Wasser, sodass auch Pferdetränken im Feld in die taktischen Pläne einbezogen werden mussten. Hinzu kamen das Striegeln des Pferdes (das war wichtig, um von Insekten übertragene Krankheiten zu vermeiden), die Versorgung von Verletzungen sowie die Instandhaltung von Sattel und Zaumzeug. Die Pferdepflege war ein anspruchsvoller und anstrengender Job.

Die Soldaten waren den Pferden gegenüber oft gefühllos, denn sie waren vom Anblick der vielen sterbenden Tiere abgestumpft. Doch es gibt auch Belege dafür, dass einige Kavalleristen eine enge Bindung an sie hatten. Nach der schrecklichen Schlacht von Omdurman 1898 führten zum Beispiel Soldaten ihre tödlich verletzten Pferde ein letztes Mal zum Trinken an ein fließendes Gewässer, bevor sie sie erschießen mussten.

REITER, 21. LANCERS, OMDURMAN, 1898

In der Schlacht von Omdurman im Sudan zeigten die 21. Lancers 1898 besonderen Mut. Wie ihr Name andeutet, kämpften die Lancers (Ulanen) vom Sattel aus mit der Lanze. Ihre Pferde sollten mindestens 150 cm hoch sein.

7920

„Die **umherschwärmenden Rotröcke** kamen schließlich in der **Hängematte oder Decke** zur Ruhe, als die **Schiffe ruhig** in den Solent fuhren."

WILLIAM HOWARD RUSSELL ÜBER DIE ABFAHRT BRITISCHER TRUPPEN AUF DIE KRIM

KRIEGE UM REICHE & NATIONEN

1850–1914

Die Erinnerung an das Ende der Napoleonischen Kriege verblasste 1850 allmählich, doch standen neue Konflikte bevor, die immer wieder zwischen benachbarten Reichen ausbrachen. Die Soldaten dieser Staaten fanden sich oft an weit entfernten Orten wieder, an denen sie lebten, kämpften und starben.

◄ Amerikanische Soldaten vor dem Zug in Tampa, Florida, der sie im Spanisch-Amerikanischen Krieg von 1898 in Richtung Kuba bringt. An die Stelle der Vorderlader ist nun das Krag-Jørgensen-Repetiergewehr getreten.

IMPERIALE EXPANSIONEN

Das 19. Jahrhundert war eine Zeit des aggressiven Imperialismus und der Staatengründungen. Neue Nationen entstanden durch Vereinigung und Unabhängigkeit – etwa Deutschland und Italien –, während weltweit Reiche um die Ausweitung ihrer Territorien kämpften.

Das Ende der Napoleonischen Kriege 1815 hieß nicht, dass die europäischen Armeen nun nichts mehr zu tun hatten. Im 19. Jahrhundert herrschte eine intensive imperialistische Rivalität, besonders um Gebiete in Afrika und Asien, und bald schon bekämpften sich frühere Verbündete.

REICHE UND NATIONEN

Großbritannien war zweifellos die bedeutendste imperiale Macht des 19. Jahrhunderts, die jedoch auf der Weltbühne keineswegs unangefochten war. Vor allem Russland war ein großer strategischer Rivale, dessen Expansion in Mittelasien die britische Regierung um ihre Kolonie Indien und ihren Einfluss auf das benachbarte Afghanistan fürchten ließ. Die Spannungen entluden sich in einigen größeren Konflikten, besonders im Krimkrieg von 1853 bis 1856, in dem eine Allianz aus Briten, Franzosen, Osmanen und Sardiniern deutlich über Russland siegte, allerdings um den Preis eigener schwerer Verluste. Dennoch war das „Große Spiel", wie die britisch-russische Rivalität genannt wurde, nur einer von vielen imperialen

▲ Soldaten des Signalkorps der US-Armee im Spanisch-Amerikanischen Krieg senden per Spiegeltelegraf Signale an andere Einheiten.

▼ General Frederick Funston (rechts) mit zwei Offizieren bei einer Mahlzeit im Feld in Kuba, 1898. Durch einen akuten Malariaanfall schied er frühzeitig aus dem Feldzug aus.

PROPAGANDA

Propaganda war schon seit Langem ein Mittel, mit dem Regierungen die Überzeugungen von Bürgern und Soldaten formten. Die wichtigsten Propagandamittel im 19. Jahrhundert waren Zeitungen, Handzettel und Karikaturen, aber auch Nachrichten, die von offiziellen respektierten Institutionen wie (Staats-) Kirchen oder der Monarchie direkt verbreitet wurden.

Konflikten, die im 19. und frühen 20. Jahrhundert die Welt erschütterten. Dazu gehörten die französische Intervention in Mexiko (1861–1867), der Deutsch-Französische Krieg (1870/71), der Russisch-Türkische Krieg (1877/78), der Spanisch-Amerikanische Krieg (1898) und der Russisch-Japanische Krieg (1904/05). Aus diesen Auseinandersetzungen entstanden Unabhängigkeitsbestrebungen und neue vereinte Nationen wie Italien und Deutschland.

▲ Preußische Artillerie auf der Place de la Concorde in Paris, 1. März 1871. Die preußischen Artilleristen waren für ihre Effizienz und ihre hohe Feuerrate bekannt.

▼ Japanische Soldaten erwarten im Russisch-Japanischen Krieg einen Angriff. Aus Tagebüchern geht hervor, dass sie vor allem ums Überleben, nicht für die Politik kämpften.

KAMPF UND MANÖVER

Die Soldaten, die in diesen Kriegen kämpften, mussten sich mit dem jahrhundertealten Problem der ineffizienten Kriegsbürokratie auseinandersetzen. Im Krimkrieg zum Beispiel führten logistische Fehler zu schrecklichem Mangel für die Frontsoldaten. Die russischen Truppen durchlitten Ähnliches im Russisch-Japanischen Krieg, als sie wochenlang auf wichtigen Nachschub warteten und unter der Inkompetenz der Befehlshaber zu leiden hatten.

Doch in der zweiten Hälfte des 19. Jahrhunderts wirkte sich solche Unfähigkeit immer schrecklicher aus. Bis 1870 hatten die neuen Hinterlader sowohl Handfeuerwaffen als auch die Artillerie revolutioniert. Das bedeutete, dass der einzelne Soldat besser bewaffnet und unterstützt wurde, aber auch, dass sich das Überleben auf dem Schlachtfeld zunehmend schwieriger gestaltete. Offiziere mussten sich der neuen Logistik- und Kommunikationsära anpassen, die Eisenbahn und Telegraf eingeläutet hatten. Am Ende des Jahrhunderts war deutlich geworden, dass ein guter Offizier viel besseren Zugang zur Technik brauchte als noch 100 Jahre zuvor. Die Welt des Kriegs veränderte sich.

SOLDATEN & REVOLUTIONÄRE

Ab den frühen 1830er-Jahren intensivierte sich die italienische Unabhängigkeitsbewegung im Kampf gegen die Herrscher aus Österreich. Diese mussten in den 1860ern gegen italienische Guerillas kämpfen, die leidenschaftlich für Unabhängigkeit und nationale Einheit eintraten.

Man muss bedenken, dass Italien bis 1871 keine eigenständige Nation war, sondern eine Ansammlung einzelner Staaten, die meist von Österreich beherrscht wurden.

Die Italiener fochten 1848/49, 1859 und schließlich 1866 drei große Unabhängigkeitskriege aus. In diesen Konflikten spielte Frankreich immer eine Rolle. Zunächst kämpfte es für die italienische Unabhängigkeit, wandte sich dann aber davon ab. Am Ende waren die Italiener zwar in jedem Konflikt von den österreichischen Heeren geschlagen worden, dank einer Allianz mit Preußen gelang ihnen aber doch der Sieg gegen Österreich und für ein vereintes Italien.

▲ Der Freiheitskämpfer Giuseppe Garibaldi war auf militärischer wie politischer Ebene ein Pionier der Guerillakriegführung.

VIELFALT IM REICH

Nach den Napoleonischen Kriegen erlebten viele Armeen einen Niedergang, doch Österreich hielt sein Heer instand. Es galt, ein großes Reich zusammenzuhalten. Das zentrale Problem war, dass die Führungsoffiziere eine Vielzahl von Ethnien und Sprachen in der Truppe zu vereinen hatten: Nur 28 Prozent der Soldaten waren Österreicher, 18 Prozent Ungarn und 44 Prozent Slawen. In einer Einheit konnten bis zu neun Sprachen gesprochen werden.

Um die Kommunikation zwischen den Einheiten zu gewährleisten, lernten alle Soldaten 80 Standardbefehle auf

◀ Szene aus der Schlacht am Volturno (1860). Der Sieg der Rothemden forderte einen hohen Preis und schwächte die Revolutionäre.

GARIBALDI

Giuseppe Garibaldi (1807–1882) wurde im von Frankreich beherrschten Nizza geboren und erwarb das Kapitänspatent, bevor er sich in Italiens Unabhängigkeitsbewegung engagierte. Er floh 1834 aus Italien nach Brasilien und Uruguay und wurde in Südamerika Revolutionär, bevor er in seine Heimat zurückkehrte. Bis heute ist er ein Symbol des italienischen Nationalstaats.

▲ Französische Truppen beim mühsamen Marsch über den Col du Mont Cenis im Piemont, 1859.

Deutsch. Daneben entstand das Armeeslawisch, in dem sich die Männer untereinander verständigten.

ITALIENISCHER WIDERSTAND

Vor der Vereinigung Italiens fühlten sich die Soldaten vor allem ihrem Regiment und ihrem Staat verpflichtet. Einige Regimenter hatten einen hohen Status, so die Scharfschützen der Bersaglieri, die 1836 gegründet wurden, oder die Alpini-Truppen, die nach der Vereinigung für den Einsatz in Norditaliens Gebirgen ausgebildet wurden.

Die berühmtesten Rebellen gegen die Herrschaft Österreichs waren Giuseppe Garibaldis Rothemden. Als Guerillatruppen ohne Standarduniform oder -ausrüstung kämpften sie oft mit veralteten Musketen und in Zivilkleidung, nur die roten Hemden und grauen Flanellhosen boten eine gewisse Uniformierung. Die Rothemden waren eine klassische Guerilla, was Taktik und Ressourcen betrifft: Sie waren hoch motiviert und engagiert, strategisch und logistisch aber kaum organisiert. Sie errangen einige Siege, wurden aber schließlich von Truppen aus dem Norden vernichtend geschlagen.

HINTERLADERWAFFEN

Der fortschrittliche Wechsel vom Vorder- zum Hinterlader hatte auf den einzelnen Soldaten enorme Auswirkungen. Er beeinflusste nicht nur sein Kampfverhalten und taktisches Vorgehen, sondern auch Uniform und Ausrüstung wurden der Entwicklung angepasst.

Hinterlader haben eine sehr lange Geschichte, die bis ins 17. Jahrhundert zurückreicht. Zur Standardwaffe für das Militär wurden sie jedoch erst in der zweiten Hälfte des 19. Jahrhunderts. In den 1880er-Jahren waren sie so verbreitet, dass die Vorderlader weitgehend von den Schlachtfeldern verschwunden waren.

VORTEILE

Hinterladerwaffen nutzen Patronen, in denen Schießpulver, Zünder und Kugel in einer Hülle zusammengefasst eine Einheit bilden. Sie werden von hinten und nicht mehr durch den Lauf in die Waffe gesteckt. Im 19. Jahrhundert boten sie den Soldaten mehrere entscheidende Vorteile. Lade- und Schießzeiten wurden kürzer (besonders bei Repetiergewehren mit Magazinen) bei größerer Feuerkraft, Reichweite und Treffgenauigkeit. Sie waren besser bei Feuchtigkeit und Nässe einsetzbar und insgesamt verlässlicher.

Diese Vorteile führten zu einem ganz neuen Verhältnis des Soldaten zu seiner Waffe. Zunächst einmal war er viel gefährlicher als zuvor – mit einem modernen Hinterlader konnte er auf eine Distanz von mehr als 600 m bis zu 15 Schuss in der Minute abgeben und davon ausgehen, ein Ziel

▲ Das Dreyse-Zündnadelgewehr wurde von Preußen mit großer Wirkung im Deutschen Krieg eingesetzt, hier bei der Schlacht bei Königgratz am 3. Juli 1866.

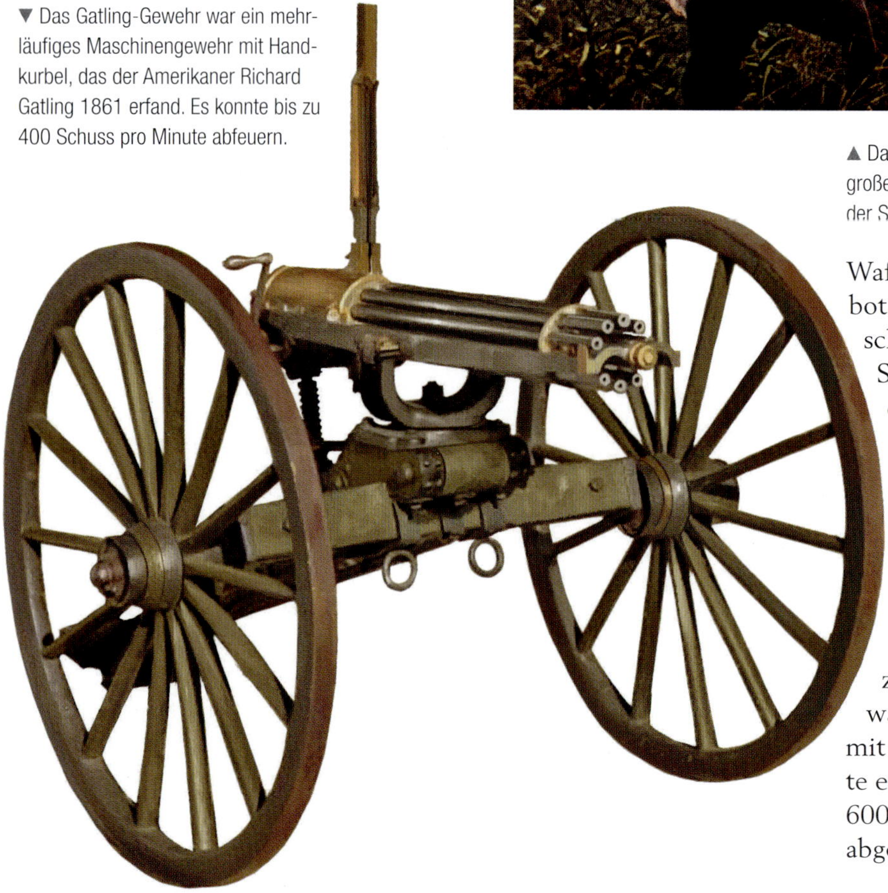

▼ Das Gatling-Gewehr war ein mehrläufiges Maschinengewehr mit Handkurbel, das der Amerikaner Richard Gatling 1861 erfand. Es konnte bis zu 400 Schuss pro Minute abfeuern.

▲ Hinterlader und Perkussionsgewehre im 19. Jh: 1 Martini-Henry-Gewehr (.577), 2 Dreyse-Zündnadelgewehr (15,4 mm), 3 Mauser C96 (7,63 mm), 4 Adams-Revolver von 1854 (.455), 5 Winchester M1873 (.44), 6 Mauser-Gewehr M1871 (11 mm).

„Könnte ich ein **Maschinengewehr erfinden,** würde es die Notwendigkeit **großer Armeen weitgehend aufheben.**"

RICHARD GATLING

von der Größe eines Menschen zu treffen. Dies stieß gleich mehrere Veränderungen an. Die Einheiten waren nicht länger aufs Salvenschießen angewiesen. Zugleich mussten alle Männer ihre Treffsicherheit trainieren, denn die Waffe war nun so präzise wie der Mann, der sie bediente.

Auch größere Verlässlichkeit war nun gegeben: Die Tage der nicht losgegangenen Schüsse waren im Großen und Ganzen vorbei. Nach Einführung von Metallpatronen war das Treibmittel in seiner wasserdichten Hülle so gut geschützt, dass der Soldat selbst unter den nassesten Wetterbedingungen noch weiterschießen konnte. Trotzdem musste er immer noch darauf achten, dass die Munition nicht feucht wurde, denn das Äußere der Patrone konnte rosten, was wiederum dazu führte, dass die Patrone nicht richtig in die Kammer glitt. Daher war die tägliche Waffen- und Munitionspflege für den Soldaten unerlässlich.

NEUE AUSRÜSTUNG

Die Einführung der Hinterlader hatte nicht nur Auswirkungen auf das Schießverhalten der Soldaten. Auch ihre Ausrüstung und Uniform waren davon betroffen. So waren etwa neu gestaltete Patronentaschen erforderlich, die entweder einzelne Patronen oder aber Laderahmen enthalten konnten, die dann en bloc in das Magazin der Waffe kamen. In vielerlei Hinsicht vereinfachte der Hinterlader die Ausrüstung der Soldaten, denn es erübrigten sich von nun an separate Taschen und Behältnisse für Pulver, Kugeln, Zündhütchen, Feuerstein und andere für Musketen benötigte Einzelteile. Zudem bedeuteten die Feuerkraft, Reichweite und Genauigkeit der Waffen auch, dass die farbenfrohen Uniformen fortan der Vergangenheit angehörten. Alles, was die Sichtbarkeit des Soldaten verbesserte, war im Zeitalter des Hinterladers höchst ungünstig.

DER KRIMKRIEG

Der Krimkrieg (1853–1856) ist für sein Heldentum und seine Katastrophen bekannt, darunter schreckliche Seuchen und die tragische Attacke der leichten Brigade bei Balaklawa. Trotz aller taktischen und strategischen Fehlschläge brachte er viele wichtige Neuerungen hervor.

Der Krimkrieg vereinte alte europäische Verbündete und Feinde in einem der größten Konflikte seit den Napoleonischen Kriegen, wenn auch in neuer Kombination. Dieses Mal kämpften Briten, Franzosen und Osmanen gegen Russland, um die russische Expansion um das Schwarze Meer zu verhindern.

IM WINTER

Dieser Konflikt markiert nach Ansicht vieler den Beginn der modernen Kriegsberichterstattung, besonders wegen der Berichte des Briten William Howard Russell. Was Russell in schonungslosem Detail offenlegte, waren nicht nur die Ereignisse einiger großer Kriegsschlachten, sondern auch das chronische Versagen der britischen Logistik mit ihren heute legendären Folgen. So war nicht für den Transport des Proviants vom Hafen zu den Truppen gesorgt, im Win-

◀ Typische Utensilien eines britischen Infanteristen im Krimkrieg: 1 Rucksack, 2 Feldflasche, 3 Nähzeug, 4 Kartenspiel, 5 Streichhölzer, 6 Kerzendose, 7 Zahnbürste, 8 und 9 Kochgeschirr, 10 Kekse, 11 Besteck, 12 Tabakdose, 13 Bibel.

◀ Die Szene aus der Schlacht bei Inkerman zeigt das britische 3. Bataillon der Grenadierwachen in Aktion. Die Schlacht fand am 5. November 1854 in dichtem Nebel statt.

▲ Links die Krim-Medaille, ein Kampforden, der an alle britischen Soldaten vergeben wurde, rechts das osmanische Äquivalent.

AUGENZEUGENBERICHT

„Die englischen Soldaten müssen hier unglaublich schwer arbeiten, und viele sterben dabei. Das Schlimmste sind die Wachtrupps – große Gruppen von Männern werden jede Nacht zu den Schanzen geführt und bleiben dann 24 Stunden dort, um die Russen am Eindringen in unsere Batterien zu hindern ... Die Männer müssen unabhängig vom Wetter dort ausharren. Da ihre Kleidung unzureichend ist, sind manche halb tot vor Kälte. Ein Feuer darf nicht entfacht werden, denn dann würden wir sofort beschossen."
– Captain Collin Campbell, 1854

ter 1854 fehlte Baumaterial für Hütten, es gab zu wenig Lebensmittel oder solche, die zu schnell verdarben. Um das Ganze noch zu verschlimmern, zerstörte ein Sturm am 14. November 1854 im Hafen von Balaklawa 30 Schiffe und Vorräte im Wert von drei Millionen Pfund.

Die Konsequenzen dieser Fehler waren für die britischen Soldaten im Krimwinter grauenvoll. Sie mussten in ungeheizten, dünnen Zelten oder schlammigen Gräben die harten Wintermonate überleben. Hunderte starben an Krankheiten oder Unterkühlung. Das Essen war knapp und schlecht, die Uniformen wurden wochenlang getragen. Besonders schrecklich war das Schicksal der verwundeten Soldaten, die oft tagelang auf dem bloßen Lehmboden lagen, ohne versorgt zu werden. Darüber berichtete Florence Nightingale in ihren Veröffentlichungen ausführlich.

INNOVATIONEN

Wenn die Schrecken des Krimkriegs etwas Positives bewirkten, so waren es seine Innovationen, die künftig das Soldatenleben erleichterten. Nightingale etwa etablierte hygienische Standards, die Todesfälle durch Infektionen dramatisch reduzierten. Die Russen verbesserten Amputationstechniken, und der Koch Alexis Soyer erfand für die Briten den Soyer-Ofen, einen energiesparenden tragbaren Allwetterofen, der noch 120 Jahre später beim britischen Militär zum Einsatz kommt.

▲ Die britischen 4. leichten Dragoner im Feldlager auf der Krim, 1855. Die Zelte erwiesen sich als nicht wintertauglich.

▼ Soldaten der 8. Husaren bereiten das Essen zu. Die offizielle Tagesration der Briten beinhaltete 480 g frisches Fleisch, 450 g Brot und 50 g Zucker.

DER DEUTSCH-FRANZÖSISCHE KRIEG

Der Sieg der deutschen Staaten über Frankreich im Krieg von 1870/71 konsolidierte nicht nur die Position Preußens als expandierende europäische Macht, sondern bewies auch die Qualität der deutschen Heere.

Ein entscheidender Unterschied zwischen Frankreich und den deutschen Ländern in jenem Krieg lag darin, dass Letztere eine Wehrpflicht hatten, während die französische Streitmacht vor allem aus Freiwilligen bestand, die von einer großen Zahl desorganisierter Reservisten ergänzt wurde.

DEUTSCHE WEHRPFLICHTIGE

Der preußische Wehrpflichtige wurde normalerweise im Alter von 20 Jahren einberufen. Nach zwei oder drei Jahren Dienst (abhängig vom Heeresteil) durchlief er dann mehrere Stufen des Reservedienstes, bis er 45 war.

In den Jahrzehnten direkt vor dem Deutsch-Französischen Krieg waren die deutschen Heere umfassend modernisiert worden und daher die deutschen Soldaten, vor allem die preußischen, gut ausgebildet und geführt. Diese Professionalität war auch dadurch bedingt, dass sich in ihren Reihen viele Vetera-

▼ Preußische Ulanen fallen in ein Bauernhaus in Lothringen ein. Höfe waren schon immer ein Ziel für hungrige, plündernde Soldaten.

> „Die **Franzosen nahmen ihre Hüte** ab und deuteten auf ihren Magen und gestikulierten, um zu zeigen, dass **sie Hunger hatten**.“
>
> DEUTSCHER OFFIZIER IN METZ, 1870

nen früherer Kriege befanden. Die deutsche Infanterie war mit dem Dreyse-Zündnadelgewehr mit Zylinderverschluss gut bewaffnet. Zudem hatte die Heeresleitung in ein System mit Grundrationen investiert. In früheren Kriegen hatten sich Lagerung und Transport von Brot und Suppe als schwierig erwiesen. Daher hatte Heinrich Grüneberg 1867 im Auftrag des Militärs die Erbswurst erfunden. Sie bestand aus getrocknetem Speck und Erbsenmehl, konnte lange gelagert und im Feld mit Wasser zu Suppe aufgekocht werden.

FRANZÖSISCHE SOLDATEN

Die Mobilisierung der französischen Soldaten im Deutsch-Französischen Krieg ließ organisatorisch viel zu wünschen übrig. Anders als das effiziente, lokal organisierte preußische System mussten die Franzosen oft weit reisen, bevor sie ihre Einheit erreichten. Auch war es bei Regulären und Reservisten oft nicht gut um die Disziplin bestellt, eine Folge der unzureichenden Ordnung in den Kasernen und schlechter Führung. Die disziplinarischen Probleme stammten unter anderem auch daher, dass in den französischen Reihen der Alkoholkonsum bisher ungekannte Ausmaße erreichte. Tagsüber wurde Wein und abends starker Fusel getrunken. Zumindest waren die Franzosen gut bewaffnet. Das Chassepotgewehr war dem preußischen Dreyse-Gewehr überlegen.

FRANZÖSISCHER ARMEEINFANTERIST, 1871
Der auffälligste Ausrüstungsgegenstand dieses Soldaten ist das Gewehr Modell 1866, besser bekannt als Chassepotgewehr. Auf diese einschüssige 11-mm-Waffe passte ein 57 cm langes Bajonett.

Epauletten
Die Epauletten mit roten Fransen sind Kennzeichen der Linieninfanterie.

Proviantbeutel
Der weiße Stoffbeutel war für Brot und anderen Proviant bestimmt.

Scheide
Die Scheide für das Bajonett ist im Jatagan-Stil gehalten.

Gamaschen
Die rote Infanteriehose steckte in langen weißen Gamaschen.

RUSSEN & OSMANEN

Russische und osmanische Heere von sehr unterschiedlicher Qualität bekämpften sich in vier großen Kriegen im 19. Jahrhundert, als ihre jeweiligen Reiche um die Vormacht in Süd- und Osteuropa stritten.

Die große Herausforderung für die russische Armee war von jeher die Balance von Größe und Qualität. Im 19. Jahrhundert konnte Russland riesige Armeen aufstellen (1900 wurden rund vier Millionen Mann mobilisiert), aber die Ernährung, Unterbringung und Ausbildung dieser großen, oft weit verstreuten Menge blieben problematisch.

REKRUTIERUNG

Vor 1874 wurden die unteren Ränge der russischen Armee aus der riesigen Gruppe der Leibeigenen auf dem Land und den Armen in der Stadt rekrutiert. Jährlich musste jede Kommune die Namen einer bestimmten Anzahl für den Militärdienst tauglicher Männer bereitstellen. Bei dieser Gelegenheit entledigte sich die Gemeinde asozialer und unproduktiver Menschen, indem sie ihre Namen ganz oben auf die Liste setzte. Und das minderte die Qualität der russischen Armee. Dabei waren Männer mit ihrem Eintritt in die Armee frei und mussten ihrem ehemaligen Grundherrn oder dem Staat keine Dienste mehr leisten. Die harten, spartanischen Bedingungen beim Militär waren allerdings ein hoher Preis für dieses Privileg.

Das Rekrutierungssystem war ausbeuterisch und dabei extrem unfair. Etwa 20 Prozent der männlichen Bevölkerung waren aus Gründen der Geburt oder Bildung von diesem harten Dienst befreit. Am 1. Januar 1874 wurden alle Männer zwischen 21 und 43 Jahren für wehrpflichtig erklärt.

Bei den Osmanen herrschten vor den Reformen von 1837 und 1848 ähnliche Bedingungen wie in Russland vor 1874. Die Reformen sorgten jedoch für gerechtere reguläre Rekrutierungen. Die Osmanen versuchten auf verschiedene Weisen, ihr Militär zu modernisieren, vor allem in Bezug auf Bewaffnung und Ausrüstung, daher waren viele Männer

► Russische Truppen überqueren die Donau nach Bulgarien. Besonders wichtig war es bei solchen Aktionen, das Pulver trocken zu halten.

„Der **türkische Fußsoldat** kann große Entbehrungen ertragen und ist ein guter Marschierer."

MAJOR F. MAURICE, 1877

▼ Die Schlacht am Schipka-Pass, 1877. Bulgarische Freiwillige kämpften auf der Seite der Russen und attackierten die Osmanen mit Steinen.

RUSSISCHER HUSAR, 1854

Dieser Soldat des 12. Husarenregiments (Ingermanland), das in der Schlacht von Balaklawa am 25. Oktober 1854 mitkämpfte, trägt die für Husaren typische schnittige Uniform.

Zündhütchentasche
Die Ledertasche enthält die Zündhütchen für den Kavalleriekarabiner.

Litzen
Die Farben der Litzen auf dem Uniformrock unterschieden sich in jedem Regiment.

Säbeltasche
Dies war eine flache Tasche, die mit Riemen am Säbelgurt befestigt war.

mit den neuesten Martini-Peabody- und Snider-Gewehren ausgestattet.

BEDINGUNGEN IM FELD

Für Russen und Osmanen waren die Bedingungen auf Feldzügen bitter. Beide Armeen litten unter besonders hohen Verlusten durch Krankheiten, vor allem in der ersten Hälfte des Jahrhunderts. Selbst in Friedenszeiten lagen die Verluste bei etwa zehn Prozent.

Die Russisch-Türkischen Kriege im Kaukasus waren für beide Seiten schwierig, denn sie wurden in schwierigem Gelände ausgefochten, das oft sehr weit von logistischen Knotenpunkten entfernt war. Dies führte zu unvermeidlichem Mangel an der Front. Man schätzt, dass in der russischen Armee zum Beispiel 90 Prozent der Vorräte, die eine Nachschubkolonne transportierte, bei Erreichen ihres Ziels bereits aufgegessen waren, weil die Reise so lang dauerte.

▼ Russische Bauern, Veteranen der Russisch-Türkischen Kriege. Nach Jahrzehnten beim Militär war es schwierig, Arbeit im zivilen Leben zu finden.

NEUE AMERIKANISCHE KRIEGE

Der Spanisch-Amerikanische Krieg (1898) und der Philippinisch-Amerikanische Krieg (1899–1902) zwangen die US-Streitkräfte, ihre bisherige Mobilisierung, Entsendung und Kampftechnik zu überdenken. Aus den Lehren dieser Konflikte entstand eine professionellere Armee.

Obwohl der Sezessionskrieg 1865 endete, war der Rest des Jahrhunderts von der Spaltung überschattet, die er im Land hinterließ.

REGULÄRE UND MILIZ

Nach dem Sezessionskrieg kehrten die USA zu einer Mischung aus regulären Truppen und Staatsmiliz zurück. Die Zahl der Regulären sank drastisch, 1890 waren es nur noch 27 300 Mann, von denen viele langweilige Pflichten wie den Dienst in einem Grenzfort oder an Küstenbefestigungen erfüllten. Andere gewannen Kampferfahrungen in vielen Konflikten mit den Indianern, die bis ins späte 19. Jahrhundert dauerten. Doch war die Armee der USA keine Streitkraft, die in einem großen nationalen oder internationalen Krieg hätte bestehen können.

▲ Rough Riders posieren für ein Foto. Zu Beginn brachten viele Rekruten ihre eigenen Waffen und ihre Ausrüstung mit.

▼ Typische Infanterieausrüstung im Spanisch-Amerikanischen Krieg: 1 Rucksack und Trinkbecher, 2 Patronengürtel und Bajonett, 3 Pistolengurt, 4 Proviantbeutel, 5 Feldflasche.

Zusätzlich zur regulären Armee gab es jedoch noch die Staatsmiliz mit etwa 100 000 Mann, die immer häufiger den bis heute benutzten Namen „National Guard“ verwandte. Sie bestand aus bewaffneten, unbezahlten Zivilisten, die etwa einmal die Woche eine Grundausbildung und einmal im Jahr eine einwöchige Übung absolvierten.

AUGENZEUGENBERICHT

„Major Eskridge ist schwer verwundet, aber nicht in Lebensgefahr. Maj. Lincoln wurde der Oberschenkel gebrochen, und im Sturz brach oder verstauchte er sich auch den Arm. – Captain Duggan ist laut der Unterlagen verwundet … Koops Kopf wurde von derselben Kugel gestreift, die mich traf, da schlugen die Spanier zwei Fliegen mit einer Klappe, aber Carls Kopf war schon immer hart und hat einfach die Kugel verformt.“
– Brief von Lieutenant Eli Helmick an seine Frau, Spanisch-Amerikanischer Krieg, 1898

SOLDAT DER US-ARMEE, KUBA, 1898

Abgesehen vom Schlapphut mit breiter Krempe ähnelte die Uniform der amerikanischen Soldaten jener, die im Sezessionskrieg getragen worden war.

Deckenrolle
Die Decke bot nachts nur wenig Schutz vor Insekten.

JACKE
Die blaue Wolljacke war im tropischen Klima unerträglich warm.

Proviantbeutel
Im sogenannten Haversack waren Proviant und persönliche Dinge verstaut.

Feldflasche
In den Tropen leerte der Soldat seine Feldflasche fast alle zwei Stunden.

▲ US-Soldaten auf dem Weg nach Kuba warten am Hafen. Auf der linken Seite ist der auffällige Montana-Peak-Feldhut zu sehen, der bei tropischen Regengüssen praktisch war.

ROUGH RIDERS

Der Ausbruch des Spanisch-Amerikanischen Kriegs 1898 zwang die US-Regierung, massiv Männer für den Dienst in Übersee zu rekrutieren. Die meisten Freiwilligen kamen aus der National Guard, aber es gab auch drei reguläre Kavallerieregimenter, deren berühmtestes die 1. United States Volunteer Cavalry war, besser bekannt als Rough Riders, die ein gewisser junger Theodore Roosevelt anführte.

Die Rough Riders bestanden aus zähen Männern, die ans Reiten und das harte Leben im wüstenartigen Süden und Südwesten der USA gewöhnt waren. Sie konnten im Kampf auf dem Pferd oder zu Fuß sicher mit Pistole und Gewehr umgehen. Um sich von den übrigen Soldaten abzuheben, entwickelten sie ein auffälliges Erscheinungsbild mit Schlapphut, Reithose und einem farbigen, um den Hals geknoteten Tuch; dieses erwies sich vor allem in den tropischen Bedingungen Kubas und der Philippinen als nützliches Schweißtuch.

FACETTEN DES KRIEGS: KRIEGSBERICHTE

Professionelle Kriegsberichterstattung ist ein relativ junges Phänomen der Militärgeschichte, doch hat sie einen dramatischen Einfluss darauf, wie Kriege betrachtet und sogar geführt werden. Daher folgte die Zensur meist der Berichterstattung auf dem Fuß.

Ernsthafte journalistische Berichte aus Kriegsgebieten gibt es seit dem 19. Jahrhundert, doch haben sie Vorläufer. In gewisser Weise bildeten Werke wie Thukydides' *Peloponnesischer Krieg* (5. Jahrhundert v. Chr.) und Xenophons *Anabasis* (4. Jahrhundert v. Chr.) frühe Beispiele, denn sie waren sachliche Beschreibungen von Kriegszügen. Ähnliches findet sich im Mittelalter, aber erst mit der Geburt der Zeitungen im 17. Jahrhundert entstand eine Nachfrage nach Berichten von der Front.

NACHRICHTEN FÜR DIE HEIMAT

Wahrscheinlich war John Bell der erste Kriegsreporter, als er 1794 für den in London erscheinenden *Oracle and Public Advertiser* von den Feldzügen des Duke of York in den Niederlanden

▲ Peggy Hull aus Bennington in Kansas war die erste US-Kriegskorrespondentin und berichtete über beide Weltkriege.

▼ Marcus Sparling, der Assistent des weltweit ersten Kriegsfotografen Roger Fenton, auf dem Bock einer speziellen Fotokutsche auf der Krim, 1855.

CHRONIK

5. Jahrhundert v. Chr. Der griechische Historiker Thukydides schreibt *Der Peloponnesische Krieg*.

1415 Der französische Ritter Jean de Waurin verfasst Augenzeugenberichte über die Schlacht von Azincourt.

1794 John Bell berichtet für den *Oracle and Public Advertiser* über Kanonaden in Belgien.

1807 Die *London Times* stellt Henry Crabb Robinson ein, um von den Napoleonischen Kriegen zu berichten.

1854–1856 Die schonungslos ehrlichen Berichte von William Howard Russell über den Krimkrieg beeinflussen die öffentliche Meinung der Briten.

1861–1865 Mehr als 1500 Zeitungen kaufen Berichte über den Sezessionskrieg.

1914–1918 Die meisten Kriegsparteien gliedern offizielle Reporter in ihre Truppen ein.

1939–1945 Kriegsberichterstattung ist Teil des Journalismus, aber auch der Propaganda wie etwa in dem deutschen Magazin *Signal*.

1963–1975 Zeitungen, Fotos und Fernsehen wenden die öffentliche Meinung gegen den Vietnamkrieg.

1976 bis heute Satelliten und Internet bringen Nachrichten vom Krieg immer schneller zum Publikum.

berichtete. Andere Kandidaten für den Titel sind die britischen Reporter Henry Crabb Robinson, Charles Lewis Guneison und William Howard Russell aus dem 19. Jahrhundert. Diese Pioniere etablierten die Reportage von der Front, die bis heute in Zeitungen und anderen Medien besteht.

▲ Der beliebte Kriegsreporter Ernie Pyle rastet mit einer Marineinfanteriepatrouille in Okinawa, April 1945.

▼ Ein NBC-Kameramann ist mit US-Soldaten im Irak unterwegs. Die meisten Nachrichtenteams müssen vom Militär akkreditiert sein, um Zugang zur Front zu bekommen.

BILDREPORTAGEN

Die Berichterstattung im 20. Jahrhundert wurde durch die Bildmedien verändert, zunächst durch die Fotografie und später durch den Kino- und Fernsehfilm. Im Zweiten Weltkrieg gingen etwa 10000 Journalisten an die Front, und Leute wie Ernie Pyle, Chester Wilmot und Ilja Ehrenburg wurden sehr bekannt.

Im Vietnamkrieg zeigten die Kriegsreportagen den Schrecken in nie gekanntem Detail. Die Berichte hatten einen derartig negativen Einfluss auf die öffentliche Einstellung zum Krieg, dass seitdem Presseberichte aus Kriegsgebieten streng vom Militär kontrolliert werden. Zugang zur Front, zu Informationen und wichtigen Persönlichkeiten unterliegen der Kontrolle von Presseoffizieren. Daher gelangen heute die meisten unzensierten Berichte über Kriegsgeschehen durch private Videos im Internet an die Öffentlichkeit.

SOLDATEN AUS CHINA & JAPAN

Der Vergleich zwischen Soldaten aus China und Japan zeigt, dass einige asiatische Armeen die Modernisierung beherzt angingen, während andere an Traditionellem festhielten und so unweigerlich ihren Niedergang durch Ineffizienz und schlechte Moral herbeiführten.

Obwohl im Mittelalter viele militärische Innovationen aus Ostasien kamen, war seit Mitte des 19. Jahrhunderts der Westen bei neuen Technologien und Taktiken in der Kriegskunst führend. Wie die asiatischen Heere damit umgingen, konnte das Leben ihrer Soldaten umfassend beeinflussen.

DIE CHINESISCHE ARMEE

Mitte des 19. Jahrhunderts hatte China auf dem Papier zweifellos eine schlagkräftige Armee. Schließt man die militarisierten Polizeikräfte ein, handelte es sich um 500 000 bis 800 000 Mann, von denen sich viele in Bürgerkriegen und Aufständen bewiesen hatten.

Chinesische Soldaten waren entweder „Fahnenträger" – Soldaten, die unter einer der acht prestigeträchtigen Fahnen dienten, was vor allem von der ethnischen Zugehörigkeit bestimmt war –, oder aber sie gehörten zur grünen Standardtruppe, die ethnisch gemischter war und weniger Prestige besaß, dafür aber stetig anwuchs. Das Spektrum der Fähigkeiten und Effektivität war extrem breit. Die Kleidung der chinesischen Soldaten war oft traditionell, und manche waren für ihre akrobatischen Kampfkünste auf dem Pferd bekannt.

▲ Uniformen und Waffen dieser Chinesen von 1885 zeigen, wie überholt die chinesische im Vergleich zur japanischen Armee war.

▼ Japaner landen im März 1904 in Chinnampo. Japanische Soldaten wurden Experten für amphibische Kriegführung.

Aufgrund der in der chinesischen Gesellschaft allgemein anzutreffenden Ablehnung des Westens war der Soldat oft technisch nicht auf dem neuesten Stand. Die Chinesen zogen noch immer mit Speeren, Pfeil und Bogen, Armbrust und Schwert ins Gefecht, als der Rest der Welt bereits längst Hinterlader einsetzte. Ihre Feuerwaffen waren Vorderlader mit Luntenschloss oder *jingals*, unhandliche Vorderlader, die man zum Schießen wegen ihrer Größe auf einem festen Untergrund

▲ Japanische Soldaten waren abgehärtet und konnten schwerste Ladungen – wie diese Munitionskisten – kilometerweit über raues Gelände tragen.

aufstützen musste. Weitere solcher Anachronismen erklären, warum die chinesischen Soldaten so schlechte Leistungen zeigten.

DIE JAPANISCHE ARMEE

Die japanischen Streitkräfte dagegen durchliefen im 19. Jahrhundert eine grundlegende Modernisierung. Vor allem nach der Meiji-Restauration und der zeitgleichen Gründung der Kaiserlich Japanischen Armee war das Land westlichen Einflüssen gegenüber offener. Japanische Soldaten profitierten daher von einer zunehmenden Professionalisierung. Die Ausbildungsstandards waren hoch, und die Ausrüstung inklusive moderner Repetiergewehre war einfach, aber solide. Von 1869 bis 1880 war der japanische Soldat mit verschiedenen ausländischen Waffen ausgestattet, vom britischen Snider-Enfield- bis zum französischen Chassepotgewehr, doch 1880 entstand die erste japanische Waffe, das 11-mm-Murata Typ 13. Varianten des Murata waren bis 1897 in Gebrauch, als die Armee das modernere Arisaka-Gewehr einführte.

807

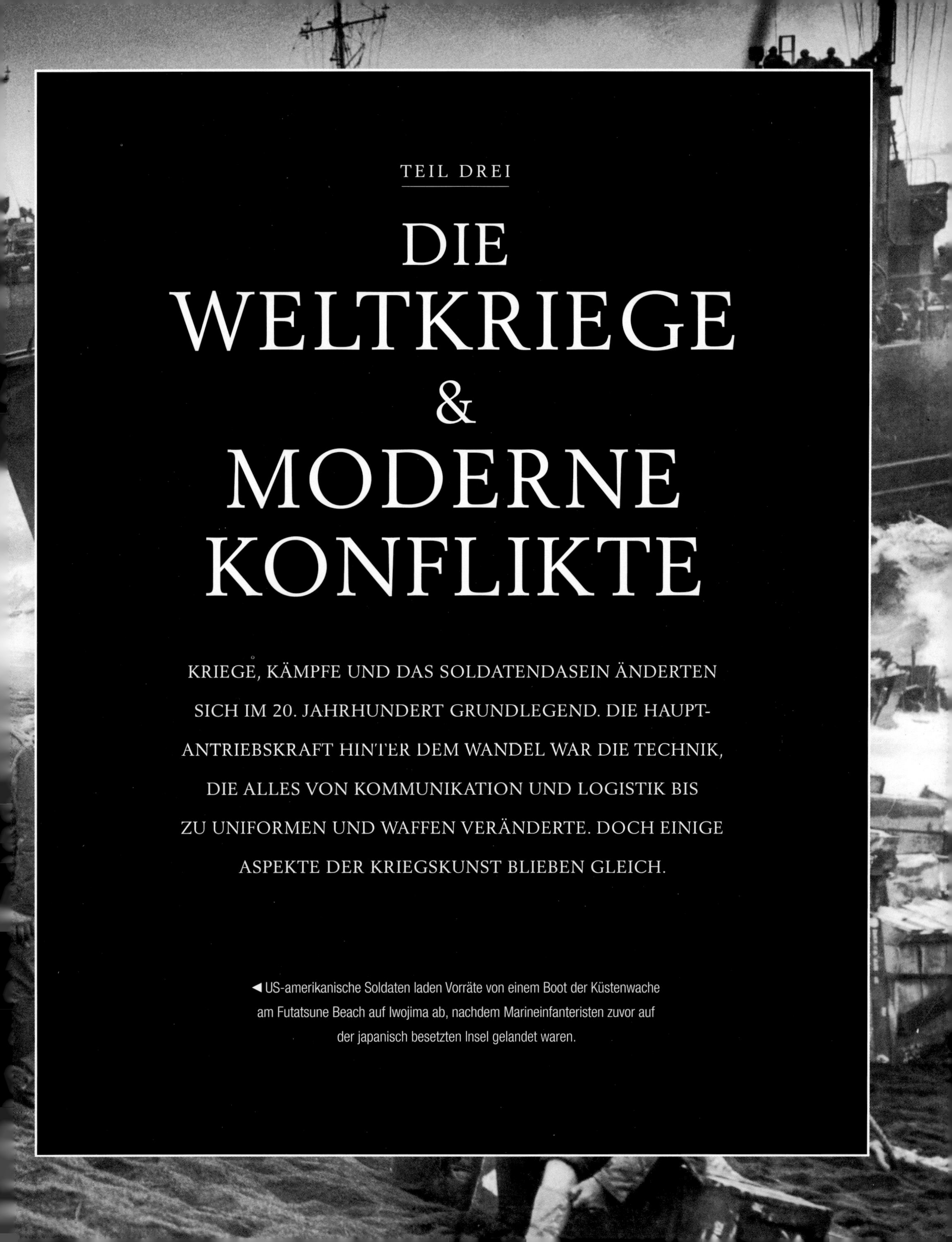

TEIL DREI

DIE WELTKRIEGE & MODERNE KONFLIKTE

KRIEGE, KÄMPFE UND DAS SOLDATENDASEIN ÄNDERTEN SICH IM 20. JAHRHUNDERT GRUNDLEGEND. DIE HAUPTANTRIEBSKRAFT HINTER DEM WANDEL WAR DIE TECHNIK, DIE ALLES VON KOMMUNIKATION UND LOGISTIK BIS ZU UNIFORMEN UND WAFFEN VERÄNDERTE. DOCH EINIGE ASPEKTE DER KRIEGSKUNST BLIEBEN GLEICH.

◄ US-amerikanische Soldaten laden Vorräte von einem Boot der Küstenwache am Futatsune Beach auf Iwojima ab, nachdem Marineinfanteristen zuvor auf der japanisch besetzten Insel gelandet waren.

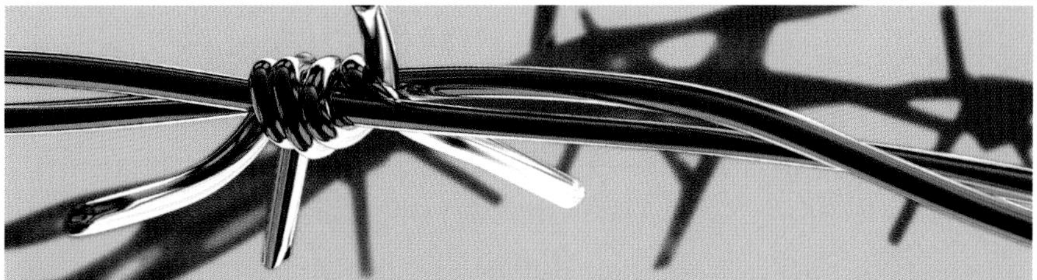

„Der **Verbindungsgraben** war gut 2 m tief, sodass man nur ein **Stück dunkler werdenden Himmel** und die Schultern des **Vordermanns** sehen konnte.“

GUY CHAPMAN, BRITISH ROYAL FUSILIERS

ERSTER WELTKRIEG

1914–1918

Der Erste Weltkrieg war der erste weltweite Konflikt der Geschichte. Seine Soldaten mussten sich den Anforderungen ihrer Einsatzgebiete anpassen, von den schlammigen Schützengräben der Westfront und den heißen, ausgedörrten Landschaften des Nahen Ostens bis zu den alpinen Bedingungen der Isonzofront. Dabei brachte der militärische Alltag besondere Herausforderungen mit sich.

◀ Britische Soldaten schleppen sich über die zerbombte Landschaft der Westfront. Der Schlamm machte es nicht nur schwierig, sich fortzubewegen, er ließ auch den Uniformstoff sowie Ausrüstungsgegenstände aus Leder und Tuch verrotten. Wer lange im Graben stehen musste, konnte an Fußbrand erkranken.

WELT IM WAFFENGANG

Der Erste Weltkrieg markierte eine Wende in der Geschichte des Kriegshandwerks. Zwar hatte der Soldat noch dieselben Prioritäten wie im 19. Jahrhundert, doch technische und logistische Fortschritte erweiterten den Umfang der Operationen wie auch der Opferzahlen.

Dieser vier Jahre währende Konflikt war ein epochales Ereignis der europäischen Geschichte, das die Weltkarte umgestaltete, 20 Millionen Menschen das Leben kostete und internationale Beziehungen und die Gesellschaften für immer veränderte. Seine Ursachen waren komplex. Schon Jahre zuvor hatten sich militärische, wirtschaftliche, imperialistische und nationalistische Spannungen in Europa aufgebaut, die sich nach der Ermordung Erzherzog Franz Ferdinands in Sarajevo am 28. Juni 1914 entluden.

GLOBALER KRIEG

Es ist wichtig zu verstehen, warum der Erste Weltkrieg ein so bedeutender Konflikt in der Geschichte der Kriege war. Wie sein Name sagt, betraf er die ganze Welt. Die wichtigsten Kriegsschauplätze waren die West- und Ostfront. Erstere war durch den Stellungskrieg in Schützengräben gekennzeichnet, Letztere durch enorme strategische Bewegungen der Streitkräfte. An beiden Fronten kam es jedoch zu dramatisch hohen Verlusten.

Abgesehen von diesen Hauptschauplätzen fanden sich weitere in Norditalien, im gesamten Balkan und den Dardanellen, in Ägypten und Mesopotamien, im Subsahara-Afrika sowie in China und auf einigen Pazifikinseln.

Wie die Soldaten diesen Krieg erlebten, hing zum Großteil von ihrer Nationalität und ihrem Standort ab. Jede Umgebung stellte ihre eigenen

▲ Amerikanische Soldaten vor der Einschiffung 1917; sie nehmen offenbar ihre Haustiere zum Einsatz mit.

▼ An der Ostfront versuchen deutsche Soldaten, den Schützengraben mit einem Weihnachtsbaum festlich zu schmücken.

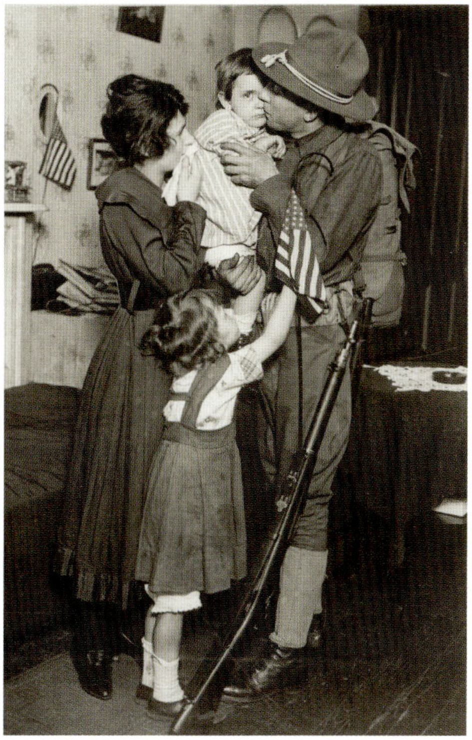

◄ Soldat T. P. Loughlin vom 69. Regiment der New Yorker National Guard, 165. Infanterie, verabschiedet sich von seiner Familie, bevor er zur Front reist, 1917.

Herausforderungen an Kämpfe und Leben, von Minusgraden im Winter in den Karpaten bis zu den tropischen Temperaturen Ostafrikas.

INDUSTRIELLE KRIEGFÜHRUNG

Abgesehen von Gelände und Klima beschäftigten sich die Soldaten des Ersten Weltkriegs auch mit neuen Technologien. Die zügige Ausdehnung der Industrialisierung in Europa und Nordamerika im 19. und frühen 20. Jahrhundert brachte große Fortschritte im Transportwesen (Eisenbahnen, Schiffe mit Schrauben und Stahlrumpf, Autos), in der Lebensmittelproduktion und -verteilung, bei Baumaterialien, Metallurgie und Chemie. In vielerlei Hinsicht konnte der Soldat im Ersten Weltkrieg von Mobilität und logistischer Unterstützung profitieren, wie sie frühere Generationen nicht gekannt hatten.

> „**Steht zusammen**. In dieser Generation stellen wir uns der **schwersten Prüfung**, die sich **unsere Rasse je stellte**."
>
> *DAILY MAIL*, AUGUST 1914

TÖDLICHE LANDSCHAFTEN

Der Fortschritt hatte auch eine Kehrseite. Die technische Revolution brachte Maschinengewehre, Hinterladergeschütze mit größerer Schlagkraft und Treffsicherheit, verheerende Sprengstoffe, effizientere Kleinwaffen, Kampfflugzeuge, Panzer und bessere Kommunikationsmittel mit sich. Kurz: Das Schlachtfeld war tödlicher denn je, was sich auch auf Leben und Ausrüstung der Soldaten auswirkte. Im Ersten Weltkrieg lebten und starben sie in einer seltsamen Welt zwischen primitiver Landschaft und technischem Fortschritt.

DIE ARMEEN

Bei Ausbruch des Ersten Weltkriegs waren die Armeegrößen sehr unterschiedlich. Das Deutsche Reich war auf den Krieg vorbereitet und entsandte mehr als 3,5 Millionen Mann, Frankreich drei Millionen. Großbritannien dagegen hatte nur 250 000 Berufssoldaten. Russland schickte 6,5 Millionen in den Krieg, von denen aber 400 000 unbewaffnet waren.

▼ Deutsche Soldaten an der Ostfront, 1916. Einer von ihnen schrieb auf ein Foto: „Mein derzeitiges Wohnzimmer ist 4 m tief in den Boden gegraben, hier ist man sicher vor Bomben und Granaten, aber absolut ausgeliefert an Mäuse, Flöhe, Ratten und Läuse."

REKRUTIERUNG & EINBERUFUNG

Bei Ausweitung des Krieges wurden Millionen Männer aus ihrem gewohnten Lebensumfeld gerissen und in eine Uniform gesteckt. Ob sie sich mit Begeisterung freiwillig meldeten oder offiziell einberufen wurden – ihr Leben war nie mehr dasselbe.

Wie der Weg vom Zivilisten zum Dienst in Uniform verlief, hing vom Einberufungs- und Rekrutierungssystem des jeweiligen Landes ab. Das Deutsche Reich hatte wie andere europäische Staaten ein Wehrpflichtsystem. Dieses wurde von Preußen im turbulenten 19. Jahrhundert entwickelt und von Frankreich, Österreich und Russland übernommen.

WEHRDIENST

Bei diesem System wurden alle tauglichen Männer für eine kurze Zeit zur militärischen Ausbildung und zum Wehrdienst einberufen. Nach Ablauf dieser Zeit kehrten sie ins Zivilleben zurück, blieben aber in der Reserve, um im militärischen Notfall zum Dienst an der Waffe gerufen zu werden. Am deutschen Beispiel lässt sich das Modell gut erklären. Mit 20 Jahren wurde der Rekrut eingezogen, solange seine Gesundheit, seine familiäre und soziale Situation es zuließen. Zwei oder drei Jahre lang diente er als Soldat und kehrte dann ins Zivilleben zurück. Dreimal leistete er noch Militärdienst, bis er mit 45 Jahren nicht mehr eingezogen werden konnte. Je nach der Bedrohlichkeit einer nationalen Notlage konnte dank dieses Systems ein Großteil der männlichen Bevölkerung kurzfristig mobilisiert werden. Im Deutschen Reich hieß dies, dass das stehende Heer von 800 000 Mann innerhalb von zwölf Tagen auf 3,5 Millionen Soldaten erweitert werden konnte.

KRIEGSPLAKATE

Plakate waren ein exzellentes Mittel, um junge Männer zum Eintritt in die Armee zu bewegen. Sie operierten mit einer Mischung aus Patriotismus, Schuldgefühlen, Panikmache und Männlichkeitsidealen sowie Überschriften wie „Dein Land braucht DICH!“ (Großbritannien), „Wer nimmt diese Uniform, dieses Geld und Gewehr?“ (Indien), „Dein Vaterland ist in Gefahr!“ (Deutschland) und „Krieg bis zum Sieg!“ (Russland). Plakate hingen überall in den Straßen, zudem gab es Flugblätter und ganzseitige Anzeigen in Zeitungen.

◄ Ein deutscher Soldat verlässt seine Familie, nachdem er 1914 einberufen wurde. Die Mobilisierung begann am 1. August, und die deutschen Angriffe im Westen eröffneten am 4. August.

▲ Zwei Soldaten auf dem Bahnsteig der Victoria Station in London. Sie sind auf dem Weg zur Front und haben Essenspakete und andere Vorräte bei sich.

FREIWILLIGE

Großbritannien führte Anfang 1916 auch die Wehrpflicht ein, um die nötige Truppenstärke zu erhalten. Schon 1914/15 war die Armee aus 250 000 regulären Soldaten durch Freiwillige auf 2,5 Millionen angewachsen. Offiziell mussten Freiwillige für den Auslandsdienst älter als 19 Jahre sein, aber vielen Tausend jüngeren Männern gelang es dennoch, die Uniform anzulegen. Die Rekrutierungsbüros konnten die Mengen kaum bewältigen, und an nur einem Tag im September 1914 meldeten sich 33 204 Männer freiwillig.

Viele Anwärter wurden wegen gesundheitlicher Probleme abgelehnt. Plattfüße, Tuberkulose, Herzgeräusche und anderes konnten sie vom Kriegsdienst ausschließen. Für die Rekruten begann dann eine zweimonatige Grundausbildung mit Schießübungen, Sport, Kampf in kleinen Einheiten und Bajonettdrill. Sie mussten sich auch an Unbequemlichkeit gewöhnen, denn sie wohnten in zugigen Zelten oder improvisierten Unterkünften.

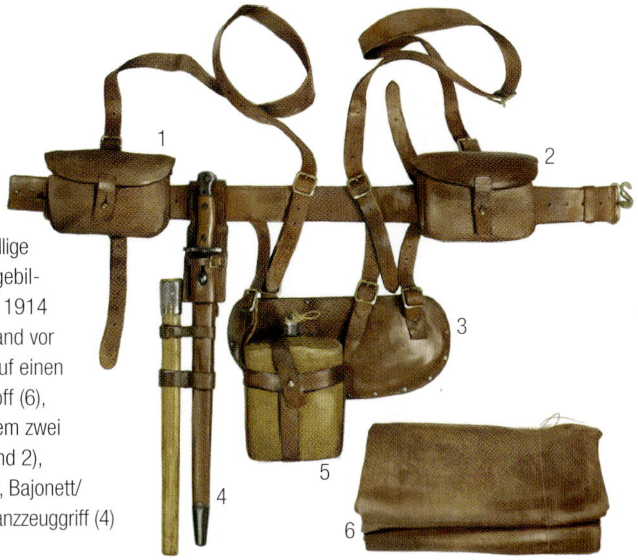

► Viele britische Freiwillige zogen mit der hier abgebildeten Ausrüstung von 1914 in den Krieg. Sie bestand vor allem aus Leder, bis auf einen Proviantbeutel aus Stoff (6), und umfasste außerdem zwei Patronentaschen (1 und 2), Schanzzeugtasche (3), Bajonett/Koppelschuh und Schanzzeuggriff (4) und Feldflasche (5).

DAS LEBEN IM SCHÜTZENGRABEN

Die meisten Soldaten verbrachten nur einen relativ kleinen Teil ihrer Dienstzeit in den Schützengräben an der Front. Doch war das Leben dort in jeder Hinsicht sehr schwierig, von der Deckungssuche vor gegnerischen Scharfschützen bis zum Versuch, warm und trocken zu bleiben.

Grabenkriege fanden praktisch an allen wichtigen europäischen Fronten des Ersten Weltkriegs statt, doch an der Westfront bestimmte er den Krieg von Ende 1914 bis zum Frühjahr 1918 am deutlichsten. Es gab vier Arten von Schützengräben: den Frontgraben direkt gegenüber vom Feind, den Unterstützungsgraben ein kurzes Stück dahinter, den Reservegraben noch weiter hinten, der als Zwischenstation für Männer und Material auf dem Weg an die Front diente, und die Verbindungsgräben, die die anderen, in etwa parallel verlaufenden Gräben miteinander verbanden.

▲ Französische Soldaten in einem Stollen in der Schlucht von Souchez, Oktober 1915. Wegen der schlechten Bedingungen kam es 1917 zu einer Meuterei.

GESUNDHEIT UND HYGIENE

Oft wird fälschlicherweise angenommen, die Soldaten hätten ihren gesamten Dienst im Schützengraben zugebracht. Tatsächlich wechselten sie nach einem genauen Turnus alle sieben bis acht Tage zwischen Front-, Unterstützungs- und Reservegraben sowie rückwärtigem Raum. In Zeiten der Schlacht oder in Notfällen konnten die Rotationszyklen stark schwanken. Dennoch verbrachte die kämpfende Truppe einen Großteil des Jahres in dieser Grabenwelt.

Eine der größten Schwierigkeiten war es, sauber und trocken zu bleiben. Bei Regen oder in Gegenden mit hohem Grundwasserspiegel wie in Flandern waren die Gräben oft überflutet oder voller Schlamm. Solche Bedingungen führten zu Krankheiten wie dem Grabenfuß, einer Art Wundbrand, der auftritt, wenn die Strümpfe nicht regelmäßig gewechselt und die Stiefel nicht getrocknet werden. In den britischen Streitkräften wurden die Soldaten in Paaren organisiert, die sicherstellen sollten, dass der jeweils andere die Fußpflege ernst nahm.

Schlamm und Boden konnten zudem von menschlichen Exkrementen und von Leichen – sie blieben oft einfach im und am Graben liegen – verunreinigt sein. Überall gab es Insekten, und etwa 97 Prozent aller Frontsoldaten hatten laut Schätzungen Läuse. Um

▼ Männer des British Border Regiment leben wie Höhlenmenschen nahe Thiepval während der Schlacht an der Somme, August 1916.

FRANZÖSISCHER INFANTERIST, 1914

Dieser französische Soldat trägt die horizontblaue Uniform, die zum Erkennungszeichen der französischen Armee im Ersten Weltkrieg wurde. Die ersten dieser Uniformen wurden im Herbst 1914 ausgegeben, alle Soldaten bekamen sie 1915. Hier sieht man ein Käppi, an dessen Stelle später der Adrian-Stahlhelm trat, nachdem es in den frühen Schlachten viele Kopfverletzungen gegeben hatte.

Uniform
Zur blauen Uniform gehörten Feldbluse, Mantel, Hose, Gamaschen und Stiefel.

Gürtel
Am Gürtel trägt der Soldat zwei Patronentaschen und links seinen Proviantbeutel aus Stoff.

Gewehr
Das Standardgewehr war das Lebel M1886 im Kaliber 8 mm.

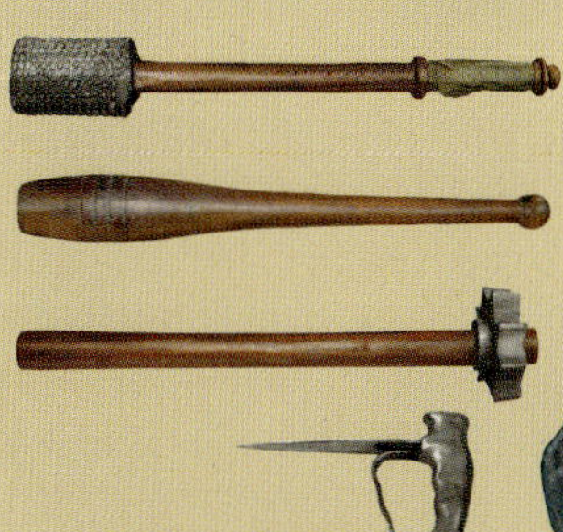

▲ **Grabenkampfwaffen**
In den feindlichen Gräben zu kämpfen, war brutal und geschah Mann gegen Mann. Alle Seiten entwickelten daher mittelalterlich anmutende Waffen, darunter verschiedene Keulen, von denen drei hier zusammen mit einem stachelbewehrten Schlagring abgebildet sind.

„**Dreck und Schmutz** überall, **Gräber** in den Wehranlagen … **Wasser und Dreck** von allen Seiten."

WINSTON CHURCHILL, 1915

sie zu vernichten, wurde die Kleidung regelmäßig mit einer Naphthalinlösung getränkt. Darüber hinaus lausten sich die Soldaten in ihrer Freizeit gegenseitig Haut und Haar. Eine andere Methode der Läusebekämpfung war es, eine Kerzenflamme an den Nähten und Falten der Kleidung entlangzuführen, weil sich die Tiere dort sammelten.

ROUTINEN UND GEFAHREN

Zwischen den Kämpfen war das Leben um Routinen organisiert. Auf den Morgenappell folgten Aufgaben wie etwa Grabenreparaturen, Auffüllen der Vorräte, Wachdienst, Lebensmittelverteilung und Beobachtung der feindlichen Linien. Diese Routinen waren aber ständig bedroht – durch feindliche Scharfschützen, Überfälle auf die Gräben oder den immerwährenden Beschuss.

▼ Auch in den Schützengräben ging das normale Leben zumindest teilweise weiter. Hier wird ein serbischer Soldat von einem Kameraden rasiert.

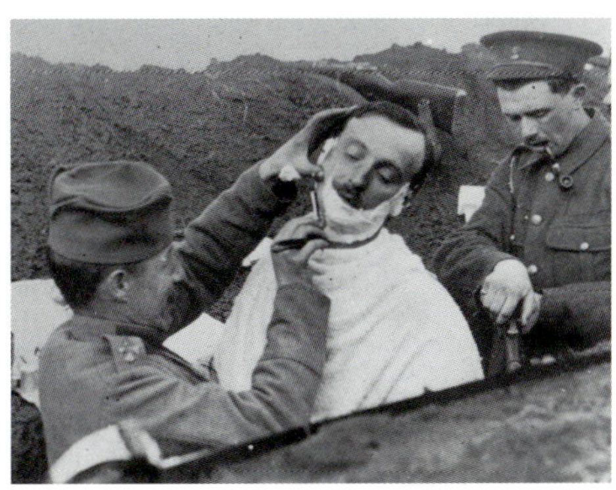

HINTER DER FRONT

Das Frontleben war im Wechsel erschreckend gewalttätig und unglaublich langweilig, immer aber unbequem. Daher verwundert es nicht, dass die Soldaten sich danach sehnten, ins Hinterland zu kommen, wo sie Erholung und Unterhaltung fanden.

Wurde man von der Front abberufen, hatte das gewöhnlich einen von drei Gründen: Man war verwundet, ging in die Etappe oder hatte Urlaub.

IN DER ETAPPE

Das Leben im rückwärtigen Raum war nicht einfach. Die Soldaten waren auch dort im Dienst und hatten viele körperliche Arbeiten zu verrichten, etwa Munition und Vorräte für die Reserve- und Unterstützungsgräben verladen, zudem gab es Drill und Zusatzausbildungen. Dabei herrschte ständig Gefahr, weil Artilleriegeschosse auch weit über die Schützengräben hinausfliegen konnten. In sicheren Gebieten war die Etappe aber der Ort, um seine Kleidung in Ordnung zu bringen und gut zu essen. Es gab Gemeinschaftsbäder und -duschen, und wer an der Küste war, konnte je nach Saison im Meer baden.

Außerdem hatte man Gelegenheit, seine Freizeit mit Spielen zu verbringen. Deutsche Soldaten mochten Skat, die Briten Bridge oder Whist und die Amerikaner Poker. Sport war auch beliebt. Für Europäer waren Fußball und Boxen die favorisierten Sportarten, australisch-neuseeländische Truppen spielten Fußball nach australischen Regeln, russische und osmanische Soldaten vergnügten sich mit Reiterspielen und Ringen.

SHOWTIME

Für Unterhaltung sorgten auch Nichtmilitärs. Bei den Amerikanern waren dies zum Beispiel Abstinenzler- und christliche Organisationen wie etwa der Christliche Verein Junger Männer

▲ Die mobile französische Küche war ideal, um einfache, heiße Gerichte schnell hinter der Frontlinie auszugeben.

▼ Im Feldlager Ribécourt bereiten marokkanische Sipahis Couscous zu. Die Etappe beherbergte Dutzende unterschiedlicher Ethnien.

AFROAMERIKANER

Etwa 350 000 Afroamerikaner dienten im Ersten Weltkrieg in der American Expeditionary Force. Trotz ihrer exzellenten Leistungen mussten sie sich mit Vorurteilen und Rassismus bei den Streitkräften auseinandersetzen. Sie durften nicht der Marineinfanterie beitreten und bei Marine und Küstenwache nur niedere Ränge bekleiden. In der US-Armee war Rassentrennung die Norm, und in der 92. und 93. Kampfdivision gab es nur schwarze Soldaten.

(YMCA), die hofften, britische und amerikanische Soldaten mit Spielen, spiritueller Führung und Filmen von sündigem Alkoholgenuss und Sex abzuhalten.

FRONTURLAUB

Trotz aller Bemühungen gelang es scheinbar keiner militärischen Organisation, ihre Soldaten von Nachtklubs fernzuhalten, besonders wenn sie den Urlaub in Großstädten wie Paris verbrachten, wohin Briten, Franzosen und Amerikaner von der Westfront aus fuhren, oder Alexandria für die Ententetruppen in Nordafrika. Bordelle waren sehr populär. Ein Bericht des Canadian General Hospital aus den Kriegsjahren verzeichnete Geschlechtskrankheiten ganz oben auf der Liste der Erkrankungen bei Soldaten. Ein Krankenhaus in England meldete 992 Fällen von Gonorrhö in sieben Monaten.

Einige Institutionen aber wurden für die kriegsmüden Soldaten zu Lebensrettern. Der British Soldiers Club, etwa das Talbot-Haus im belgischen Poperinge, war für viele heimwehgeplagte Männer mit unwägbarer Zukunft eine bekannte Anlaufstelle für Ruhe, Kameradschaft und eine Mahlzeit.

RUSSISCHER INFANTERIST, 1915
Dieser russische Infanterist trägt eine Lammfellmütze M1910, einen Mantel M1881 und einen Ledergurt M1893 mit Patronentaschen. Der über der Brust gekreuzte Stoff ist ein Baschlik, eine warme Wollkapuze mit langen Bändern, die sich um den Oberkörper wickeln ließen.

DAS LEBEN AN DER OSTFRONT

Das Leben an der Ostfront war von Extremen geprägt, besonders für die Russen. Während die deutsche Armee einen hohen Grad des Zusammenhalts und der Logistik aufrechterhielt, mussten russische Soldaten mit Mangel und Chaos leben.

Der Krieg an der Ostfront erreichte deutlich größere Ausmaße als der an der Westfront. Russland hatte bis Dezember 1914 6553000 Männer mobilisiert, um den Deutschen entgegenzutreten. Das klingt eindrucksvoll, doch die Realität war es nicht. Die Armee war riesig, aber Millionen Rekruten gehörten zu den Ärmsten der Gesellschaft, die aus ihrer harten körperlichen Landarbeit gerissen wurden, oft kränklich, ungebildet und militärisch kaum oder gar nicht ausgebildet waren. In einer starren hierarchischen Gesellschaft wie der russischen war der Umgang der Offiziere mit den Soldaten oft verachtend und brutal. Man hatte es auch versäumt, Offiziere für Stabsaufgaben zu schulen. Das spürten auch die untersten Ränge, denn wichtige Aspekte der Kriegführung wie etwa Logistik wurden oft nicht verstanden. Daneben hatte die russische Industrie Mühe, den Anforderungen nachzukommen. Zwar wurden 6,5 Millionen Mann eingezogen, doch rund 400000 zogen ohne Gewehr in den Krieg. Es verwundert nicht, dass Russland so viele Verluste zu beklagen hatte. Allein 1915 wurden zwei Millionen Männer verletzt oder getötet, gefangen genommen oder vermisst.

> „… voller Bewunderung für die **russischen Soldaten**, die die Front **ohne ausreichend Waffen** hielten.“
>
> ARTHUR RANSOME

▼ Russische Soldaten an der Ostfront schreiben nach Hause, 1915. Einige von ihnen hatten drei Jahre lang keinen Fronturlaub.

RIESIGE ENTFERNUNGEN

Alle Soldaten an der Ostfront waren von den großen Entfernungen am östlichen Kriegsschauplatz betroffen.

AUGENZEUGENBERICHT

Der britische Autor Arthur Ransome besuchte die Ostfront mehrmals und beschrieb seine Beobachtungen: „Ich sah einen großen Teil der lang gezogenen Front und der Männer, die schlecht bewaffnet und versorgt gegen einen Feind standhielten, der zwar keine größere Kampfeslust an den Tag legte als die Russen, aber unendlich viel besser ausgerüstet war. Ich kam voller Bewunderung für die russischen Soldaten, die die Front ohne ausreichend Waffen hielten, nach Petrograd zurück.“

Obwohl der Grabenkrieg auch an der Ostfront verbreitet war, gab es große Vormärsche und Rückzüge. Für die Truppe hieß das meist unendliche Fußmärsche in einem Gebiet von 1600 km Länge und mehreren Hundert Kilometern Tiefe. Den Russen erging es auch hier besonders schlecht. Es gab nur wenige Straßen und Eisenbahnlinien im Land, was nicht nur hieß, dass die Soldaten weit laufen mussten, auch die Versorgung mit Lebensmitteln und Ausrüstung war prekär. Außerdem war es schwierig, Soldaten in die Etappe zu bringen, und es gab nur sehr selten, wenn überhaupt, Urlaub. Diese harten Bedingungen trugen zur politischen Revolution von 1917 bei.

EXTREMER KRIEGSSCHAUPLATZ

Die Ostfront war für beide Seiten hart, nicht zuletzt wegen des Geländes und des schlechten Wetters. In den Wintermonaten erlitten die Armeen viele Verluste durch Erfrierungen und Unterkühlung, besonders in hoch gelegenen Regionen wie den Karpaten in Rumänien. Die Kämpfe waren so brutal, dass von Juni bis September 1916 allein 1,4 Millionen Russen fielen und die Mittelmächte ähnlich viele Verluste zu beklagen hatten.

▲ Russen mit einer Haubitze bei Przemysl. Schnee und Eis konnten die Geschützmechanik lahmlegen.

▼ Ein russisches Heereslager in den Karpaten. Die dortige Front war mit eisigen Temperaturen und Schneestürmen für beide Seiten brutal.

AUS DEM GRABEN IN DIE SCHLACHT

Obwohl die Soldaten im Ersten Weltkrieg einen Großteil ihrer Zeit mit dem Warten auf eine große Schlacht verbrachten, war die Erfahrung, wenn es dann losging, in der Regel schreckenerregend, für die Angreifer wie auch für die Verteidiger.

An der Westfront wurden die meisten Offensiven zwischen 1915 und Frühjahr 1918 von den Ententemächten Großbritannien, Frankreich und später den USA initiiert. Sie versuchten verzweifelt, den Stillstand zu durchbrechen. Eine Ausnahme war der deutsche Angriff auf Verdun 1916. Leider war es die Regel, dass solche Offensiven mit einer ungeheuren Zahl von Toten und Verletzten bei minimalem Gebietsgewinn endeten.

▲ April 1917. Kanadische Truppen greifen mit aufgepflanzten Bajonetten an, um sie nach Durchquerung des Niemandslands einzusetzen.

SPERRFEUER

Einer großen Attacke ging immer Artilleriefeuer voran. Vor der britischen Offensive an der Somme am 1. Juli 1916 feuerten 1500 britische Artilleriegeschütze innerhalb von acht Tagen 1,7 Millionen Geschosse auf die deutschen Linien. Timing, Bewegung, Ziele und Umfang des Artilleriefeuers waren genauestens geplant. Der Feind sollte vor dem Angriff geschwächt werden, und zudem sollte eine Barriere entstehen, hinter der die Offensive nach vorn drängte und die feindliche Verteidigungslinie durchbrach. Die Wirkung war allerdings wenig präzise. Diejenigen, die direkt getroffen wurden, waren sofort tot, Schrapnells und Splitter bewirkten furchtbare Verletzungen und Amputationen. Die Erschütterung der Explosionen konnte auch zu Übelkeit, Durchfall, Sehstörungen und anderen körperlichen Beschwerden führen. Bei intensiven Bombardements erlitten viele Männer einen Nervenzusammenbruch.

◄ Ostfront, 1914. Eine deutsche Maschinengewehrbesatzung hat ihr Gewehr auf indirektes Feuer eingestellt, sodass die Kugeln mehrere Hundert Meter entfernt in steilem Winkel auf den Feind niedergehen.

► Die BL-9,2-Zoll-Haubitze war eines der schwereren Belagerungsgeschütze der britischen Artillerie und die wichtigste Waffe, die in Frankreich gegen Batterien eingesetzt wurde. Sie konnte eine hochexplosive 130-kg-Granate bis zu 12 742 m weit feuern.

„Ich sehe noch immer die **Verwunderung** und **Angst** auf den Gesichtern der Männer, als wir **aus dem Graben** kletterten."

HARRY PATCH, BRITISCHER VETERAN

IM NIEMANDSLAND

Erklang das Signal zur Offensive, mussten die angreifenden Soldaten aus dem Graben klettern und versuchen, das Niemandsland im Kugelhagel von Maschinengewehren, Kleinwaffen und Artilleriefeuer zu durchqueren. Je nach Aufgabe konnte ein Soldat von seiner 27 kg schweren Ausrüstung behindert werden, was ihn zum langsamen Ziel machte. Daraus resultierte die hohe Zahl der Verluste. Allein der berüchtigte erste Tag der Schlacht an der Somme endete für die Briten mit 19 240 Toten und mehr als 40 000 Verletzten. Was als scharfer Angriff gedacht war, zog sich als langer Zermürbungskampf hin. Auch die deutsche Offensive in Verdun 1916 dauerte fast zehn Monate mit 337 000 Verletzten und Verwundeten allein für das Deutsche Reich. Für die Soldaten waren solche Schlachten langwierige, tragische Durchhalteübungen.

▼ Französische Truppen greifen am 25. September 1915 in der Herbstschlacht in der Champagne an. Sie müssen sich durch Stacheldrahtverhau kämpfen.

US-SOLDAT, 1917
Die American Expeditionary Forces wurden 1917/18 an die Westfront geschickt. Dieser Soldat trägt die zeittypische Uniform, die es vor allem in Oliv gab. Sie bestand aus einem Uniformrock M1912 mit vier Taschen und Regimentsabzeichen, die auf dem Kragen die Waffengattung und den Status als Regulärer, Wehrpflichtiger oder Reservist anzeigten. Die passende Stiefelhose steckt in Drillichgamaschen. Den klassischen Montana-Hut gab es seit 1917.

Koppeltragegestell
Zum Gurtsystem gehört der Patronengurt, jede Stofftasche enthielt zwei Fünf-Schuss-Ladestreifen für das Springfield-Gewehr.

Gewehr M1913
Das Springfield-Gewehr im Kaliber .03-06 war seit 1903 die Standardwaffe der US-Armee, bis es Ende der 1930er-Jahre durch das M1 Garand ersetzt wurde.

TECHNISCHE SPEZIALISTEN

Im Ersten Weltkrieg erreichten spezialisierte Kräfte einen neuen Status im Heer. Technischer Fortschritt, logistische Anforderungen und das Streben nach taktischen Vorteilen brachten neue Aufgaben für Pioniere, Signalgeber und Fahrzeugmannschaften mit sich.

Eine Statistik besagt, dass im April 1917, bei Kriegseintritt der USA, die American Expeditionary Forces 3000 Pioniere zu ihrer Truppe zählten. Als der Krieg nur 20 Monate später endete, verfügten sie über 400 000 Pioniere – so sehr wurden technisch versierte Soldaten gebraucht.

Dieser Bedarf ergab sich aus mehreren Faktoren. Zunächst waren dies Fortschritte in der Militärtechnik, besonders in den Bereichen Fahrzeugpflege (Dampfmaschinen und Verbrennungsmotoren), Nachrichtentechnik und Telegrafie, Waffen (besonders Artillerie- und automatische Waffen wie Maschinengewehre), Treffsicherheit für Artilleriegeschütze und Bau von Verteidigungsanlagen. Diese Technologien erforderten Männer, die sie einrichten, instand halten und bedienen konnten. Zudem suchten die Kommandeure angesichts des Stillstands an vielen Fronten nach technischen Lösungen für taktische Probleme.

▲ Schottische Truppen überqueren eine Brücke, die britische Pioniere über die Yser in Belgien gebaut haben. Der Brückenbau war eine der Hauptaufgaben der Pioniere.

▼ Ein wesentlicher Teil der Frontkommunikation war das Feldtelefon. Hier telefoniert eine deutsche Einheit an der Aisne in Nordfrankreich.

SIGNALGEBER UND TECHNIKER

Die deutschen Telegrafenbataillone gliederten sich im Ersten Weltkrieg in Betriebsabteilungen für den eigentlichen Fernmeldebetrieb und in Bauabteilungen für Bau und Instandsetzung der Verbindungen. Signalgeber waren mit der Verschlüsselung von Nachrichten, dem Signalgeben mit Lampen und Flaggen und der Entsendung von Brieftauben betraut. Sie begaben sich oft zur Beobachtung der Signale in die vordersten Reihen und waren dort dem Frontfeuer ausgesetzt.

In allen Armeen hatten Techniker ein großes Betätigungsfeld. In den britischen Streitkräften etwa konnten sie zu einer von mehreren Waffengattungen gehören, sei es das Royal Army Ordnance Corps, die Royal Engineers (die auch Feld- und Signalkompanien hatten), die Royal Artillery oder das Royal Army Service Corps. Dabei konnten ihre Aufgaben von der Bewirtschaftung der Munition bis zur Wartung des wachsenden Fuhrparks an Militärfahrzeugen reichen.

CAPTAIN, ROYAL ENGINEERS

Die Royal Engineers gab es seit 1717, und im Ersten Weltkrieg waren sie eine der größten Pioniereinheiten der britischen Streitkräfte. Neben der Instandhaltung von Eisenbahnlinien, Straßen und Brücken sowie der Organisation von Transporten auf Wasserwegen waren sie auch für die Nachrichtenübermittlung an der Front zuständig. Im August 1917 hatte die Truppe 295 668 Mann, im August 1914 waren es erst 11 450 gewesen.

Offiziersrock
Viele Offiziere ließen ihre Waffenröcke maßschneidern, daher waren sie nicht immer einheitlich.

Rangabzeichen
Ab 1915 trugen viele Offiziere ihre Rangabzeichen an der Achselklappe statt am Ärmel.

Dienstpistole
Ab 1915 war der Webley Mk VI der Standardrevolver der Briten.

Hose
Die Offiziershose wurde im Krieg oft durch die normale Infanteriehose ersetzt.

Gamaschen
Stoffgamaschen schützten sowohl Hose als auch Schuhe vor Schlamm und Wasser.

▲ Französische Sappeure graben im Juli 1916 einen Tunnel an der Westfront. Die größten Gefahren hierbei waren einbrechende Tunneldecken und Ersticken durch Methan und Kohlendioxid.

PIONIERE

Alle Pioniere gehörten zu Kampfverbänden. Das Deutsche Reich und Österreich-Ungarn hatten Pioniere in ihren Angriffseinheiten, deren Aufgabe das Sprengen von Verteidigungsanlagen war. Franzosen, Briten und Deutsche setzten Mineure ein, die im Zivilleben oft im Bergbau tätig waren und Tunnel unter die feindlichen Linien gruben. Diese füllten sie mit Sprengstoff und ließen die gegnerischen Anlagen hochgehen, eine finstere, brutale und gefährliche Arbeit. Manchmal trafen deutsche und britische Tunnelgräber aufeinander. Dann kam es unter Tage zu erbitterten Mann-gegen-Mann-Kämpfen.

Das Aufkommen von Panzerfahrzeugen erforderte ebenfalls spezialisierte Kräfte. Das Leben in einem Panzer war ohrenbetäubend, erstickend und gefährlich, trotzdem fanden sich genug Männer für den Dienst in ihnen.

EXTREMES GELÄNDE

Da der Krieg weltweit geführt wurde, mussten Truppen in sehr unterschiedliche geografische Regionen entsandt und dort versorgt werden. Darüber hinaus änderten sich die logistischen und taktischen Anforderungen auch mit der Jahreszeit.

Wollte man nur einen extremen Kriegsschauplatz des Ersten Weltkriegs vorstellen, würde sich sofort die Isonzofront anbieten. Mehr als zwei Jahre lang kämpfte Österreich-Ungarn in den steilen Bergen, die den Fluss Isonzo an der damaligen österreichisch-italienischen Grenze in den Julischen Alpen umgaben, gegen die Italiener. Diese begannen am 23. Juni 1915 ihre Offensive in den zerklüfteten Kalksteinbergen, indem sie versuchten, den Feind aus seinen gut präparierten Verteidigungsstellungen zu vertreiben. Probleme mit Logistik und Transport im Hochgebirge führten dazu, dass Lebensmittel und Munition schnell knapp wurden – manchmal blieb den Gegnern nur, sich mit Steinen zu bewerfen. Verwundete blieben liegen und starben letztlich an Unterkühlung, weil niemand sie bergen konnte.

Aber dies war nur die erste von zwölf Schlachten und vielen kleineren Gefechten am Isonzo. Beide Seiten gruben sich ein und versuchten, Höhenvorteile zu gewinnen. Soldaten mussten in Höhlen und felsigen Unterschlüpfen in über 3000 m Höhe bleiben und schneidende Winde und eisige Temperaturen ertragen. Die Italiener bauten sogar mehr als 500 elektrische Seilbahnen, um ihre Truppen mit Nahrung, Waffen und Munition versorgen zu können. Kam es zu Angriffen, hatten die Soldaten oft Steigungen von 50 Prozent zu bewältigen. Beim Erklimmen der Felswände wurden sie vom Feind beschossen. Von den insgesamt 600 000 italienischen Kriegstoten fiel die Hälfte an dieser 80 km langen Front.

GEFRORENE EINÖDEN

Es gab noch weitere Kriegsschauplätze in großer Höhe und bei tiefen Minusgraden. In den Karpaten erlitten russische und österreichisch-ungarische Truppen Temperaturen von –32 °C. Die Stiefel wurden mit Pappe oder Papier

▲ Russen in deutscher Kriegsgefangenschaft an der Ostfront, um 1915. Pelz, Filz und Wolle schützten am besten vor Erfrierungen.

AUGENZEUGENBERICHT

„Wir waren vier Tage im Schützengraben. Wir hatten nur wenige Tote. Wir wurden nach einem schweren, teilweise missglückten Angriff dorthin geschickt, und der Boden zwischen unserem Graben und den Türken war mit Leichen übersät. Ich denke daran, dass sie lange dort liegen werden. In dieser Hitze werden Körper und Gesicht in weniger als 24 Stunden schwarz, und der Geruch ist höllisch. Die unzähligen Fliegen verstärken das Unbehagen."
– Vere Harmsworth, Royal Naval Reserve, Gallipoli, 1915

ausgestopft, um Erfrierungen zu verhindern – vergebens. Wer in der Nacht in nasser Kleidung oder ohne Unterschlupf einschlief, erfror. Den größten Schrecken, der aber nur selten eintrat, verbreiteten die Schreie hilfloser Männer, die nachts von Wölfen angegriffen wurden. Überall an der Ostfront mussten die Männer Winter für Winter ums reine Überleben kämpfen.

TROPISCHES KLIMA

Das andere Extrem waren die Tropen, die keineswegs gnädiger waren. Australische, neuseeländische, indische und britische Truppen mussten die Schlacht von Gallipoli unter der sengenden Sonne der Dardanellen durchstehen, wo sie primitive Schützengräben ausgehoben hatten. Insekten und Läuse brachten Krankheiten mit sich, die mehr Opfer forderten als die Kämpfe. Auch in Afrika mussten europäische Soldaten alle erdenklichen Tropenkrankheiten und Schwärme unermüdlich Blut saugender Insekten ertragen. Weitere gefährliche Tiere waren Schlangen, Skorpione, Krokodile und Flusspferde. Das Wetter verursachte ebenfalls Probleme: In der Trockenzeit war es heiß, in der Regenzeit drohten Überflutungen.

„Ich lag im Wasser eines **dreckigen Grabens,** überall mit **Schlamm und Schleim** bedeckt. Plötzlich **zitterte ich am ganzen Leib.**“

BRUCE BAIRNSFATHER, 1915

► Österreichisch-ungarische Truppen an einer mobilen Wasserversorgungsstelle der Isonzofront. Im Winter und in großer Höhe kostete es große Mühe, dass die Wasservorräte nicht einfroren.

FACETTEN DES KRIEGS: MEDIZIN

In den letzten 100 Jahren wurde die Krankenversorgung im Krieg revolutioniert. Vor dem 20. Jahrhundert waren medizinische Eingriffe oft gefährlich, doch bessere Kenntnisse der Anatomie, Hygiene, Medikamente und Wunden erhöhten die Überlebensrate der Soldaten deutlich.

Obwohl antike medizinische Behandlungsmethoden im Vergleich zu heute sicherlich einfach waren, kann man sie nicht unbedingt primitiv nennen. Vor allem die Römer waren sehr fortschrittlich. *Medici* (Ärzte), *medici ordinarii* (Pfleger) und *capsarii* (Träger), die häufig Griechen waren, versorgten die Verwundeten. Zunächst kümmerten sie sich direkt auf dem Schlachtfeld um die Verletzten, doch mit der Zeit entwickelten die Römer Legionärskrankenhäuser, die *valetudinaria*, in denen auch große Operationen wie Amputationen vorgenommen werden konnten. Diese Krankenhäuser lagen in Befestigungen, waren generell gut organisiert und hygienisch und verbesserten, je nach Verwundung oder Erkrankung, eindeutig die Überlebenschancen.

WACHSENDES FACHWISSEN

In Mittelalter und Renaissance gab es nur wenige Fortschritte in der Militärmedizin, vereinzelt aber kluge Neuerungen in der Wundbehandlung, etwa durch den Franzosen Ambroise Paré (um 1510–1590) und den Engländer Thomas Gale (1507–1587). Vom 17. bis 19. Jahrhundert wurde die Militärmedizin zunehmend professionalisiert. Die Briten zum Beispiel richteten im 17. Jahrhundert reguläre Stellen für Regimentsärzte ein, die während der Napoleonischen Kriege effektivere Methoden der Ersteinschätzung entwickelten, um die Verwundungsgrade zu unterscheiden. Auch die Medizin an sich machte Fortschritte. Im 19. Jahrhundert lernte man, Infektionen besser zu verhindern, und entwickelte die Anästhesie (1847), das Röntgenbild (1897) und Impfungen (vor allem gegen Typhus, 1897). Damit verbesserte sich die Behandlung von Krankheiten und Verwundungen enorm. (Vor dem Ersten Weltkrieg forderten Krankheiten generell mehr Opfer als Schlachten.)

Im 20. Jahrhundert gelangte die Militärmedizin dann zur Reife. Wissenschaftliche anatomische Kenntnisse sowie die Entwicklung von Blutbanken und plastischer Chirurgie (beides im

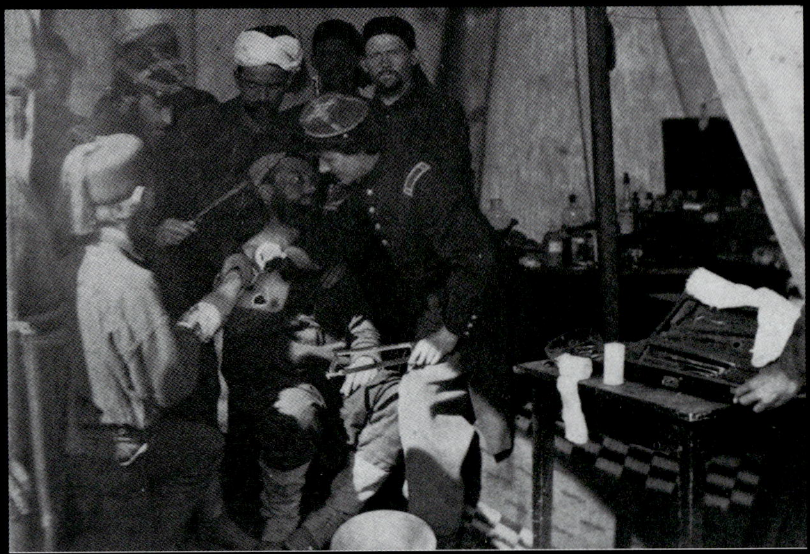

▲ Zuaven in einem Feldlazarett versorgen im Sezessionskrieg einen Verletzten, 1863. Zu den häufigsten Todesursachen gehörten postoperative Infektionen.

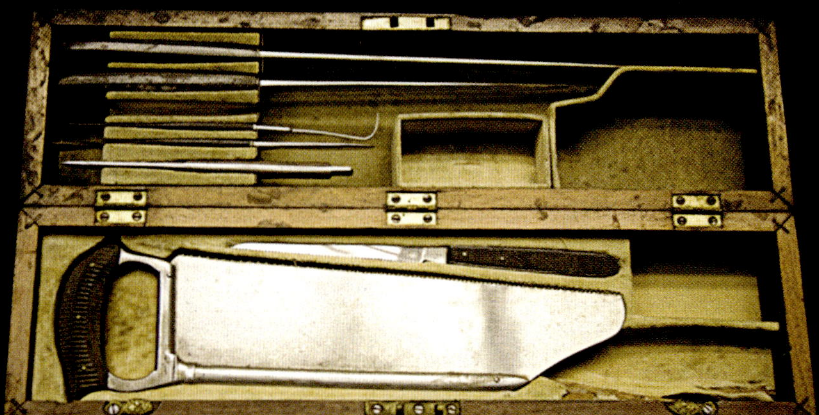

▼ Eine neuzeitliche Militärchirurgenausrüstung. Dank verbesserter Gefäßchirurgie nahm die Zahl der Amputationen ab Ende des 19. Jahrhunderts ab.

◄ Feldlazarett im Zweiten Burenkrieg (1899–1902). Zeitweise waren in diesem Krieg 958 von 1000 Soldaten krank, und Tausende starben an Cholera, Typhus und Ruhr.

▼ Ein Militärarzt entfernt im Ersten Weltkrieg eine Kugel aus dem Arm eines Soldaten. Mobile Sanitätseinheiten an der Front hießen auch Feldambulanzen.

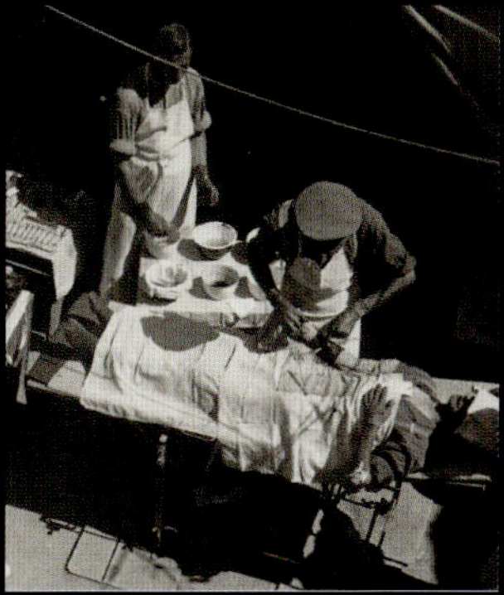

▼ Ein Team des britischen Militärrettungsdienstes MERT an Bord eines Chinook-Hubschraubers.

Ersten Weltkrieg), Antibiotika (beim Militär ab 1939 angewandt) und bessere Methoden zur Bergung von Opfern erhöhten die Überlebenschancen beachtlich, solange der Sanitäter früh genug den Soldaten erreichte.

PROFESSIONELLE VERSORGUNG

Heute sind die Effizienz bei der Bergung aus der Kampfzone und die medizinische Kompetenz der Militärärzte so hoch, dass verwundete Soldaten bei umgehender Bergung eine 90-prozentige Überlebenschance haben.

CHRONIK

1692 Die Engländer errichten die ersten mobilen Feldhospitale.

1803 In den Napoleonischen Kriegen sterben die meisten Soldaten an Krankheiten.

1847 Erste Anästhesie in der Militärmedizin, als ein britischer Arzt einen Zahn zieht.

1854–1857 Florence Nightingales Erfahrungen in den Lazaretten des Krimkriegs führen zu einer großen Reform der britischen Militärmedizinpraxis.

1897 Erste transportable Röntgengeräte kommen im Türkisch-Griechischen Krieg zum Einsatz.

1914–1918 Zum ersten Mal in der Geschichte sterben im Krieg mehr Soldaten in der Schlacht als an Krankheiten. Fortschritte bei der Behandlung von Beinbrüchen und Gesichtsverletzungen sowie bei Bluttransfusionen.

1939–1945 Die Überlebensrate der Soldaten steigt durch Impfungen und den Einsatz von Antibiotika, vor allem Penizillin und Sulfonsäureamide. Die Motorisierung sorgt für eine schnellere Evakuierung der Opfer.

1950 Im Koreakrieg werden erstmals Hubschrauber für die Bergung von Verletzten eingesetzt.

2003 Neue Blutgerinnungsmethoden erhöhen die Chance, eine traumatische Amputation zu überleben.

2003–heute Zu den medizinischen Neuerungen gehören bionische (vom Gehirn steuerbare) Gliedmaßen für Amputierte und immer schnellere Bergungsmethoden.

EINE NEUE WAFFENGENERATION

Der Soldat im Ersten Weltkrieg diente zu einer Zeit, in der Waffen immer tödlicher wurden. Nicht nur Handfeuerwaffen wurden präziser und schneller als je zuvor, auch schwere Waffen – Artilleriegeschütze und Mörser – veränderten das Schlachtfeld.

Für die Soldaten aller Armeen war das relativ neue Repetiergewehr die primäre Waffe im Ersten Weltkrieg. Vor 1860 nutzten die Männer noch Vorderlader, mit denen sie drei bis vier Schuss in der Minute abgaben. Nun hatten sie Repetiergewehre wie das 7,92-mm-Mauser-Gewehr 98 (Deutsches Reich), das Short Magazine Lee-Enfield im Kaliber .303 (Großbritannien), das Springfield M1903 im Kaliber .30-06 (USA) und das 8-mm-Lebel (Frankreich). Mit dem Ladestreifen oder Magazin, die dem Magazinkasten der Waffe zugeführt wurden, gab ein Soldat nun 15 gezielte Schüsse pro Minute ab, die bis auf 1000 m tödlich sein konnten.

UMGANG MIT DER WAFFE

Die Repetiergewehre waren zum Großteil ausgezeichnete Waffen – verlässlich, schlagkräftig und genau. Unter den im Feld gegebenen Bedingungen verbrachten die Soldaten aber dennoch viel Zeit damit, ihre Waffen zu reinigen und instand zu halten, damit sie in kritischen Situationen funktionierten. Das Säubern und leichte Ölen des Bolzenmechanismus wie auch des Laufs und das Untersuchen des Holzes auf Risse und Schäden gehörten dazu. Wer gut zu seinem Gewehr war, zu dem war auch das Gewehr gut.

▲ Die drei wichtigsten Waffen des Kriegs: 1 7,92-mm-Mauser-Gewehr 98, deutsche Standardwaffe, 2 leichtes Lewis-MG, das beste der leichten MGs, 3 .303 Short Magazine Lee-Enfield, das britische Standardgewehr.

▼ Deutscher Stoßtrupp; die vielen Granaten wurden in feindliche Gräben geworfen, bevor die Angreifer sie stürmten.

MASCHINENGEWEHRE

Das Maschinengewehr war in vielerlei Hinsicht die bestimmende Waffe des Ersten Weltkriegs. Es gab zwei Grundtypen. Schwere Maschinengewehre (SMGs) wie das britische Vickers oder das deutsche Maxim (beinahe die gleiche Waffe) wurden von einem Team bedient. Einer feuerte, während die anderen sich um Munitionsversorgung und -zuführung, das Wasserkühlsystem und die Versetzung des Dreibeins kümmerten. Diese Waffen ließen sich nur schwer auf dem Schlachtfeld versetzen, beim deutschen MG 08 wog allein die Waffe 26 kg, dazu kam eine Lafette (Schlitten) von 32 kg.

Zugunsten größerer Mobilität wurden leichte MGs entwickelt, etwa das

„Verschwommen, **durch trübe Scheiben**, ... wie in einem grünen Meer **sah ich ihn ertrinken.**“

WILFRED OWEN ÜBER EINEN GASANGRIFF

amerikanisch-britische Lewis-MG und das weniger erfolgreiche deutsche MG 08/15. Diese Waffen wurden von nur zwei Männern bedient. Sie ließen sich schneller vortragen und besaßen eine integrierte Zweibeinstütze.

NEUE BEDROHUNGEN

Die meisten Toten, etwa 70 bis 80 Prozent der Verluste, gingen im Ersten Weltkrieg auf das Konto der Artillerie, aber auch neue Waffen bedrohten die Soldaten. Flammenwerfer wurden im Ersten Weltkrieg erstmals eingesetzt, am ausgiebigsten von den Deutschen. Auch Giftgas, das im Wesentlichen aus Chlorgas, Senfgas und Phosgen bestand, kam zum Einsatz. Daher mussten sich die Soldaten an das Tragen einer Reihe von Gasschutzmitteln gewöhnen, von den frühen uringetränkten Gaze- oder Stoffstreifen bis zu Vollmasken aus Gummi, die mit einem eigenen Atemschutzfilter ausgestattet waren.

▲ Französische Soldaten lagern Munition fern der Front. Der Transport und das Stapeln von Tausenden Granaten war kräftezehrend.

▼ Dieses britische Vickers-MG-Team nahe Ovillers trägt frühe Gasschutzmasken vom Typ PH, Juli 1916. Sie waren mit gasneutralisierenden Chemikalien imprägniert.

UNIFORM & AUSRÜSTUNG

Der Erste Weltkrieg brachte das Ende pompöser Inszenierungen des Regimentsstolzes. Stattdessen kam praktischere, für das Schlachtfeld besser geeignete Kleidung auf.

Ende des 19. und Anfang des 20. Jahrhunderts begann der Umschwung hin zu funktionaleren Felduniformen, doch war er bei Kriegsbeginn im Jahr 1914 noch nicht abgeschlossen. Einigen Armeen und Waffengattungen wie der Kavallerie fiel der Abschied von prunkvollen und farbenfrohen Schmuckelementen schwer.

REALISMUS

Die französische Infanterieuniform von 1914 ist ein Beispiel hierfür. Zu Beginn des Kriegs bestand die Uniform aus einem roten Käppi M1884, über das bei Bedarf ein blauer Bezug gezogen wurde, einem blauen Wollmantel und Rock, roter Hose, Ledergamaschen und schwarzen Stiefeln mit je sechs Ösenpaaren.

Diese Ausrüstung war problematisch. Erstens fiel jede grelle Farbe sofort auf und erhöhte die Wahrscheinlichkeit, erschossen zu werden. Zweitens bot das Käppi dem Kopf keinen Schutz, wie die große Zahl von Kopfverletzungen in den ersten Kriegsmonaten bewies. Die französische Armee trennte sich schnell von der roten Hose und führte einen Helm ein, zunächst in Form einer Metallhaube, die unter dem Käppi getragen wurde, ab 1915 dann den (überzeugenderen) Adrian-Stahlhelm.

Die Uniformen der anderen Armeen zeigten eine ähnliche Tendenz hin zu unauffälliger Eintönigkeit, und Stahlhelme wurden zur Standardausstattung. Ab 1916 legten die Deutschen die Pickelhauben aus gepresstem Leder zugunsten des Stahlhelms ab, und im selben Jahr führten die Briten das Modell „Helmet, steel, Mk 1" ein.

BRITISCHER INFANTERIST, SOMME, 1916
Dieser Soldat trägt die typische Montur der britischen Infanterie während der Somme-Offensive 1916: das Koppeltragegestell M1908 über einer Feldbluse und Hose M1902 sowie den Stahlhelm Mk 1, der noch rechtzeitig zur Offensive eingeführt wurde.

Patronentaschen
Insgesamt trug der Soldat bis zu 150 Gewehrpatronen bei sich.

Gasmaske
Der Stoffbeutel enthielt eine britische Gasmaske, den Small Box Respirator.

Gewehr
Auf dem SMLE-Gewehr im Kaliber .303 steckt das Bajonett M1907.

Wickelgamaschen
Die wollenen Wickelgamaschen reichten vom Knie bis zum Knöchel.

▲ Ein französischer Soldat steht in einem schlammigen Graben, 1916. In Schlamm und Wasser wärmten die meisten Uniformen nicht mehr, sondern ließen Kälte und Feuchtigkeit noch intensiver spüren.

AUSRÜSTUNG

Infanterist im Ersten Weltkrieg zu sein, war im wahrsten Wortsinn eine schwere Last. Ein deutscher Soldat erinnerte sich daran, 1914 mit 34 kg Ausrüstung in den Krieg marschiert zu sein, und das Gewicht konnte sich noch steigern, wenn etwa bei den Pionieren spezielles Werkzeug mitgenommen werden musste.

Zum Tragen der Ausrüstung gab es besondere Koppeltragegestelle oder Lederschultergurte und -gürtel, an denen ein Rucksack, Patronentaschen, der Koppelschuh für das Bajonett, Schanzzeug, Gasmaske, Kartentasche und Pistolenholster (für Offiziere), Feldflasche und zusätzliche Gegenstände wie Zeltrollen hingen.

Man konnte diese Ausrüstung auf zweierlei Art tragen. Die Briten sprachen von der *Marching Order*, wenn alles zusammen mitgenommen wurde. Daneben gab es noch die *Battle Order* mit einer schlankeren Ausrüstung, die vor allem das in der Schlacht Notwendige wie Granaten und Munition umfasste, während Gegenstände des täglichen Bedarfs zurückblieben. Dennoch blieb den Soldaten auch dann viel zu tragen.

DEUTSCHER STURMSOLDAT, 1918

Die Sturmbataillons waren Spezialeinheiten, die schnelle und gnadenlose Angriffe gegen feindliche Stellungen durchführten. Uniform und Ausrüstung bestanden in darauf abgestimmter Bewaffnung und Pionierwerkzeug.

„Ich habe nichts zu bieten außer **Blut, Mühsal, Tränen** und **Schweiß**. Vor uns liegt eine Prüfung der **schmerzlichsten Art**.“

DER BRITISCHE PREMIERMINISTER WINSTON CHURCHILL
AM 13. MAI 1940 IM UNTERHAUS

ZWEITER WELTKRIEG

1939–1945

Der Zweite Weltkrieg wurde nur zwei Jahrzehnte nach dem Ersten ausgefochten und war doch völlig anders. Er wurde an weit auseinander gelegenen Schauplätzen ausgetragen, die Waffen waren vielfältiger und tödlicher und die Gefechte so brutal wie nie zuvor. Für Millionen Menschen wurde der Zweite Weltkrieg zum prägendsten Ereignis ihres Lebens.

◀ Massenaufmarsch deutscher Soldaten für Adolf Hitler bei einer Veranstaltung in den 1930er-Jahren. Zu Hitlers Streitkräften zu gehören, gab Hunderttausenden Männern nach den Jahren der Weltwirtschaftskrise ein Gefühl von Zielstrebigkeit und Zugehörigkeit, und viele waren ihrem Führer zumindest am Anfang zutiefst treu.

GLOBALE KATASTROPHE

Eigentlich war der Zweite Weltkrieg ein Krieg der Ideologien. Für die Soldaten aber war das angesichts der Mühsal und Gefahren, denen sie begegneten, zweitrangig. Zum Überleben waren ihnen ein Unterschlupf, Munition und Kameradschaft das Wichtigste.

◀ Nach der katastrophalen Niederlage der Alliierten in Westeuropa warten britische Soldaten am Bahnhof auf einen Zug, der sie in den Heimaturlaub bringt, 29. Juni 1940.

KRIEGSOPFER

Der Zweite Weltkrieg war der Krieg mit den meisten Toten in der Geschichte. Geschätzte 60 Millionen Menschen starben zwischen 1939 und 1945. Die UdSSR beklagte 27 Millionen, China rund 20 Millionen, Deutschland 7,3 Millionen, Großbritannien 450 000 und die USA 420 000 Menschenleben.

Der Zweite Weltkrieg kann als Verbindung dreier geografisch separater Konflikte betrachtet werden. Zunächst gab es den Krieg zwischen dem nationalsozialistischen Deutschland und den Westmächten Großbritannien, USA und ihren Alliierten, der in West- und Südeuropa, Nordafrika, im Mittelmeer- und Atlantikraum stattfand. Zudem fielen im Juni 1941 Hitlers Armeen in die UdSSR ein und eröffneten einen apokalyptischen Kriegsschauplatz, auf dem bis 1945 3,5 Millionen Deutsche und 27 Millionen Sowjetbürger ihr Leben ließen. Und schließlich war da der Krieg im Pazifik, der mit Japans Angriff auf Pearl Harbor am 7. Dezember 1941 begann und mit den Atombomben auf Hiroshima und Nagasaki endete.

DAS WESEN DES KRIEGS

Schon das Ausmaß des Zweiten Weltkriegs beeinflusste das Leben der Soldaten. Ein deutscher Infanterist konnte zum Beispiel nach Frankreich oder Russland, Lappland oder Nordafrika, kommen, ein Amerikaner nach Italien oder in den tropischen Pazifik, ein Russe in die baltischen Staaten oder auf die Krim, und einen Japaner konnte es aus den Einöden der chinesischen Steppe in den dichten Dschungel Neuguineas verschlagen.

Unzählige Menschen verließen wegen des Kriegs ihre Heimat, und wie im Ersten Weltkrieg mussten sich die Soldaten schnell anpassen, um in der neuen Umgebung zu überleben. Einfache menschliche Aktivitäten wie

„Ich **hasse den Krieg**, wie ihn nur ein Soldat hassen kann, **der ihn erlebt hat** und seine **Brutalität, Sinnlosigkeit, Dummheit** gesehen hat."

GENERAL DWIGHT D. EISENHOWER

► Ein verletzter US-Marine wird auf Iwojima mit Plasma versorgt, 1945. Japanische Scharfschützen nahmen oft US-Sanitäter ins Visier.

▼ Deutsche Kriegsgefangene, die sich mit Mänteln, Decken und anderem vor der bitteren Winterkälte schützen, werden nach ihrer Niederlage von sowjetischen Truppen durch die zerstörten Straßen von Stalingrad geführt, Februar 1943.

Essen, Waschen, Anziehen und Schlafen konnten durch das Umfeld und die Kampfbedingungen komplex und sogar tödlich werden.

KRIEG DER IDEOLOGIEN

Soldaten und der nicht kämpfende Stab mussten sich an die Brutalität dieses Kriegs gewöhnen. Der Zweite Weltkrieg wurde von Ideologien befeuert, denn Nazis, Faschisten, Imperialisten (Großbritannien und Japan), Kommunisten und westliche Demokratien kämpften um die Macht. Kennzeichnend waren lange Schlachten (allein in Stalingrad starben eine Million Menschen), und auch in der Zivilbevölkerung waren die Verlust hoch. Nicht nur Anblick und Krach der konventionellen Kriegführung wurden zur Normalität für die Kämpfenden, auch die gigantische zivile Katastrophe, die sich vor ihren Augen abspielte. Diese Erfahrung verfolgte Millionen Soldaten ihr Leben lang.

Der Zweite Weltkrieg unterschied sich von früheren globalen Konflikten auch durch seine Waffentechnik und Taktik. Die beiden wichtigsten neuen Faktoren waren der Einsatz gepanzerter Fahrzeuge im Landkrieg sowie der Luftkrieg, der das Wesen der Kriegführung veränderte und Soldaten einer neuen Dimension der Bedrohung – womöglich Hunderte Kilometer von der Front entfernt – aussetzte. Sie kämpften auch im Bewusstsein, dass ihr Zuhause zum Ziel strategischer Bombardierungen werden konnte.

BLITZKRIEG IN EUROPA

Die deutsche Wehrmacht errang 1939/40 zum Teil durch ihre hervorragende Ausstattung, vor allem aber durch ihre Ausbildung erstaunliche Siege.

Zwischen September 1939 und Juni 1940 eroberten deutsche Truppen Polen, Dänemark, Norwegen, Belgien und Frankreich trotz der erbitterten Versuche, sie zu stoppen. Dieser erstaunliche Erfolg unterstrich die Revolution, die sich in der Ausbildung der deutschen Soldaten vollzogen hatte.

DEUTSCHER PROFESSIONALISMUS

Ohne Zweifel bildeten die deutschen Soldaten von 1939/40 die bestausgebildete Armee Europas. Unter Hitlers Führerschaft war dem Militär ab 1933 freie Hand gelassen worden. Das Militärtraining begann für Jungen im Alter von zehn Jahren, wenn sie dem Deutschen Jungvolk beitraten, einer Jugendorganisation, die sie an das harte Leben in der freien Natur und an Gruppendisziplin gewöhnte. Mit 14 Jahren wurde es ernster, denn die Jungen wurden Mitglied der Hitlerjugend, bei der sie eine erste Ausbildung in Infanterietaktik, Umgang mit Waffen, Marschieren, Kartenlesen, Fahrzeugwartung und Segelfliegen erhielten, die mit sehr harter körperlicher Betätigung und gnadenloser politischer Indoktrination einherging.

Daran schlossen sich ein Jahr im Reichsarbeitsdienst und drei Monate militärische Grundausbildung (wenn sie zur Wehrmacht gingen) an. Das Produkt war ein hoch disziplinierter, taktisch geschulter und motivierter Soldat. Bemerkenswert ist auch, dass die Wehrmacht auf extrem realistische Kampfübungen setzte, bei denen ein bis zwei Prozent der Teilnehmer verletzt wurden, was aber den Schlachtgewöhnungseffekt hatte, der den

Sten Mk II
Die einfache Maschinenpistole Sten Mk II im Kaliber 9 mm feuerte rund 500 Schuss pro Minute ab.

BRITISCHER INFANTERIST
Dieser Soldat trägt einen Kampfanzug M1940 mit einem Koppeltragegestell M1937. Zur sichtbaren Ausrüstung gehören eine Feldflasche, Schanzzeug in einem Beutel und ein Rucksack mit Deckenrolle und Trinkbecher.

Feldflaschenhalter
Es gab zwei Sorten von Flaschenhaltern: diesen hier mit Gurten und einen Beutel, der die Flasche umschloss.

Stiefel
Der britische Soldat trug schwarze Kommissstiefel, die auch „Boot, General Service" (BGS) hießen.

Soldaten kampfbereit machte. Dies in Kombination mit der überlegenen Technik und Taktik der Wehrmacht erklärt ihren Erfolg in den ersten Kriegsjahren.

ALLIIERTE OHNMACHT

Die polnischen und westeuropäischen Soldaten, die gegen die Wehrmacht kämpften, hatten in etwa dasselbe Bewaffnungsniveau und ähnliche Standards bei Uniformen und Ausrüstungen. Was sie nicht hatten, war die Professionalität. Die Briten führten am 27. April 1939 den Wehrdienst ein, aber viele der eingezogenen Männer hatten nur eine minimale Ausbildung, die sie kaum auf den schnellen Krieg vorbereitete. Frankreich besaß ein riesiges Heer, wurde von Deutschland aber in Innovation und Wagemut übertroffen.

▼ Die polnischen Streitkräfte hatten 1939 noch eine große Zahl berittener Kavallerie. Obwohl diese den Kavalleriesäbel beibehielt und teils noch auf Lanzen zurückgriff, verwendete sie weitgehend Karabiner. Gegen die deutschen Automatikwaffen mussten die polnischen Kavalleristen jedoch schwere Verluste hinnehmen.

Stahlhelm
Der leicht zu erkennende deutsche Stahlhelm war seit 1935 im Einsatz.

DEUTSCHER INFANTERIST
Der deutsche Infanterist des Jahres 1940 hatte einen hohen Ausrüstungsstandard. Er trägt hier die feldgraue Feldbluse M40 mit passender, in die Marschstiefel gesteckter Hose. An seinem Gürtel sind Taschen für je zehn Schuss 7,92-mm-Munition, und die überaus nützliche Zeltbahn wird auf dem Rücken getragen.

Ausrüstung
Sie wurde mithilfe eines Koppeltragegestells getragen. Es bestand aus einem Ledergürtel (später aus Stoff), an dem hosenträgerartige Riemen befestigt waren.

Marschstiefel
Die Wehrmacht hatte als einzige Armee Schaftstiefel in der Standardausstattung. Die Soldaten nannten sie Knobelbecher.

DER AFRIKAFELDZUG

Der Feldzug in der brütenden Hitze Nordafrikas 1940 bis 1943 war eine Herausforderung für Körper, Geist und Ausrüstung. Unabhängig von Ausbildung und Motivation machten die Umweltbedingungen allen Kriegsparteien gleichermaßen zu schaffen.

Der Krieg in Nordafrika begann im September 1940 mit der Invasion Italiens in Ägypten und dauerte bis 1943, als die deutschen Truppen über Tunesien aus Afrika verdrängt wurden. Es war ein zäher Kampf, der sich mit vielen Truppenbewegungen in einem steten Hin und Her von Vormarsch und Rückzug der Bodentruppen in Nordafrika abspielte. Die Soldaten verbrachten Stunden unterwegs, in Fahrzeugen oder zu Fuß in der fürchterlichen Hitze. Sobald sie anhielten, verbrachten sie ebenso viel Zeit damit, Verteidigungsanlagen in den steinharten Wüstenboden zu graben. Nicht wenige wurden von der großen Anstrengung ohnmächtig oder erlitten Hitzschläge. Ein Großteil der körperlichen Arbeiten musste nachts verrichtet werden.

▲ Männer der British Army's Long Range Desert Group, einer Wüstenspezialeinheit, kehren nach drei Monaten hinter den feindlichen Linien zurück. Sie haben die ausgezeichnete arabische Variante des Sonnenschutzes übernommen.

BEDINGUNGEN

Die Hitze brachte verschiedene Probleme mit sich, die Italiener, Deutsche, Briten, Amerikaner, Australier und Neuseeländer gleichermaßen betrafen. Überall war Staub: in Zelten und Fahrzeugen, Nahrung, Trinkwasser (wo er Magenprobleme verschlimmerte) und Augen. Die Verbindung aus Staub und Hitze führte zu „Wüstengeschwüren“, offenen Wunden, die sich oft entzündeten. Die Fahrzeugpflege erforderte viel Zeit, denn Staub verstopfte die Luftfilter und verschmutzte den Treibstoff. Hinzu kamen die Fliegen, die in riesigen Schwärmen nach Feuchtigkeit suchten, sich auf Mündern, Nahrung, Wasserflaschen und Latrinen niederließen und so zur Verbreitung von Ruhr führten.

◀ Die neuseeländische Besatzung dieses Sherman-Panzers, die mit der britischen 8. Armee in der Libyschen Wüste kämpft, macht nach 60-stündigen Kämpfen eine wohlverdiente Pause. Unter der Wüstensonne war es in Panzern oft bis zu 50 °C heiß.

KAMPF

Die Wüstenregionen Nordafrikas sind eine einzigartige Umgebung für den Krieg. Sie sind vorwiegend flach, also

„Eine **schäbige, sandige Landschaft**. Der Schweiß läuft den ganzen Tag. Das ist der Krieg …“

LIEUTENANT NEIL MCCALLUM, 51. HIGHLANDER

gab es wenig Deckung. Soldaten hoben kleine Gruben für sich aus, die sie mit einer improvisierten Abdeckung aus Tarnnetzen bedeckten, die aber wenig Schutz boten. Mit dem Lkw unterwegs zu sein, war besonders gefährlich, weil die unvermeidliche Staubwolke hinter den Fahrzeugen wie ein Signal für die Bodenkampfflugzeuge wirkte.

Während des Feldzugs wurden Hunderttausende Soldaten der Achsenmächte gefangen genommen. Die Bedingungen in den Gefangenenlagern waren spartanisch, aber für viele bedeutete dies ein neues Leben. 130 000 italienische Kriegsgefangene wurden nach Großbritannien geschickt, und viele blieben nach dem Krieg dort.

▼ Ein deutsches Propagandaplakat zeigt Soldaten, die in Marsa Matruh in Ägypten Brot backen, November 1942. Zu dieser Zeit brach die deutsche Logistik bereits zusammen, und der Lebensmittelnachschub für die Front war spärlich.

PANZERUNG & MECHANISIERUNG

Der Zweite Weltkrieg war ein mechanisierter Konflikt. Gepanzerte Fahrzeuge wurden für viele Heere zur „Speerspitze“, während ganze Flotten von Lkws und leichten Fahrzeugen die Logistik übernahmen. Das Leben der Fahrzeugbesatzungen war jedoch hart und unerbittlich.

Man könnte glauben, dass das Leben der Männer in gepanzerten Fahrzeugen sicherer und einfacher wäre als das der Infanterietruppen draußen. Das ist falsch. Panzerfahrzeuge waren Ziel für feindliche Panzerabwehrwaffen, Panzerjagdtrupps, Bodenkampfflugzeuge und andere Panzer. Die Opferzahlen waren enorm. Die 3. Armored Division der US-Armee ging zunächst mit 232 M4-Sherman-Panzern in der Normandie in die Schlacht, am Ende des Feldzugs waren 648 Panzer (inklusive der Ersatzpanzer) zerstört und 700 vorübergehend lahmgelegt. Während des ganzen Kriegs verlor die Rote Armee rund 96 500 Panzer und Selbstfahrlafetten, etwa 70 Prozent ihres Bestands.

Dies bedeutete zugleich, dass Tausende junger Männer in die Luft gesprengt wurden oder lebendig in ihren Panzern verbrannten. Das Leben hinter der Panzerung war also alles andere als sicher.

◄ Beispiele für deutsche Truppenkennzeichen. Diese Zeichen und viele andere wurden bei Fahrzeugen am Kotflügel angebracht. Andere Markierungen (auf Panzerfahrzeugen) enthielten die Fahrgestellnummer (die im Kampf oft übermalt wurde), taktische Zeichen zur Aufgabe des Fahrzeugs und eine dreistellige Fahrzeugnummer, die Kompanie, Zug und Position im Zug angab.

BEDRÜCKENDE ENGE

Das Leben in einem Panzerfahrzeug ließ die Brutalität des Kriegs noch intensiver werden. Einer der wichtigsten deutschen Panzer, der Mk IV, hatte fünf Mann Besatzung: Kommandant, Richtschütze, Ladeschütze, Fahrer und Funker/Bug-

▼ T-34-Panzer der Roten Armee bilden die Speerspitze gegen deutsche Stellungen. Die Begleitinfanterie nutzt sie als Deckung und als Transportmittel zur Front. Panzerbesatzungen kooperierten eng mit der Infanterie.

▲ Ein deutscher Panzerkommandant sitzt im Turm seines Panzers IV. Vor dem Krieg hatte die taktische Planung vorgesehen, dass der Kommandant aus dem offenen Geschützturm heraus agiert. Dies erwies sich aber sehr bald als zu gefährlich.

MG-Schütze. Jeder hatte mehrere Aufgaben und musste dem psychischen Druck standhalten, den ein vielleicht mehrwöchiger Aufenthalt in einem abgeschlossenen Raum mit sich bringt. Nach Schließen der Luken für den Kampf war es im Panzer dunkel und beengt, was der fehlende Sichtkontakt nach draußen noch verschlimmerte. Im Panzer stank es nach Motorenabgasen, Treibmitteln für die Geschütze und Schweiß. Hinzu kamen die Geräusche kleinkalibriger Munition, die gegen die Panzerverkleidung schlug. Gelegentlich gab es einen lauten Knall, wenn eine Panzerabwehrgranate vom Turm abprallte. Die Vibrationen verursachten Kopfschmerzen und Sehstörungen.

ANDERE FAHRZEUGTEAMS

Die Besatzung von Lkws und anderen nicht gepanzerten Fahrzeugen hatte wohl ein leichteres Leben. Die Fahrer, die mit einem General auf dem Rücksitz im Versorgungsraum unterwegs waren, waren vor feindlichen Bodentruppen (aber nicht der Luftwaffe) gewöhnlich sicher. Sie genossen auch angenehme Begleitumstände wie gutes Essen und viel Ruhe. Für Lkw-Fahrer an der Front war das ganz anders. Sie verbrachten endlose Stunden mit der Fahrzeugwartung in schlecht beleuchteten improvisierten Werkstätten. Die Schichten während großer Feldzüge waren gnadenlos, und dort, wo Soldaten hingebracht oder abgeholt wurden, gab es oft noch schweres Material zu verladen. Wie Panzer waren auch Lkws an der Front ein beliebtes Ziel für den Feind, nur ohne Panzerung.

> „Ein **Panzer** mit geschlossenen Luken war **wie ein blindes Monster**, einem schnellen, **scharfsichtigen Feind** ausgeliefert."
>
> PETER ELSTOB, BRITISCHE PANZERBESATZUNG

► Eine deutsche motorisierte Kolonne macht Pause. Die riesigen Distanzen der Ostfront stellten die überlasteten Fahrzeuge vor mechanische Probleme, sie mussten immer wieder gewartet und repariert werden.

APOKALYPSE – DIE OSTFRONT

Der Krieg an der Ostfront erreichte unvorstellbare Ausmaße. Millionen Soldaten an der Front hatten eine Lebenserwartung, die sich in Wochen, wenn nicht Tagen bemessen ließ, und die Deutschen behandelten sowjetische Zivilisten und gefangene Rotarmisten äußerst brutal.

Die Rote Armee war trotz ihrer drei Millionen Mann sehr schlecht auf die deutsche Invasion im Juni 1941 vorbereitet. Den politischen Säuberungen 1937/38 waren auch 35 000 Armeeoffiziere zum Opfer gefallen, was zu einer dramatischen Schwächung der Führungsebene führte und sich beim katastrophalen Zusammenbruch der sowjetischen Verteidigung 1941 zeigte – allein in der Schlacht bei Kiew im September gerieten 600 000 ihrer Soldaten in deutsche Gefangenschaft.

DURCHHALTEVERMÖGEN

Trotz taktischer und strategischer Misserfolge der Roten Armee, von denen sie sich erholte, gab es nie Zweifel am Durchhaltevermögen ihrer Soldaten. Diese hatten unterschiedlichste Hintergründe: 180 Ethnien waren vertreten, sie konnten aus kosmopolitischen Städten wie Leningrad im Westen kommen oder auch Landarbeiter aus dem asiatischen Sibirien sein. Die meisten waren zäh, denn sie waren gewöhnlich in Armut aufgewachsen und an harte körper-

▲ Eine deutsche Maschinengewehrbesatzung im Kampf an der Ostfront, 1943. Ein Mann bedient das MG, während sein Helfer für die Zuführung der Munition sorgt.

AUGENZEUGENBERICHT

„Die Straße, die Nachschubstraße der Armee, ist verstopft. Jedermann wird von einer wilden Wut erfasst. Alles brüllt sich gegenseitig an. Schwitzende, fluchende, schlammbedeckte Männer schlagen sinnlos auf schwitzende, zitternde, mit Schlamm bedeckte Pferde ein, denen der Schaum vor dem Maul steht … 100-mal an einem Tag spielt sich diese Szene ab in einer hoffnungslosen Monotonie. Aber jeden Abend sind 20, 10 oder auch zuweilen nur 5 km zurückgelegt."
– Peter Bamm, deutscher Stabsarzt an der Ostfront

liche Arbeit auf dem Land oder in der Fabrik gewöhnt. Der Sold war schlecht, die Ausbildung unzureichend und die Ausrüstung äußerst einfach (viele Soldaten hatten bei Kriegsbeginn kein Gewehr). Die Mechanisierung war noch nicht ganz vollzogen, was lange Fußmärsche bedeutete, und die politische Kontrolle war dank der kommunistischen Politoffiziere in jeder Einheit allgegenwärtig.

DEUTSCHER PANZERGRENADIER, 1944
1944 waren die Uniformen für die Truppen an der Ostfront weitgehend verbessert worden, obwohl es eine Verschlechterung bei den verarbeiteten Materialien gab.

MP40
Die MP40 im Kaliber 9 mm war die Standardmaschinenpistole der Wehrmacht.

Magazintaschen
Der Soldat ist allein für den Kampf ausgerüstet und hat zwei dreiteilige Magazintaschen für 32-Schuss-Magazine.

Zeltbahn
Die Zeltbahn konnte als Zelt, aber mit einem Gürtel auch als eine Art Tarnponcho getragen werden.

SCHWÄCHEN DER DEUTSCHEN

Der deutsche Soldat war dem sowjetischen bei Kriegsbeginn in vielerlei Hinsicht überlegen, zumindest was die Kampfausbildung anging. Doch die Ostfront war für die Deutschen ein beängstigendes Kampfgebiet, ganz anders als Westeuropa. Die Entfernungen waren gewaltig, was zu großen logistischen Problemen führte, und die psychologische Belastung war enorm – Soldaten berichteten, wie demoralisierend das wochenlange Vorrücken in Richtung des Horizonts war, ohne jemals anzukommen. Auch die Schlachten waren größer, allein 1941 fielen 800 000 Deutsche. Kleinen Einheiten ging also ein großer Teil ihres Personals verloren.

▼ Sowjetische Kriegsgefangene an der Ostfront. Von 5,7 Millionen Kriegsgefangenen starben 3,3 Millionen an Misshandlungen und Hunger oder wurden hingerichtet.

ÜBERLEBEN IM RUSSISCHEN WINTER

Die Rote Armee war mit dem russischen Winter vertraut, aber für die Wehrmacht war er 1941/42 ein Schock. Zuerst kostete der Winter mehr Menschenleben als die Kämpfe.

Als der Winter im November 1941 schließlich an der Ostfront anbrach, lähmte er beinahe das gesamte deutsche Heer. Die Temperaturen sanken unter –40 °C, es fiel meterhoch Schnee, und Schneestürme fegten über Straßen und Felder. Die deutschen Soldaten waren für den Winter kaum ausgerüstet, und Zehntausende Männer erlitten Erfrierungen und Unterkühlungen. Bestimmte Uniform- und Ausrüstungsteile stellten sich als tödlich fehlerhaft heraus. Die Stiefel zum Beispiel leiteten die Wärme über die Schuhnägel vom Fuß weg. Die Logistik brach zusammen, als praktisch der gesamte Fuhrpark einfror, einschließlich der Treibstofftanks. Batterien entluden sich, und zum Starten musste Feuer unter den Fahrzeugmotoren entfacht werden. Die 4. Armee erhielt eine Lebensmittellieferung, die nur aus vom Frost geplatzten Weinflaschen bestand. Auch die Waffen waren eingefroren, denn während die Rote Armee ihre Waffen frostsicher mit einer Mischung aus Kerosin und Achsenfett schmierte, froren deutsche Öle um die beweglichen Teile wie beispielsweise Bolzen und Abzug fest.

> „Das **Wetter schlug plötzlich um**, und über Nacht kam die **ganze Wut** des **russischen Winters** über uns.“
>
> GENERAL BLUMENTRITT

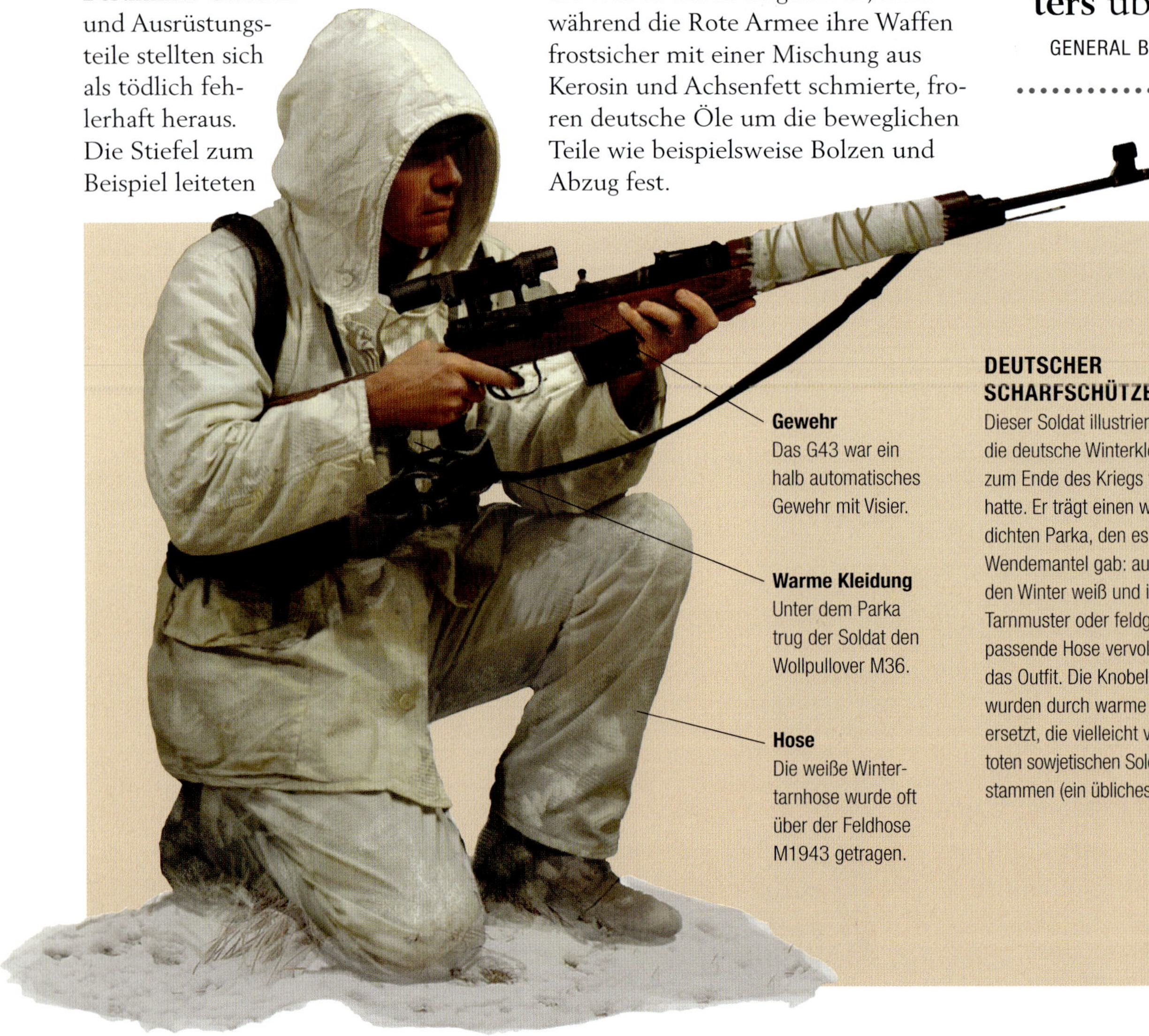

DEUTSCHER SCHARFSCHÜTZE, 1945
Dieser Soldat illustriert, wie sich die deutsche Winterkleidung bis zum Ende des Kriegs verbessert hatte. Er trägt einen wasserdichten Parka, den es auch als Wendemantel gab: außen für den Winter weiß und innen mit Tarnmuster oder feldgrau. Eine passende Hose vervollständigt das Outfit. Die Knobelbecher wurden durch warme Stiefel ersetzt, die vielleicht von einem toten sowjetischen Soldaten stammen (ein übliches Vorgehen).

◄ In Einerkolonnen marschieren sowjetische Soldaten durch den immer tiefer werdenden Schnee in Richtung Stalingrad. Abgesehen von dicken Mänteln tragen viele von ihnen hervorragende Steppjacken.

IN DER KÄLTE ZURECHTKOMMEN

Die Soldaten der Roten Armee haben keineswegs einen gemütlichen Winter verbracht, aber sie waren viel besser vorbereitet. Fahrzeuge und Kleinwaffen waren im Hinblick auf winterliche Bedingungen entwickelt worden, und die sowjetischen Soldaten hatten gute Winterkleidung wie die *uschanka*, eine Pelzmütze, und Filzüberschuhe, die *walenki*, die die Zehen besonders gut vor Erfrierungen schützten. Viele Soldaten konnten auch warme improvisierte Unterstände bauen, die mit Kiefernzweigen isoliert waren. Im zweiten Winter hatten die Deutschen ihre Lektion jedoch gelernt und waren besser für die Kälte ausgerüstet.

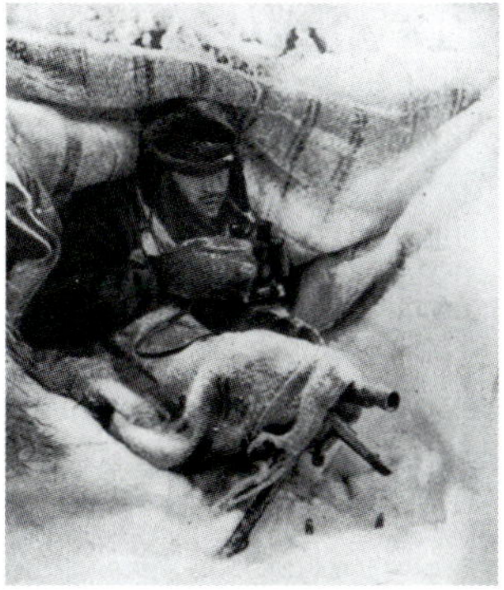

▲ Januar 1943: Ein deutscher Soldat erträgt die eisige Kälte der Ostfront in einer abgelegenen MG-Stellung im Schnee. Um Erfrierungen und Unterkühlung zu vermeiden, musste man fast immer in Bewegung bleiben.

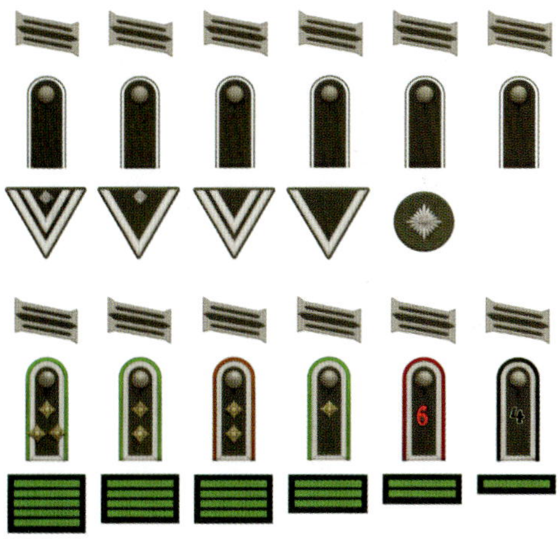

◄ Deutsche Rangabzeichen (von oben nach unten) als Kragenspiegel, Achselklappen und Ärmelabzeichen auf Spezialkleidung; obere Reihe von links nach rechts Abzeichen der Infanterie: Stabsgefreiter, Obergefreiter, Obergefreiter (mehr als sechs Dienstjahre), Gefreiter, Oberschütze, Soldat; untere Reihe von links nach rechts: Stabsfeldwebel (Panzer), Oberfeldwebel (Panzergrenadiere), Oberwachtmeister (Aufklärung), Feldwebel, Unterfeldwebel (Pioniere), Unteroffizier.

RASPUTIZA

Herbstregen und Tauwetter im Frühling verursachten weitere Probleme für alle Soldaten. Die als *rasputiza* bekannte Schlammsaison verwandelte Wege und Felder in unpassierbaren Morast. Es konnte Stunden dauern, auch nur 1 km voranzukommen, und Stiefel und Kleidung verrotteten.

PFERDESTÄRKEN

Die Wehrmacht nutzte noch oft Pferde für die Logistik, trotz ihrer Fahrzeuge. Viele deutsche Pferde wurden von ihren gemütlichen Weiden zu Hause in das kurze, schreckliche und arbeitsreiche Leben in eisiger Kälte an die Ostfront gebracht. Von Dezember 1941 bis Januar 1942 verlor die Wehrmacht in nur zwei Monaten 179 000 Pferde.

LUFTLANDETRUPPEN

Die Luftlandetruppen wurden ab den 1930er-Jahren eingerichtet und waren als Spezialzweig der Armee im Zweiten Weltkrieg ein ernst zu nehmender Faktor. Perfekt für riskante Missionen ausgebildet, wurden die Luftlandetruppen zu echten Eliteeinheiten.

Führend in der Aufstellung von Luftlandetruppen, also Soldaten, die entweder von einem Flugzeug abgesetzt werden oder mit dem Fallschirm abspringen, waren in den 1930er-Jahren die UdSSR und Italien. Diese frühen Fallschirmjäger hatten Nerven aus Stahl – es gibt Fotos von sowjetischen Fallschirmspringern, die für den Absprung eine Tragfläche hinabrutschen. Die Deutschen setzten das Konzept dann mit dem Fallschirmjäger in die operative Realität um.

DEUTSCHE FALLSCHIRMJÄGER

Luftlandetruppen wurden erstmals im Jahr 1936 innerhalb von Luftwaffe und Heer gebildet. 1940 waren sie schließlich für militärische Operationen bereit und führten sie mit erstaunlicher Wirkung in Norwegen, den Niederlanden und Belgien durch. Bedeutend war die Einnahme des belgischen Forts Eben-Emael am 10./11. Mai, als eine kleine Truppe aus Lastenseglern absprang und auf dem Dach des Forts landete. Doch erst nach der Invasion der Luftlandetruppen auf Kreta im Mai 1941 wurden sie zur Eliteinfanterietruppe gemacht.

Bis 1943 waren alle Fallschirmjäger Freiwillige, viele von ihnen waren bereits bei der Wehrmacht. Sie unterzogen sich einem harten Training. Normalerweise bestand es aus einer achtwöchigen physischen, mentalen und taktischen Ausbildung in Stendal, der ein 16-tägiger Fallschirmspringer-

AUTOMATISCHE AUSLÖSUNG

Hierfür befestigte jeder Soldat eine Aufziehleine zwischen dem Öffnungsmechanismus des Fallschirms und dem Flugzeug. Nach dem Absprung öffnete sich der Fallschirm automatisch. So konnten die Springer nahe beieinander landen, wenn sie kurz hintereinander absprangen.

▼ Deutsche Fallschirmspringer, Mai 1941, tragen die Fallschirmjägerbluse, genannt Knochensack, sowie Knieschoner mit Kapokfüllung.

▲ Britische Luftlandetruppen inspizieren ihre Aufziehleinen vor dem Sprung. Das britische Fallschirmdesign erforderte, dass sie mit den Füßen voraus sprangen, während die Deutschen einen nervenstrapazierenden Hechtsprung machen mussten.

lehrgang folgte. Nach sechs erfolgreichen Sprüngen erhielten sie das begehrte Fallschirmspringerabzeichen.

Die deutschen Springer mussten sich an eine haarsträubende Absetzmethode gewöhnen, bei der sie in einer Höhe von 100 m mit RZ1- und RZ16-Fallschirmen absprangen, die fast keine Kontrolle über Fall und Landung gewährten. Und sie mussten unbewaffnet springen – die Waffen wurden separat abgeworfen.

ALLIIERTE FALLSCHIRMSPRINGER

Britische und amerikanische Fallschirmspringertruppen formierten sich in den ersten Kriegsjahren, und Luftlandedivisionen bildeten die Vorhut der D-Day-Landungen im Juni 1944 und der großen Operation Market Garden in Arnheim. Ihre Ausbildung war so hart wie die der Deutschen, doch die Fallschirme der Alliierten ließen sich besser lenken. Außerdem konnten die alliierten Soldaten Handfeuerwaffen und Granaten mitnehmen, sodass sie gleich nach der Landung kampfbereit waren. Amerikanische Fallschirmspringer erhielten eine Sonderzulage, was die Lastenseglertruppe verärgerte.

US-FALLSCHIRMJÄGER, D-DAY, JUNI 1944
Dieser Fallschirmjäger des 501. Parachute Infantery Regiment trägt einen Springeranzug M42 mit verstärkter Unterschenkelpartie. An der Brust trägt er eine Nebelgranate M16 und eine Splittergranate Mk II.

ARMEE & MARINEINFANTERIE DER USA

1939 hatten die USA eine der kleinsten Armeen der Welt. Als sich jedoch die Kämpfe in Europa ausweiteten und die Amerikaner 1941 in den Krieg eintraten, wurden Armee und Marineinfanterie (USMC oder Marines) zu strategisch wichtigen, professionellen Kampfeinheiten.

Im Herbst 1940, als sich der Krieg in Europa ausweitete, veranlasste der Kongress der USA eine Einberufung per Lotterie. Plötzlich konnten Hunderttausende Männer für ein Jahr eingezogen werden; nach dem Angriff Japans auf Pearl Harbor wurde die Dienstzeit sogar auf die Kriegsdauer plus sechs Monate erhöht.

Die Grundausbildung für einen Soldaten oder Marine hing von der Waffengattung und Kriegszeit ab, dauerte aber (seit dem Pearl-Harbor-Angriff) meist sechs bis zehn Wochen und umfasste militärische Umgangsformen, Schießtraining und Umgang mit Handfeuerwaffen, Bajonettübungen, Nahkampf, Überleben im Feld und Kampftechniken sowie viel Sport, darunter immer ausgedehntere Läufe in voller Montur. Der Zweck des Trainings war es, eine Generation von körperlich starken und kameradschaftlich verbundenen jungen Männern zu formen.

▲ Schwarze und weiße Amerikaner in der Grundausbildung stehen an der Essensausgabe Schlange, 1940.

▼ Juni 1944: Amerikanische Angriffstruppen und -ausrüstung am Omaha Beach in der Normandie. An dieser meistumkämpften Landestelle fielen 2400 amerikanische Soldaten.

AUSRÜSTUNG

Die Armee und das Marine Corps der USA hatten in der Folge einige der besten Waffen und Ausrüstungen im Krieg, aber die Normierung erforderte etwas Zeit. Das Marine Corps war stolz darauf, ältere Soldaten und eine einfachere Ausrüstung zu haben. Während also die Armee vorwiegend mit dem moder-

RATIONEN DER US-ARMEE

Die beiden klassischen Feldrationen der amerikanischen Soldaten waren die K- und die C-Rationen. Die K-Ration war seit 1942 der tägliche Proviant und bestand aus einem Kasten mit drei Mahlzeiten: Frühstück, Mittagessen und Abendbrot. C-Rationen waren Konserven: Sechs 350-ml-Dosen enthielten die Nährstoffe für einen Tag. Oft lösten sich die Etiketten von dem Metall, und man wusste erst nach dem Öffnen, was es zu essen gab.

Helm M1
Der Standardstahlhelm hat hier eine Tarnhaube.

US-MARINEINFANTERIST, PAZIFIK, 1944
Der Marine trägt den Kampfanzug M1941, eine einfache Bekleidung aus haltbarem grünem Fischgrät-Baumwolldrillich. Er hat ein M1-Garand-Gewehr mit Bajonett M1. Viele Marines im Pazifik benutzten das ältere, aber längere Bajonett M1905 als Gegenstück zu den langen Bajonetten der Japaner.

Hemd
Das USMC-Hemd (Modell 1941) hatte drei Taschen, zwei an der Taille und eine Brusttasche, die USMC-Wappen und -Schriftzug zeigt.

Hose
Die Hose M1941 hatte zwei diagonale Vorder- und zwei Gesäßtaschen.

> „Ich **liebe die Infanterie**, weil sie die **Underdogs** sind."
>
> US-JOURNALIST ERNIE PYLE

nen halb automatischen M1-Garand-Gewehr ausgestattet war, tauschte das Marine Corps erst im November 1941 seine Springfield-M1903-Gewehre gegen das M1 ein. Beide Dienste hatten ähnliche, recht einfache Uniformen – Hemd und Hose, Patronengurt M1928, Proviantbeutel M1928 und den klassischen Stahlhelm M1, der auch als Kochtopf, Waschbecken, Latrine und improvisiertes Schanzzeug diente.

STATIONIERUNG

Wie es einem Marine oder Soldaten erging, hing vor allem vom Ort seiner Stationierung ab. Das Leben an der Front war aber immer schwer. Italien zum Beispiel galt als Traumziel, bis die Soldaten tatsächlich dort landeten. Dann mussten sie starke Regenfälle und schreckliche Gefechte in den Bergen überstehen. In der Pazifikregion lebten Marines und Soldaten in spartanischen Feldlagern auf Inseln oder auf Schiffen. Aufgrund der großen Entfernungen waren dort die Aussichten auf Urlaub schlecht, obwohl einmonatige Reisen nach Hause oder Kurzurlaube auf Hawaii gewährt wurden. Wen es nach Westeuropa verschlug, besonders ins England vor der Normandielandung, traf mehr Luxus und Unterhaltung an. Viele in England stationierte Soldaten verliebten sich – etwa 100 000 Frauen gingen mit amerikanischen Soldaten nach dem Krieg in die USA, ebenso 150 000 bis 200 000 Frauen aus dem übrigen Europa. Tragischerweise überlebten rund 420 000 Amerikaner den Krieg nicht.

DER JAPANISCHE SOLDAT

Das Leben der japanischen Soldaten war vom ersten Tag ihrer Grundausbildung an hart: Sie wurden oft brutal behandelt, Ausrüstung und Proviant waren sehr einfach.

Um den japanischen Soldaten zu verstehen, ist der ideologische Kontext wichtig. Die japanische Gesellschaft der 1920er- und 1930er-Jahre hatte einen nationalistischen Militarismus mit einem verfälschten Kriegerkodex (*bushido*) und der in der Bevölkerung weiterhin verbreiteten Verehrung des Kaisers verbunden. Diese Werte wurden Kadetten und Rekruten mithilfe eines an Sadismus grenzenden Trainingsprogramms eingetrichtert. Das Ergebnis war ein Soldat, der seinen Vorgesetzten blind gehorchte, Feinde verachtete und eher den eigenen Tod in Kauf nahm, als sich zu ergeben.

SPARTANISCHES LEBEN

An der Front lebten die japanischen Soldaten in einer für westliche Armeen undenkbaren Askese. Das Essen war schlicht und eintönig: Reis, Trockenfisch und einfaches Gemüse, manchmal zur Abwechslung Krebsfleisch, Pflaumen oder Muscheln aus der Dose. In den Kampfgebieten des Pazifiks gab es gerade so viel, dass man nicht verhungerte, vor allem nachdem die US-Luftstreitkräfte die japanischen Nachschubwege unterbrachen.

Um die Moral aufrechtzuerhalten, gab es einige Zugeständnisse. Dazu gehörten *imon bukuro* (Komfortbeutel), Pakete, in denen Süßigkeiten, Zahnbürsten und Zahnpasta, Socken, Toilettenpapier und andere „Luxusgüter“ von mitfühlenden Frauen in Japan verschickt wurden. Die Frauen stellten auch *senninbari* (Gürtel der 1000 Stiche) her, die um die Taille getragen wurden und Leid abwehren sollten. Wie sich zeigte, hatten sie wenig Wirkung.

JAPANISCHER SOLDAT, MALAYSIA, 1941
Der Soldat trägt die Felduniform M98, die aus einer einreihigen Feldbluse mit Hemdkragen und langer Hose mit Wickelgamaschen und Bändern bestand. Die Feldmütze hat einen praktischen Nackenschutz, der im tropischen Klima der Region nützlich ist.

Patronentasche
Zwei Munitionsbehälter aus Leder werden vorn am Gürtel getragen, jede enthält 30 Schuss.

Gewehr
Er trägt ein Arisaka Typ 38 im Kaliber 6,5 mm. Von dem wenig effektiven Gewehr wurden im Krieg 3,4 Millionen hergestellt.

Wickelgamaschen
Die Unterschenkel werden von Wickelgamaschen geschützt, kakifarbene Bänder verlaufen x-förmig über das Schienbein.

▲ Mit der legendären Härte der japanischen Armee stützen Pioniere eine temporäre Brücke für Soldaten ab, die den Fluss auf ihrem Marsch durch Malaysia überqueren müssen.

KAMPFBEDINGUNGEN

Sich zu ergeben, war für Japaner undenkbar, und daher kämpften sie oft mit wilder Entschlossenheit bis zum Tod. Während der Schlacht um Iwojima wurden 18 844 der 21 000 japanischen Soldaten getötet und nur 216 gefangen genommen.

Anders als die Alliierten gern verbreiteten, waren die Japaner im Dschungel nicht mehr zu Hause als Briten, Amerikaner, Australier, Neuseeländer oder andere. In den japanischen Reihen starben noch immer unannehmbar viele Männer an Malaria und Cholera sowie an den Folgen der Hitze. Was die Japaner allerdings hatten, war eine überragende Ausdauer, sie waren an körperliche Anstrengungen gewöhnt und besaßen ein unzweifelhaftes Talent für taktische Improvisation. Während der Invasion der Malaiischen Halbinsel 1941/42 benutzten Tausende japanische Soldaten Fahrräder, um die Halbinsel schneller als die Briten durchqueren zu können. Waren die Reifen kaputt, fuhren sie auf den Felgen weiter. Die japanischen Waffen waren denen der Alliierten allerdings unterlegen, daher konnten sie ihren Gegnern nur wenige Verluste zufügen.

► US-Marines nehmen einen Japaner auf Tinian gefangen, 1944. Die Japaner gebärdeten sich oft so wild, dass viele Amerikaner keine Gefangenen übernehmen wollten.

FACETTEN DES KRIEGS: PROPAGANDA

Propaganda gehört seit jeher zum Krieg dazu. Soldaten sind das Ziel wie auch die Produzenten von Propaganda, wenn jede Seite versucht, die eigene Moral zu festigen, jene der Gegner zu schwächen und den Rückhalt der eigenen Zivilbevölkerung zu sichern.

▲ Der Titusbogen in Rom, erbaut um 82 v. Chr., ist dauerhaftes Monument für die militärischen Siege des römischen Kaisers Titus.

Das Militär hat sich schon immer der Propaganda bedient. Seit ein griechischer oder römischer Kommandeur eine Siegesstatue oder einen Triumphbogen in Auftrag gegeben hat, nutzen Mächtige propagandistische Mittel, um die öffentliche Wahrnehmung zu steuern. Das Wort wurde aber erst im 17. Jahrhundert geprägt und vor dem 20. Jahrhundert vorwiegend für Printmedien und Lieder verwendet. Erst im 20. Jahrhundert gewann die Propaganda tatsächlich an Macht.

KONTROLLE DER MASSEN

Die Propaganda des 20. Jahrhunderts lässt sich grob in positive und negative Kategorien einteilen. Auf der positiven Seite stehen die Versuche, in beiden Weltkriegen zum Wehrdienst zu ermutigen und die Moral zu verbessern. Rekrutierungsplakate wurden künstlerisch ausgeführt und waren genau durchdacht. Den Briten wurde im Ersten Weltkrieg durch Bilder und Schlagworte vermittelt, es sei männlich und mutig, Soldat zu sein: „Es gibt drei Arten von Männern: Die, die den Ruf hören und gehorchen. Die, die es hinauszögern. Und … die anderen.“ Ähnlich wurde im nationalsozialistischen Deutschland mit künstlerischen Plakaten den Soldaten ein Gefühl von Bestimmung und Glauben an die reine Willenskraft vermittelt, der jedoch im Verlauf des Kriegs allmählich schwand.

MANIPULATION

Aber die Kämpfer der beiden Weltkriege nutzten Propaganda auch als Waffe gegen ihre Feinde. Amerikanische Soldaten im Pazifik hörten im Radio oft „Tokyo Rose“, wie man die verführeri-

► Ein früher kommunistischer Propagandawagen mit Zeitungen, Plakaten und einem Phonographen wird von Politsoldaten der Roten Armee betreut.

◀ NS-Rekrutierungsplakate propagierten das Heroische im Militärdienst. Die Perspektive ist so gewählt, dass der Betrachter zum Soldaten und zum Hakenkreuz aufblicken muss.

schen japanischen Frauenstimmen von Radio Tokyo nannte, die erklärten, warum Amerika den Krieg verlieren würde. (Die Hauptstimme gehörte Iva Toguri, einer Amerikanerin, die nach dem Krieg verhaftet und wegen Verrats verurteilt wurde.) Die Sendungen konnten beunruhigend sein, manchmal wurden die Namen einzelner Männer oder Einheiten und ihr genauer Standort genannt. Meist wurde „Tokyo Rose“ aber zur Unterhaltung gehört.

Andere Mittel der Propaganda waren simpler. An der Ostfront machten sowjetische Politoffiziere manchmal drohende Durchsagen über Lautsprecher an die deutschen Truppen und riefen sie auf, sich zu ergeben oder die Konsequenzen zu erleiden. Mangels einer Antwort beschoss die sowjetische Artillerie dann die Deutschen eine Weile, und die Durchsagen begannen von Neuem. Auch Millionen Flugblätter wurden abgeworfen. Ein für die Alliierten bestimmtes deutsches Plakat zeigte das traurige Gesicht einer jungen Frau, darunter ein toter US-Soldat. Der Text sollte die Soldaten mit Sehnsucht nach der Heimat erfüllen und lautete eindringlich: „Sie wartet … vergebens.“

Seit dem Zweiten Weltkrieg ist die Propaganda weniger plakativ, aber die psychologische Kriegführung wird noch immer mit Elan betrieben. Zeitungen, Magazine und soziale Medien dienen dazu, die von Armeen und Regierungen bevorzugte politische Tendenz darzustellen. Mitte der 2010er-Jahre hatte der Islamische Staat (IS) enormen Erfolg mit seiner Onlinerekrutierungskampagne, in der angebliche IS-Siege gezeigt werden.

▼ Amerikanische Soldaten verteilen 2004 die offizielle Zeitung der 1. Armored Division, *Baghdad Now*, im Irak. Die Soldaten gehören der 315. Taktischen Kompanie für psychologische Kriegführung an.

VERGESSENE KRIEGE IM OSTEN

Während die Kämpfe in Westeuropa, Italien und auf den pazifischen Inseln viel Aufmerksamkeit auf sich zogen, wurden andere lange, erbitterte Kampagnen wie in Birma oder Neuguinea trotz der Herausforderungen, die sie an die Menschen stellten, oft übersehen.

Ein Charakteristikum der Kriege in Neuguinea und Birma war ihre lange Dauer. In Neuguinea kämpften Amerikaner, Australier, Neuseeländer, Niederländer und Briten von Januar 1942 bis zum Kriegsende im August 1945. Der Burmafeldzug verlief in etwa demselben Zeitraum.

DAS LEBEN IM DSCHUNGEL

So kam es, dass Tausende Männer aus ihrem gewohnten Lebensumfeld in modernen Städten gerissen wurden und monate- oder jahrelang in eine fast prähistorische Wildnis kamen. Die dort kämpfenden Soldaten mussten schnell lernen, sich im Dschungel zurechtzufinden. Einige Spezialeinheiten wie etwa die britischen Chindits oder die amerikanischen Merrill's Marauders wurden Experten für den Kampf tief im birmanischen Urwald und waren bei den Japanern sehr gefürchtet.

Es gab viele Gefechte und häufig Nahkämpfe, wobei das Blattwerk die Sicht einschränkte. Verwundet zu werden, war ein tragisches Schicksal, denn bei weiträumigen Operationen mussten viele verletzte Männer auf Dschungellichtungen ihrem Schicksal überlassen werden, weil ihre Kameraden sie nicht durch den undurchdringlichen Wald tragen konnten.

Tatsächlich war die Umgebung selbst ein Feind. Zahllose Soldaten erkrankten an den Folgen des feuchten Klimas und der Hitze, und Leder und Gurte ihrer Ausrüstung verrotteten schnell. Die Ve-

▶ Britische Chindits auf dem Weg durch den Dschungel. Das Binnenland von Birma war für Fahrzeuge so gut wie unerreichbar, daher griff die Logistik auf Mulis zurück.

▼ Gesundheit und Hygiene waren im Dschungel lebenswichtig. Hier unterzieht sich ein Soldat in Neuguinea einer einfachen Zahnbehandlung, 1942.

VERA IN BIRMA

Der britische „Liebling der Truppe" hieß Vera Lynn. Sie reiste durch die Kriegsgebiete und unterhielt die alliierten Truppen. 1944 kam sie auf einer dreimonatigen Ostasientour auch nach Birma, das die meisten Entertainer als schwer zugänglichen Kriegsschauplatz mieden. So hob sie die Moral der dortigen Soldaten, von denen sich viele von der britischen Öffentlichkeit vergessen fühlten.

getation erwies sich als dichtes Hindernis, das Fortkommen und Orientierung erschwerte. Stolperte und fiel ein Soldat, griff er besser nicht nach einem Zweig, um sich abzufangen, denn oft genug waren die Pflanzen mit Dornen besetzt. Während des Monsuns war der Dschungelboden morastig, Sturzbäche und Schlammlawinen wurden zu tödlichen Gefahren.

KRANKHEITEN

Doch das größte Problem stellten Krankheiten dar. Die riesigen, summenden Moskitoschwärme brachten Malaria mit sich. 1943 waren 84 Prozent der Soldaten in Birma daran erkrankt. Auf jeden im Kampf verwundeten Mann kamen ungefähr 120 Kranke. Die Krise wurde eingedämmt, als Lieutenant-General William Slim das Kommando über die britische 14. Armee übernahm und eine Reihe von Maßnahmen einleitete. Neben neuen Insektiziden und Abwehrmitteln wurden auch bessere Kleidungsvorschriften erlassen (Shorts wurden verboten, Ärmel mussten ab der Dämmerung heruntergerollt werden). Dies führte dazu, dass die Malaria 1944 unter Kontrolle war.

▼ Neuguinea, 1943. Australische Soldaten während einer Kampfpause. Die Unteroffiziere mussten darauf achten, dass die Männer genug Wasser tranken.

LETZTE KRIEGSTAGE IN EUROPA

Als das nationalsozialistische Deutschland 1944/45 immer stärker in Bedrängnis geriet, intensivierten sich die Kämpfe an vielen Fronten. Für die Soldaten aller Armeen wurde es das Wichtigste, einfach bis zum Kriegsende zu überleben. Dann konnten sie an ihr Leben im Frieden denken.

▲ Alliierte Soldaten marschieren im Mai 1944 an den Ruinen von Monte Cassino vorbei. Bei der Eroberung von Stadt und nahe gelegenem Kloster fielen 50 000 Alliierte.

Die deutsche Wehrmacht war Ende 1944 nur noch ein Schatten ihrer selbst. Vier Jahre voller Verluste, darunter Millionen Tote an der Ostfront, stellten Hitler vor enorme personelle Probleme, als die Alliierten Deutschland in die Zange nahmen.

LETZTES AUFGEBOT

Um die Reihen wieder aufzufüllen, wurden die deutschen Ersatz-, Ausbildungs- und Versorgungstruppen nach wehrfähigen Männern durchkämmt, um sie an die Front zu schicken. Das Ergebnis war nicht immer zufriedenstellend. Junge Männer, die Erfahrung mit dem Auftanken von Flugzeugen oder der Verwaltung von Nachschub hatten, wurden plötzlich in die schweren Gefechte der Ostfront geworfen. Gegen Kriegsende bestanden deutsche Einheiten oft aus einer schwindenden Zahl von Veteranen, die versuchten, neue Rekruten irgendwie zu einer professionellen Truppe zu organisieren.

Ein weiterer Bestandteil der deutschen Verteidigung wurde der Volkssturm, der im Oktober 1944 als Akt der Verzweiflung gegründet wurde. Hierfür wurden sämtliche Männer zwischen 16 und

◄ Ein Amerikaner mit freiem Oberkörper rasiert sich im Schnee während einer Pause in der Ardennenoffensive, 1945. Die Amerikaner erlitten häufig Erfrierungen, weil Feuer zu gefährlich waren. Flammen und Rauch hätten dem feindlichen Artilleriefeuer als Ziel gedient.

SOLDAT DER WAFFEN-SS, 1944
Die Waffen-SS war der militärische Arm von Heinrich Himmlers SS. Obwohl sie sich bei Kriegsbeginn als „rein deutsch" präsentierte, hatte sie bis 1944 auch viele Mitglieder aus Osteuropa aufgenommen.

Koppeltragegestell
Die Lederriemen halten einen Gurt, an dem Taschen für die Munition der MP44 hingen.

MP44
Die MP44 war das erste Sturmgewehr, eine vollautomatische Waffe, die mittelgroße Munition (7,92 mm) verschoss.

Tarnung
Die Tarnkleidung mit Eichenlaubmuster konnte gewendet werden und hatte Tarnungen für Frühjahr/Sommer und Herbst.

60 Jahren, die noch nicht beim Militär waren, eingezogen. In den letzten Kriegsmonaten trafen die Alliierten im Kampf also auf sehr junge und alte Männer. Vor allem die Jungen konnten fanatisch sein, da sie mit der Ideologie der Hitlerjugend aufgewachsen waren.

NIEDERLAGE UND BESETZUNG

Schon 1944 war klar, dass Deutschland eine Niederlage erleiden würde, dennoch war es für die Alliierten kein einfacher Sieg. Gefechte in Norditalien, den Ardennen und Berlin bewiesen, dass die Disziplin und taktische Entschlossenheit der Deutschen trotz fehlender Soldaten bestehen blieben. Viele alliierte Truppen begannen mit der Besetzung von Feindesland. Das Verhältnis zu den Deutschen konnte mitunter freundschaftlich sein, besonders als sich beide Seiten an den Wiederaufbau machten. Dennoch gab es Probleme. Disziplinlosigkeit, die durch Trinken und die Aussicht auf das nahe Ende der Dienstzeit entstand, griff um sich. Viel schlimmer war es jedoch, dass an der Ostfront sowjetische Soldaten systematisch Frauen vergewaltigten. 1944/45 ereilte geschätzte 1,5 Millionen deutsche Frauen dieses Schicksal.

▼ SS-Chef Heinrich Himmler (hinten Mitte) beobachtet den Vorbeimarsch neu ausgehobener Volkssturmsoldaten in Berlin, November 1944. Die Männer sind mit Panzerfäusten bewaffnet.

GRAUSAMES INSELHÜPFEN

Inselhüpfen ist ein freundlich klingendes Wort für etwas, was in Wahrheit eine grauenvolle Erfahrung war. Drei Jahre lang kämpften die USA in der Pazifikregion und verloren Zehntausende Männer auf Inseln, von denen zuvor noch nie jemand gehört hatte.

Das amerikanische Inselhüpfen dauerte von 1943 bis 1945 auf dem mittelpazifischen Kriegsschauplatz. Es war ein gnadenloses Unterfangen, denn die Japaner verteidigten jede noch so kleine, scheinbar unbedeutende Insel mit selbstmörderischer Hingabe, entschlossen, die US-Streitkräfte am Erreichen ihrer japanischen Heimat zu hindern. Orte wie Tarawa, Saipan, Peleliu, Iwojima und Okinawa wurden wegen der harten Kämpfe dort berüchtigt. Einen guten Einblick in das Leben der Inselhüpfer bietet die Schlacht um Iwojima.

„Es erfordert Mut, auf Iwojima an der Front zu bleiben … **gegen einen unsichtbaren Feind** zu kämpfen.“

EHEMALIGER MARINE

BRIEF NACH HAUSE

„Hallo, Liebling, ich schreibe Dir vom Rand meines Unterstands. Während ich schreibe, donnern die Kanonen, und mir fällt nichts ein, was ich sagen könnte. Entschuldige, ich zünde mal meine Pfeife an. Betsy, ich fühle mich wie ein Schuft. Du schreibst mir so oft, und ich bin so nachlässig. Ich habe nicht mal eine Entschuldigung, und das verstehe ich nicht. Jedes Mal, wenn ich ein leeres Blatt Papier vor mir habe, wird mein Kopf genauso leer.“
– US-Marine auf Iwojima

IWOJIMA

Rund 70 000 US-Soldaten, vor allem Marineinfanteristen, wurden in die Schlacht um Iwojima geschickt (19. Februar–26. März 1945). Die Zahl der Gefallenen auf der nur 21 km² großen Insel war erschreckend. In fünf Wochen zählten die Marines 26 038 Tote und Verwundete. Von den 21 000 japanischen Verteidigern der Insel waren 18 844 tot, nur 216 wurden gefangen genommen.

◀ Amerikanische Soldaten machen während des Kampfs um Iwojima eine Pause. In der fünfwöchigen Schlacht wurde die Hälfte der Marines getötet oder verwundet.

Vor der Landung der ersten amerikanischen Boote hatten die Japaner die Vulkaninsel in eine Festung verwandelt. Die reichlich vorhandene Vulkanasche wurde mit Beton gemischt, um Hunderte bombensichere Stützpunkte zu bauen. Insgesamt legten die Japaner 18 km miteinander verbundener Höhlen und Tunnel, deren schmale Eingänge von außen kaum zu erkennen waren, in der Felslandschaft an.

KAMPF BIS ZUM LETZTEN

Als sie an Land gingen, versanken die US-Soldaten bis zu den Waden im weichen vulkanischen Boden. Die Amphibienfahrzeuge fanden auf ihren Ketten keinen Halt und wurden zu unbeweglichen Zielen. Schon am ersten Tag wurden 2420 Amerikaner getötet.

Dennoch sicherten sie schließlich den Landekopf und nahmen die Insel ein. Aber jeder Stützpunkt, Tunnel, Bunker, jede Höhle und Felsnase musste von kleinen Gruppen und oft um den Preis hoher Verluste erobert werden, während die Japaner sich selbstmörderisch der amerikanischen Feuerkraft entgegenwarfen. So wurden am 8. März etwa 800 Japaner von amerikanischen Waffen niedergemäht. Etwa die Hälfte der amerikanischen Soldaten auf Iwojima fiel, 26 erhielten die Medal of Honor.

▲ Das Koppeltragegestell der US-Armee bestand aus einem Gürtel mit Taschen für die Ladestreifen des M1-Garand-Gewehrs sowie Feldflasche, Erste-Hilfe-Set, Schanzzeug, Rucksack und Bajonettschlaufe.

SERGEANT DER US-ARMEE, PAZIFIK, 1945

Generell investierte die Armee der USA weniger in Tarnkleidung als das Marine Corps. Ein zweiteiliger Anzug aus Fischgrätdrillich kam ab 1943 in Europa und im Pazifikraum in Gebrauch.

„Keine Schlacht darf **ohne Vorbereitung** geschlagen werden, … ohne dass der **Erfolg verbürgt** ist; wir müssen alle Anstrengungen unternehmen … und **uns den Sieg … sichern**.“

MAO ZEDONG, VORSITZENDER DER KOMMUNISTISCHEN PARTEI CHINAS

DIE HEUTIGE ZEIT

Auf jeder Ebene wurde das Kriegshandwerk seit Ende des Zweiten Weltkriegs revolutioniert, und die meisten Änderungen bewirkte die Technik. Aus der Sicht des frühen 20. Jahrhunderts könnten Ausrüstung, Uniform und Waffen von heute einem Science-Fiction-Roman entstammen. Doch die grundlegenden Bedürfnisse des Soldaten bleiben weitgehend gleich.

◀ Soldaten der 101. US-Luftlandedivision werden von einem Hubschrauber CH-47 Chinook in Ostafghanistan abgesetzt, 2002. Eine der bedeutendsten Entwicklungen bei Bodentruppen seit 1945 ist die Beweglichkeit auf dem Schlachtfeld dank Hubschraubern.

DIE NEUE WELTORDNUNG

Zwei Schlüsselfaktoren haben das Leben der Soldaten seit 1945 verändert. Zum einen ist das die Technik mit bahnbrechenden Fortschritten bei Material und computergesteuerten Waffen, zum anderen die Gesellschaft: Seit 1945 zeigen die Medien das Soldatenleben in allen Details.

Obwohl die globale Katastrophe des Zweiten Weltkriegs 1945 endete, erlebte die Welt seither keinen Tag des Friedens. Dem Weltkrieg folgte der Kalte Krieg, die Konfrontation von sowjetischem Kommunismus und westlichem Kapitalismus, die in vielen Stellvertreterkriegen rund um den Globus ausgetragen wurde. Hinzu kamen postkoloniale Konflikte, der Streit arabischer Staaten mit Israel und der internationale Terrorismus. Selbst nach Ende des Kalten Kriegs 1989 fand die Welt keinen Frieden. Die internationale Gemeinschaft kämpfte 1990/91 im Nahen Osten nach der Invasion des Iraks in Kuwait, und lang andauernde Konflikte im Irak und in Afghanistan wurden durch die Terroranschläge auf die USA 2001 ausgelöst. Die jüngeren Erhebungen des Arabischen Frühlings sowie die schrecklichen Offensiven des Islamischen Staats (IS) in Syrien und im Irak zeigen, dass Kriege noch immer Schlagzeilen machen.

TECHNOLOGIE

Jeder Aspekt des Soldatenlebens – Kommunikation, Waffen, Uniform, Ausrüstung, Logistik, Transport, Ernährung und anderes – profitierte von den enormen Fortschritten in Wissenschaft und Computertechnik seit den 1950er-Jahren. Ein US-Infanterist hatte 1945 zum Beispiel ein halb automatisches achtschüssiges Garand-Gewehr und

„Desert Storm hat uns ein **schreckliches Erbe** hinterlassen: die Vorstellung, dass man in der Lage sein muss, die **Kriege** der Zukunft **ohne Verluste auszufechten**."

GENERAL PHILIPPE MORILLON

◄ Französische Truppen landen während des Algerienkriegs (1954–1962) im Hafen von Algier. Der Konflikt war einer der vielen postkolonialen Kriege jener Zeit.

DIE MACHT DER FOTOS

Der Fotojournalismus hat ganz entscheidend die öffentliche Haltung zum Vietnamkrieg von 1953 bis 1975 geformt. Zu den wichtigsten Fotos gehören Nick Úts Bild eines nackten, schreienden Mädchens, das 1972 vor einem Napalmangriff flieht, sowie Eddie Adams' Foto von der Exekution eines vermeintlichen Vietcongs 1968 in Saigon. Solche Bilder trafen genau die Stimmung der Antikriegsbewegung.

trug eine einfache olivfarbene Uniform, ein Webkoppel und einen M1-Stahlhelm. Heute verfügt sein Sturmgewehr über Einzel- oder Dauerfeuer, in seinen ballistischen Kampfhelm sind ein Kommunikationssystem und eine Kamera eingebaut, seine Tarnuniform ist zweckmäßig, bequem und so entworfen, dass der Soldat mit Infrarotlicht und Nachtsichtgeräten schlechter erkannt wird, das Tragesystem ist ergonomisch angepasst.

▲ Eine israelische Selbstfahrhaubitze beschießt im Jom-Kippur-Krieg 1973 feindliche Stellungen in der Syrischen Wüste. Die Israelischen Verteidigungsstreitkräfte sind eine der kampferfahrensten Armeen weltweit.

BERICHTE IN DEN MEDIEN

Die Medien wurden seit 1945 durch Fernsehnachrichten, eingebettete Kriegsreporter, die als Teil einer Einheit mitreisen, und das Internet ebenfalls umgeformt. Die Handlungen von Soldaten sind weitaus sichtbarer geworden, die Realität des Militärlebens und wirkliche Kampfszenen nun der Öffentlichkeit zugänglich. Der Soldat steht daher unter dem Druck, sich für Dinge zu rechtfertigen, die zuvor im Nebel der Geschichte verborgen blieben.

► Einige Aspekte des Soldatentums sind zeitlos, etwa die anstrengenden Märsche mit vollem Gepäck.

DER KOREAKRIEG 1950–1953

Die USA entsandten zwar den größten Teil der UNO-Truppen, die 1950 nach Korea geschickt wurden, doch nahmen an dem Krieg Männer und Frauen aus 15 Nationen teil, darunter Großbritannien, Australien, Frankreich, die Niederlande, Südafrika und Thailand.

Der Koreakrieg war der erste Konflikt des Kalten Kriegs und begann, als das kommunistische Nordkorea am 25. Juni 1950 in das von den USA gestützte Südkorea einmarschierte. Der Westen schickte eine riesige Armee unter der Ägide der UNO und fand sich in einem Krieg wieder, in dem er nicht nur gegen Nordkorea, sondern auch gegen Nordvietnam und China kämpfte, das im Oktober 1950 in den Krieg eintrat. Nach drei Jahren erbitterter Kämpfe kam es genau dort zu einem Patt, wo der Krieg begonnen hatte: am 38. Breitengrad.

UNO-SOLDATEN

Amerikanische Truppen bildeten das Herzstück der UNO-Armee, zunächst aber wurden Soldaten, die in Japan als Besatzungstruppen stationiert waren, nach Korea entsandt. Viele der Männer waren unzureichend ausgebildet und ausgerüstet sowie in schlechter Form. Nur 15 Prozent hatten Kampferfahrung.

▲ Eine Gruppe amerikanischer Soldaten sitzt an einem Straßengraben in Korea. Zuerst wurden reguläre Truppen entsandt, doch bis Kriegsende waren 220 000 Mann eingezogen worden.

AUGENZEUGENBERICHT

„Wir fuhren im Regen los, der durch die offenen Seiten des Jeeps eindrang, und kamen nur langsam voran. Die Piste war holprig, rutschig und verstopft von Südkoreanern auf dem Rückzug, denen Zeit und Wetter egal waren. Lkws ohne Licht donnerten so schnell dahin, wie sie wagten. Bis Sonnenaufgang passierten wir mindestens ein halbes Dutzend, die die steilen Dämme hinunter in die Reisfelder gestürzt waren.“
– Journalist Dennis Warner über seine Reise zur Front, Korea, 1950

Sie mussten gegen eine hoch motivierte kommunistische Armee antreten und erlitten eine Reihe katastrophaler Niederlagen, bis die UNO-Reihen im Herbst 1950 verstärkt wurden.

Der erste Eindruck der meisten UNO-Soldaten war der einer beinahe mittelalterlichen Welt, in der sie in und um abgelegene, obskure Dörfer kämpften, deren Namen die Westler kaum aussprechen konnten. Dies vollzog sich im Winter in den Bergen bei Temperaturen von bis zu –20 °C und beinahe

▲ Das Koppeltragegestell M1937 war bei den britischen Streitkräften im Koreakrieg noch in Gebrauch, dazu viele Waffen aus dem Zweiten Weltkrieg wie das Lee-Enfield No. 4 und das Bren-MG.

tropischer Hitze im Sommer. Die Kampferfahrungen konnten intensiv sein und die Gefechte so erbittert wie im Zweiten Weltkrieg.

KOMMUNISTISCHE SOLDATEN

Gegen die UNO-Truppen und Südkoreaner traten Streitkräfte mit großer Mannschaftsstärke, aber schlechter Führung und Ausrüstung an. Die Bombenangriffe der USA brachten oft die nordkoreanische Logistik zum Erliegen, sodass es an Lebensmitteln, Munition und Kleidung fehlen konnte. Erfrierungen waren im Winter weitverbreitet und die Opferzahlen angesichts kruder Frontalattacken hoch.

▼ Nordkoreanische und chinesische Soldaten feiern einen Sieg. Die Soldaten waren stark von maoistischen Theorien zur Kriegführung beeinflusst.

US-INFANTERIST, KOREA 1950
Der Soldat in seiner olivfarbenen Kampfuniform aus Fischgrätdrillich trägt einen Regenponcho, M1950, der eigentlich aus dem Zweiten Weltkrieg stammte, aber um eine Kapuze ergänzt wurde. Der M1-Helm ist noch immer Standard.

Poncho
Der Regenponcho aus Nylondrillich war mit Vinylharz beschichtet.

M1 Garand
Das Standardgewehr war noch immer das halb automatische M1 Garand mit einer Reichweite von 600 m.

Stiefel M1943
Der Soldat trägt die Stiefel M1943 aus dem Zweiten Weltkrieg mit Doppelschnalle.

REVOLUTIONSARMEEN

Revolutionsarmeen stellten das übliche Konzept der Kriegführung auf den Kopf. Die einzelnen Soldaten waren im Vergleich mit westlichen Truppen oft schlecht ausgerüstet und ausgebildet, aber das glichen sie mit intelligenter Gruppentaktik und Hartnäckigkeit aus.

▲ Das AK-47 ist das meistproduzierte Gewehr der Geschichte. Es wurde 1948 zur Standardwaffe der Sowjetarmee.

Die kommunistische Ideologie war für den revolutionären Soldaten besonders wichtig. Politoffiziere sorgten für Disziplin, was das Denken und Tun anging, um jede „Korruption" durch äußere Einflüsse abzuwenden. Bei den Vietcong (den kommunistischen Aufständischen, die von den 1950er- bis 1970er-Jahren in Südvietnam aktiv waren) waren etwa die Einheiten in Drei-Mann-Gruppen aufgeteilt, in denen jeder den Auftrag hatte, Fehlverhalten der anderen gegen die reine Ideologie zu überwachen. Täglich wurde Selbstkritik geübt, wobei jeder seine Fehler gestand. Das Wichtigste dabei war, dass der Soldat vollkommene Loyalität der politischen Ideologie und der Führung gegenüber zeigte. Er sollte den Kommandeur seiner Einheit als „Vater" und den Politoffizier als „Mutter" betrachten und die Beziehung zu ihnen über alle anderen stellen.

▼ Fidel Castro, Führer der kubanischen Revolutionsarmee, mit seinem Stab auf einer geheimen Basis, 1957. Revolutionssoldaten sind oft eher einem inspirierenden Führer als einer politischen Idee gegenüber loyal.

„Eine Revolution ist ein **Kampf bis zum Tod** zwischen **Vergangenheit** und **Zukunft**."

FIDEL CASTRO

GRUPPENAKTION

Eine besondere Eigenschaft von Revolutionsarmeen ist der Einsatz großer Menschenmassen, um ihre Ziele durchzusetzen. Das war teils aus der Not geboren. Obwohl die sozialistische Vision eine Befriedigung aller materiellen Bedürfnisse versprach, fehlte es den Rebellen oft an Lebensmitteln, Ausrüstung, Fahrzeugen und Waffen. Daher war militarisierte Arbeitskraft das wichtigste Mittel, um Notlagen zu überwinden. Im postrevolutionären Kuba etablierte Fidel Castro 1973 die Ejército Juvenil del Trabajo (Jugendarbeitsarmee). Die jungen Männer und Frauen hatten die Grundlagen der zivilen Verteidigung erlernt, arbeiteten aber auch in der Landwirtschaft, bei Bau- und Eisenbahnprojekten.

DAS LEBEN IM FELD

Im Krieg war das Leben der Revolutionssoldaten meist hart und entbehrungsreich. Im Vietnamkrieg von 1965 bis

VIETMINH-SOLDAT, INDOCHINA, 1952
Die Soldaten der Vietminh, die 1945 bis 1954 gegen Frankreich kämpften, nutzten gewöhnlich eine Mischung aus heimischer, erbeuteter japanisch-französischer sowie sowjetischer Ausrüstung. Dieser Soldat trägt den traditionellen „schwarzen Pyjama", der quasi zur Uniform wurde.

Patronentaschen
Sie bestanden aus festem Segeltuch und enthielten je ein 35-Schuss-Magazin.

Maschinenpistole
Die Waffe ist eine sowjetische PPS-43 im Kaliber 7,62 mm aus dem Zweiten Weltkrieg.

Rucksack
Der Rucksack für Proviant, Decken und persönliche Dinge stammt aus Frankreich.

▲ Eine Abteilung der Vietminh-Truppen trifft 1954 in Hanoi ein. Während des Kriegs konnten sich die Vietminh unauffällig unters Volk mischen.

1975 war eine riesige Zahl von Mitgliedern der Nordvietnamesischen Volksarmee (NVA) und der Vietcong damit beschäftigt, den Ho-Chi-Minh-Pfad, den wichtigen Versorgungsweg durch Laos und Kambodscha, offen zu halten. Der Pfad war ein weitverzweigtes Netzwerk auf schlechten Straßen, Dschungel- und Wasserwegen, die gnadenlos, aber ohne große Wirkung von den US-Luftstreitkräften bombardiert wurden. Trotz schrecklicher Verluste war das Ergebnis der logistischen Mühen beeindruckend. Es konnte bis zu sechs Monate dauern, um den ganzen Pfad im Lkw oder auf dem Fahrrad zu befahren und Nachschub zu den kämpfenden Einheiten im Süden zu bringen.

Die Gruppe 559 der NVA arbeitete rund um die Uhr, um Bombentrichter mit Schutt und Baumstämmen aufzufüllen. Wie viele Revolutionsarmeen zeigte die NVA eine bemerkenswerte Zähigkeit im Kampf, den sie gegen die stärkste Armee der Welt führte.

DER VIETNAMKRIEG 1965–1975

Der Vietnamkrieg ist bis heute ein amerikanisches Trauma. Millionen dienten in diesem Krieg, und mehr als 58 000 amerikanische Soldaten fielen. Die Art dieses Konflikts war für die jungen Soldaten körperlich wie physisch eine besondere Belastung.

Wie Soldaten den Vietnamkrieg erlebten, lässt sich kaum verallgemeinern, denn das hing stark von der Rolle des Einzelnen ab. Soldat in Vietnam zu sein, konnte heißen, in der Nachschubbasis in Da Nang für die Logistik zu sorgen oder an streng geheimen Spezialeinsätzen in Laos und Kambodscha teilzunehmen. Für Zehntausende Amerikaner in der Infanterie und bei den Marines an der Front in Südvietnam war der Alltag grausam.

STATIONIERUNG

Die meisten US-Soldaten – eingezogen oder freiwillig – waren 17 bis 25 Jahre alt und wurden für einen festen Zeitraum von zwölf bis 13 Monaten mit bekanntem Rückkehrdatum in den Dienst geschickt. Dieses System gilt heute als problematisch für die Moral. Dass der Soldat den Zeitpunkt seiner Heimkehr kannte, bedeutete auch, dass dieses Datum für ihn zu einem obsessiven Ziel wurde, das ihn am Anfang demoralisierte und ihn am Ende nur auf das eigene Überleben hinarbeiten ließ.

Es gab große Schlachten im Vietnamkrieg etwa während der Tet-Offensive von 1968, aber viele Operationen bestanden aus relativ kleinen, doch aggressiven US-Patrouillen in bestimmten ländlichen Gebieten. Voll beladen mit

▲ Soldaten der 25. US-Infanteriedivision patrouillieren durch südvietnamesischen Dschungel und Reisfelder. Das Trinken half gegen die Auswirkungen der Hitze.

AK-47
Wegen seiner Verlässlichkeit und Feuerkraft war das AK-47 die Standardwaffe der NVA – ein Beleg für die sowjetisch-chinesische Unterstützung.

Magazintaschen
Die Brusttaschen waren ideal für AK-47-Magazine und kamen aus China.

Sandalen
Einfache Sandalen aus Autoreifen oder anderen Gummimaterialien waren preiswert und haltbar.

SOLDAT DER NORDVIETNAMESISCHEN ARMEE, 1965

Während die Vietcong gewöhnlich zivile Kleidung trugen, hatte die Nordvietnamesische Volksarmee (NVA) eine formale, wenn auch einfache Uniform. Diese konnte variieren, weil ihre Teile aus sowjetischen, chinesischen, örtlichen oder alten kolonialen Beständen stammten.

„Dies ist kein **Dschungelkrieg**, sondern ein Freiheitskampf an jeder Front **menschlichen Handelns.**“

US-PRÄSIDENT LYNDON B. JOHNSON

Munition und Ausrüstung schwitzten die amerikanischen Soldaten stundenlang in der tropischen Schwüle. Die meisten Verluste verursachten kleinere Hinterhalte und Sprengfallen, ohne dass der Feind zu sehen war. Die steten traumatischen Verluste und der Umstand, dass in einigen Gegenden an jedem einzelnen Tag gekämpft wurde, verursachten eine enorme psychologische Anspannung. Jüngere Forschungen haben ergeben, dass 31 Prozent der Vietnamveteranen an posttraumatischen Belastungsstörungen litten.

UNBELIEBTER KRIEG

Was die Soldaten zusätzlich demoralisierte, war der Umstand, dass der Krieg weitgehend den Rückhalt in der Bevölkerung der USA verlor. Der Empfang der heimkehrenden Soldaten war daher oft kühl oder feindselig.

▼ Die US-„Luftkavallerie“ begibt sich zu einem UH-1-Hubschrauber, 1968. Hubschrauber waren das Haupttransportmittel bei Kampfeinsätzen.

US-MARINE, VIETNAM, 1968
Selbst auf leichten Patrouillen trugen die US-Soldaten viel mehr Ausrüstung bei sich als vergleichbare NVA-Soldaten. Dieser Marine trägt eine schwere Splitterschutzweste M1952 über seiner Dschungeluniform.

Bandelier
Dieses Bandelier enthält zusätzliche Magazine für das M16-Gewehr.

M16A1
Das M16A1, Kaliber 5,56 mm, ersetzte das M14 im Kaliber 7,62 mm.

Dschungelstiefel
Die Stiefel aus Leder und Segeltuch hatten Lüftungs- und Ablauföffnungen an der Außenseite.

ARABER & ISRAEL 1948–1973

Seit der Gründung des Staates Israel 1948 kämpften die Israelischen Verteidigungsstreitkräfte (IDF) um die Existenz ihres Landes. Ihnen gegenüber stand ein breites Spektrum arabischer Armeen, die vielfach von der Expertise ausländischer Mächte profitierten.

Die IDF wurden auf Befehl des israelischen Verteidigungsministers David Ben Gurion am 26. Mai 1948 als Wehrpflichtarmee gegründet. Angesichts der Bedrohung durch die arabischen Nachbarn, die mit Truppen aus sechs Armeen den jungen Staat bereits am 15. Mai angegriffen hatten, wurden sie mit größter Eile eingerichtet.

VETERANEN

Die IDF bestanden anfangs aus einer wilden Mischung von Männern. Einige waren erst kürzlich eingewandert, darunter viele Veteranen des Zweiten Weltkriegs aus Osteuropa. Kampferfahrung im Land hatten die Mitglieder der Untergrundorganisationen Irgun, Hagana und Lechi, die in den 1930er- und 1940er-Jahren gegen Araber und Briten gekämpft hatten. So gab es neben echten Neulingen auch sehr viele erfahrene Kämpfer, was den IDF im ersten Jahrzehnt sehr zugutekam.

Am Anfang mussten die IDF-Soldaten mit einer zusammengewürfelten Ausrüstung zurechtkommen. So gab es kaum genormte Waffen oder Uniformen. Mitte der 1950er-Jahre aber wurden sie professioneller, und als es

► Israelische Panzerfahrzeuge rücken zu Beginn des Sechstagekriegs am 5. Juni 1967 bei Rafah im Gazastreifen gegen die schlecht ausgerüsteten Ägypter vor.

„Es **roch nach Kordit** und dem Qualm **brennender Panzer** auf dem Bergrücken.“

AVIGDOR KAHALANI, IDF-VETERAN, JOM-KIPPUR-KRIEG

◄ Israelis auf Patrouille im Sechstagekrieg, 1967. Die meisten haben eine frühe Variante des belgischen 7,62-mm-Gewehrs FN FAL, einer der populärsten Waffen der Welt.

DIE UZI

Die bekannteste Waffe der IDF war von 1951 bis in die 1970er-Jahre die Uzi-Maschinenpistole. Auf der Basis tschechischer Entwürfe entwickelte sie der Offizier Uziel Gal. Sie feuerte 900 9-mm-Patronen in der Minute ab und hatte eine Reichweite von 200 m. Außerdem war sie auch im Wüstenstaub extrem verlässlich.

ISRAELISCHER FALLSCHIRMJÄGER, SECHSTAGEKRIEG, 1967
Die Elitetruppe der Fallschirmjäger bildete im Sechstagekrieg 1967 die Vorhut. Während viele Soldaten schlichte Uniformen in Oliv trugen, hat dieser Soldat ein Flecktarnmuster, eine Spende Frankreichs an die IDF.

Uzi
Das Magazin der Uzi steckte direkt im Pistolengriff.

Koppeltragegestell
Die IDF nutzten vor allem britische Tragehilfen, die Patronentaschen sind das britische Modell 1958.

Tarnung
Dieses Flecktarnmuster wurde von den französischen Luftlandetruppen benutzt.

zu den beiden großen Kriegen 1967 und 1973 kam, verfügten sie über eine der bestausgebildeten und erfahrensten Truppen der Welt – aus Reservisten und Regulären –, was sie wiederholt siegen ließ.

ARABISCHE ARMEEN

Die arabischen Streitkräfte waren groß und hatten viele Ressourcen, aber der einzelne Soldat war oft nur schlecht ausgerüstet, ausgebildet und geführt. Die professionellsten Kämpfer kamen aus dem Irak, Jordanien und Ägypten, Länder, die alle enge militärische Bindungen an Großbritannien hatten. Der mangelnde taktische Zusammenhalt und die fehlende Logistik hatten furchtbare Konsequenzen für die arabischen Soldaten. Während des Sechstagekriegs 1967 starben schätzungsweise 20 000 ägyptische Soldaten an Hitzschlag in der Sinaiwüste, weil die Wasserrationen nicht ausreichten.

▼ Israelische Soldaten essen im Schatten ihres Panzers. Den ägyptischen Kämpfern ging es weniger gut, sie litten unter fehlendem Wasser und Proviant.

SOWJETISCH-RUSSISCHE ALBTRÄUME

Die Sowjetunion bzw. Russland kämpfte in den 1980er- und 1990er-Jahren zwei desaströse Kriege, einen in Afghanistan (1979–1989) und einen in Tschetschenien (1994–1996). Beide Konflikte brachten die brutale Behandlung der Wehrpflichtigen ans Tageslicht.

Die Sowjetarmee von 1985, als der Krieg in Afghanistan seinen Höhepunkt erlebte, war das Produkt einer militarisierten Gesellschaft. Jedes Jahr wurden rund 75 Prozent der tauglichen 18-Jährigen zur Armee eingezogen. Nach einer nur vierwöchigen Grundausbildung wurden sie zu ihrer Einheit geschickt. Einmal in der Kaserne, waren die neuen Soldaten den brutalen Launen der Unteroffiziere ausgeliefert. Körperliche Schikanen waren und sind ein großes Problem in den russischen Streitkräften, sie gehören zur *dedowschtschina* (Herrschaft der Großväter), einer Art Initiationsritus. Die *New York Times* berichtete 2006, dass in einem Jahr 292 junge Männer dabei zu Tode kamen. Da es fast nie Urlaub gab und in den Kasernen grausame Bedingungen herrschten, waren Selbstmord und Verletzungen üblich.

▲ Der afghanische Mudschaheddin-Führer Amin Wardak mit seinen Kämpfern, die verschiedenste Waffen haben, aber keine moderne Ausrüstung.

AFGHANISTAN

Die sowjetischen Streitkräfte marschierten 1979 in Afghanistan ein und versuchten, eine der UdSSR hörige Regierung gegen starken islamischen Widerstand zu etablieren. Trotz über-

▼ Nach der Einnahme von Grosny werden russische Soldaten per Hubschrauber dorthin gebracht.

AUGENZEUGENBERICHT

„Man wird für alles Mögliche geschlagen. Wenn ein Geist im Gespräch mit einem älteren Soldaten, einem ‚Großvater', keinen Respekt zeigt, wird er geschlagen. Wenn er am Tag auf seinem Bett liegt, wird er geschlagen. Wenn er von zu Hause ein paar gute Gummischlappen bekommt und sie in der Dusche trägt, wird er geschlagen und verliert sie."
– Arkadi Babtschenko, Veteran des Ersten Tschetschenienkriegs, *Die Farbe des Krieges* (2007)

> „Ich wollte eigentlich nicht dienen, denn ich wusste, dass **ein Krieg im Gang** und die **Wahrscheinlichkeit zu sterben** hoch war.“
>
> TINIBEK KADIROW, RUSSISCHER KRIEGSVETERAN

legener Waffen und Ressourcen der Sowjeteinheiten töteten die Mudschaheddin, die das Land viel besser kannten, viele ihrer Gegner. Schlechte hygienische Bedingungen forderten ebenfalls Opfer – fast 14 500 Mann fielen im Kampf, 53 700 wurden verwundet, und 416 000 erkrankten schwer, unter anderem an Hepatitis, Ruhr und Typhus. Die Sowjetunion zog sich 1989 aus Afghanistan zurück, doch da waren wohl schon mehr als eine Million afghanische Zivilisten tot.

TSCHETSCHENIEN

Einer der ersten Konflikte nach dem Ende der UdSSR, der Krieg in Tschetschenien von 1994 bis 1996, war genauso erfolglos. Die Moral in der Truppe brach durch die ständigen Kämpfe, Verluste und Schikanen förmlich zusammen. Auch gab es seit dem Ende der UdSSR Probleme mit dem Sold. Der Drogenmissbrauch war besorgniserregend hoch. Zeugen aus Grosny beschrieben um 1996 sogar, dass verängstigte junge Soldaten ihre Waffen gegen Drogen an Rebellen verkauften, um dann beim nächsten Überfall mit ihren eigenen Waffen erschossen zu werden. Man war sich im Klaren, dass Gefangenschaft bei den tschetschenischen Guerillas einen sicheren Tod bedeutete.

Der Tschetschenienkrieg endete 1996 mit einem erzwungenen Friedensvertrag, doch 1999/2000 führte Russland dort einen zweiten brutalen Krieg.

SOWJETISCHER SOLDAT, AFGHANISTAN, 1986
Der Soldat trägt den Tarnkampfanzug für den Sommer, einen Uniformoverall in Grün mit sandfarbenen Flecken. Ab 1986 gab es auch eine neue zweiteilige Version.

KRIEG GEGEN TERROR, AFGHANISTAN

Der Krieg gegen die Taliban in Afghanistan, der im Oktober 2001 begann, ist der am längsten dauernde Konflikt in der Geschichte der USA. Hunderttausende Soldaten unterschiedlicher Nationalität waren in dem vom Krieg zerrissenen Land stationiert.

Die meisten Soldaten der ISAF (Internationale Sicherheitsunterstützungstruppe) in Afghanistan waren in FOBs (Forward Operation Base) oder MOBs (Main Operating Basis) untergebracht, die überall im Land an strategisch wichtigen Orten errichtet wurden. Einige sehr große Basen dienten als Knotenpunkte für Logistik, technische Operationen und Truppenbewegungen.

► Colonel William Huff von der 82. US-Luftlandedivision mit lokalen afghanischen Führern im Gespräch. Ein Schlüsselaspekt der ISAF-Operation war es, das Vertrauen der Menschen vor Ort zu gewinnen.

▼ Britische Soldaten der Helmand Task Force, einem Kampfmittelräumdienst, entsorgen nicht explodierte Mörsergeschosse.

CAMP BASTION

Das Leben der Soldaten in diesen Basen unterschied sich sehr von Außenposten anderer Kriege. Camp Bastion zum Beispiel war eine logistische Luftwaffenbasis mit einer Fläche etwa so groß wie die der Stadt Saarlouis. Dort lebten 30 000 Menschen, vor allem britische Soldaten sowie Angehörige der Afghanischen Nationalarmee (ANA) und der US-Marines.

Die meisten der dort stationierten Kräfte schliefen in hochwertigen Zeltunterkünften, in denen bis zu 32 Personen Platz fanden. Die Arbeitsplätze waren oft klimatisiert, was in einem Land mit so extremen Wetterlagen wichtig war. Das Camp bot nicht viel Unterhaltung, aber es gab eine Pizza-Hut-Filiale, Bars und Sporthallen sowie improvisierte und organisierte Sportveranstaltungen, die zur Entspannung beitrugen. Die beeindruckende ISAF-Logistik sorgte für eine gute Küche – rund 27 Tonnen Salat und Obst wurden monatlich eingeflogen. Zur Stärkung der Moral konnten die Soldaten per In-

SOLDAT EINER US-SPEZIALEINHEIT, AFGHANISTAN
Uniform, Waffen und Ausrüstung der US-Spezialeinheiten hängen mehr von persönlichen Vorlieben ab als bei regulären Truppenteilen. Ihre Armeemontur ergänzen sie auf eigene Kosten mit ziviler oder ausländischer Ausrüstung, wenn sie sich davon taktische Vorteile versprechen.

> „Ich **hörte Schüsse** über meinem Kopf knallen. Sofort **schoss Adrenalin** durch meinen Körper."
>
> TIMOTHY WORKMAN, US MARINE CORPS

ternet und Telefon mit der Heimat Kontakt halten, und jeden Monat wurden mehr als 70 000 Paletten Post ausgeliefert, die jede Woche die Stimmung hob.

IM EINSATZ

Außerhalb der Camps verlief das Leben jedoch anders. Offensiven und Patrouillen endeten oft in erbitterten, manchmal tagelangen Feuergefechten mit den Taliban. Sprengfallen waren eine permanente Bedrohung, die der Kampfmittelräumdienst immer aufs Neue zu entschärfen versuchte. Feindliche Kämpfer und Zivilisten waren schwer zu unterscheiden, was zur Unübersichtlichkeit der Lage beitrug. Einige US-Studien fanden heraus, dass zehn bis 18 Prozent der Veteranen an posttraumatischen Belastungsstörungen litten.

▼ Das Internet hat die Militärkommunikation verändert. Hier telefonieren US-Soldaten im Camp Bastion in Afghanistan per Internet nach Hause oder schreiben E-Mails.

FACETTEN DES KRIEGS: SOLDATINNEN

Im Verlauf der Geschichte waren Frauen mit einigen wenigen Ausnahmen entweder gar nicht oder in unterstützender Funktion auf dem Schlachtfeld. In den vergangenen 70 Jahren hat sich der Status der Frauen beim Militär jedoch geändert.

Frauen als Kriegerinnen fand man seit jeher spannend, aber aus komplexen sozialen, physischen und psychologischen Gründen galt das weibliche Geschlecht traditionell als ungeeignet für das harte Geschäft des Tötens, obwohl es immer wieder gegenteilige Beweise gab. Frauen, die sich über die Konvention hinwegsetzten und eine militärische Laufbahn wählten, sind daher zu besonderen geschichtlichen Figuren geworden. Artemisia von Karien (5. Jahrhundert v. Chr.), Boudicca (1. Jahrhundert), Jeanne d'Arc (1412–1431) und Hannah Snell (1723–1793) stechen mit ebenso vielen Fakten wie Mythen in den Geschichtsbüchern hervor, wobei ihre Kriegstauglichkeit ebenso wie ihr Ausnahmestatus hervorgehoben werden.

HILFSKRÄFTE

Neben den legendären Kämpferinnen gab es stets auch Frauen, die wichtige

▲ Die Britin Hannah Snell (1723–1792) verkleidete sich als Mann, um Soldat zu werden. Sie tat sich im Kampf hervor und bekam nach ihrer Entlassung eine Armeepension.

▼ Soldatinnen in einem russischen Frauenbataillon. VieleRaueneinheiten wurden Todesbataillone genannt, um ihre Grausamkeit und Hingabe hervorzuheben.

CHRONIK

1917 Die russische Revolutionsregierung erlaubt die Aufstellung von rein weiblichen Kampfeinheiten, in denen insgesamt 6000 Frauen dienen.

1917/18 21 480 Krankenschwestern dienen in den letzten beiden Kriegsjahren beim amerikanischen Militär.

1940–1944 Im British Auxiliary Territorial Service bedienen Frauen Flakgeschütze, um die deutschen Bomber abzuwehren.

1941–1945 Die Rote Armee setzt viele Scharfschützinnen ein, von denen manche Hunderte Menschen erschießen.

1963–1975 Im Vietnamkrieg kämpfen sowohl bei den Vietcong als auch bei der NVA Frauen mit.

1973 Im Jom-Kippur-Krieg sind Frauen im israelischen Heer zunehmend in Ausbildung und Kampf aktiv, davor waren sie vor allem in der Verwaltung und im Unterricht eingesetzt.

1991 Der amerikanische Kongress lässt Frauen als Kampfpilotinnen in der US Air Force zu.

2005 Sergeant Leigh Ann Hester erhält als erste Amerikanerin den Tapferkeitsorden Silver Star.

2014 Das britische Verteidigungsministerium teilt mit, dass Frauen für alle Bereiche des Kampfgeschehens ausgebildet werden sollen.

unterstützende Arbeiten im Kriegsgeschäft übernommen haben. Vom Altertum bis heute begleiteten sie oft die Truppen auf Feldzügen und übernahmen niedere, aber unverzichtbare Arbeiten für die kämpfenden Männer. Im 18. und 19. Jahrhundert taten sie sich auch in der Rolle als Krankenschwester hervor, eine Arbeit, die sie bis an die Front brachte.

KAMPFEINSATZ

Frauen leisteten im 20. Jahrhundert weiter Hilfsdienste in der Armee, aber ihr Aufgabenbereich erweiterte sich, bis sie schließlich auch zur kämpfenden Truppe kamen. Dieser Schritt hatte zum Teil praktische Gründe: Während Notzeiten in beiden Weltkriegen griffen einige Armeen auf Frauen zurück, um den Personalmangel aufzufangen. Ab den 1960er-Jahren wurden die Veränderungen auch durch die Frauenbewegung vorangetrieben. Im Zweiten Weltkrieg fanden sich vor allem in der Sowjetunion bereits Kampfpilotinnen, Flak-

▲ Weibliche Peschmerga (Kämpfer) kämpften an der Seite ihrer kurdischen Männer gegen die IS-Erhebungen im Irak.

▼ Eine US-amerikanische Soldatin in Afghanistan, 2003. Die Interaktion der Soldatinnen mit afghanischen Frauen war sehr wertvoll.

und Scharfschützinnen an der Front. In der Nachkriegszeit integrierten besonders Nordvietnam, Israel und Nordkorea Frauen in ihre Militärstrukturen. Heute gibt es in den europäischen und US-amerikanischen Armeen nur noch wenige Rollen, die Frauen nicht übernehmen dürfen.

KRIEG GEGEN TERROR, IRAK

Der Krieg im Irak begann 2003 mit der Invasion unter Leitung der USA. Zwar verlief die Offensive erfolgreich, doch hatten nur wenige im Westen den andauernden Widerstand vorhergesehen, der Tausende Soldaten und Zehntausende Zivilisten das Leben kostete.

Das Terrain hatte großen Einfluss auf militärische Operationen im Irak. Die Landschaft ist sehr flach, es ist dort fast das ganze Jahr über heiß und trocken. Staubstürme konnten ganze Kolonnen tagelang lahmlegen. Unter der Sonne des Nahen Ostens bestand die Gefahr von Hitzschlägen, also mussten regelmäßig „Hydrierungspausen" eingelegt werden, damit der Körper genug Flüssigkeit zu sich nahm. Da man zu Beginn der Invasion glaubte, die Truppen von Saddam Hussein würden chemische Waffen einsetzen, trainierten die Soldaten regelmäßig das Anlegen ihrer Schutzkleidung (MOPP), die für die Hitze völlig ungeeignet war.

TRAUMA

Der Irakkrieg war für Tausende der dort stationierten Koalitionssoldaten traumatisch. Oft wurde in dicht bevölkerten Städten gekämpft, sodass die Soldaten die Tötung oder Verwundung von Zivilisten aus nächster Nähe erlebten. Ein Forschungsprojekt in den USA ermittelte, dass der Schock über das Ausmaß und die schreckliche Form der Gewalt am stärksten den

„Das **Einzige**, **wofür ich einstand**, war die **Verpflichtung meinen Kameraden gegenüber**."

OFFIZIER DER US-ARMEE

RPG-7
Die RPG-7 ist die meistverbreitete tragbare Panzerabwehrwaffe der Welt.

Schwarze Kleidung
Zum schwarzen Outfit der Fedajin kam manchmal ein karierter Schal.

Kampfstiefel
Der Kämpfer trägt die regulären Armeelederstiefel.

IRAKISCHER FEDAJIN, 2003
Die Saddam-Fedajin waren eine paramilitärische Gruppe, die die NATO-Streitkräfte während und nach deren Invasion im Irak 2003 bekämpfte. Sie hatte keine Uniform oder Ausrüstung, doch trug sie vorwiegend schwarze Kleidung und benutzte RPGs (hier gezeigt), AK-Gewehre, Sprengfallen und einfache Granatwerfer.

▲ Ein Soldat von der Kampfmittelräumung sucht ein Gebiet ab, in dem eine Sprengfalle angebracht ist. Er sucht nach Hinweisen wie Menschen, die die Bombe per Fernbedienung zur Explosion bringen könnten.

► US-Soldaten reden mit einem irakischen Kind; es begleitet seine Mutter (nicht im Bild) zu einer Zeremonie am Ende einer zweimonatigen Ausbildung, die die USA 2009 in West-Bagdad anboten.

▼ US-Marines im Camp Fallujah rufen Freunde und Familie an. Solche Anrufe können riskant sein, weil schlechte Nachrichten die Moral des Soldaten beeinträchtigen.

emotionalen Eindruck vom Irakeinsatz prägten. Auch Sprengfallen waren eine ständige und zermürbende Bedrohung, deren psychologischen Effekt der Irakveteran Mark Lanchance so beschrieb: „Stellen Sie sich das einmal auf dem Weg nach Hause oder zur Arbeit vor: Sie sehen jede Leitplanke, jede Mülltonne, jeden Bordstein und alles so an, als könnten sie jeden Moment hochgehen. Denken Sie darüber nach. Alles könnte Ihr Feind sein.“ Eine Statistik zum Irakkrieg, die das US National Center for PTSD erstellte, besagt, dass 95 Prozent der US-Soldaten Leichen sahen, auf 93 Prozent wurde geschossen, 89 Prozent gerieten in einen Hinterhalt oder wurden angegriffen, und 86 Prozent kannten jemanden, der verwundet oder getötet wurde. In Afghanistan lagen diese Werte bei 50 Prozent oder darunter.

IN VERBINDUNG BLEIBEN

Mit Angehörigen zu Hause in Verbindung zu bleiben, ist extrem wichtig für die Moral eines Soldaten. Man konnte über Münztelefone, vom Militär gestellte Internettelefonie, Webcams und Handys zu Hause anrufen. Darüber hinaus bestanden die meisten Armeen im Irak aus Berufssoldaten, unter denen ein enger Zusammenhalt besteht.

DER COMPUTERISIERTE KRIEG

Der Soldat von heute ist Nutznießer unglaublicher technischer Fortschritte, besonders bei Kommunikation, Überwachung und Waffen. Das richtige Maß zu finden, ist allerdings nicht einfach, denn allzu viel Ausrüstung kann mitunter eher hinderlich als hilfreich sein.

Es gilt zu beachten, dass viele Streitkräfte, vor allem in Entwicklungsländern, noch mit Ausrüstungen und Techniken operieren, die denen des Zweiten Weltkriegs ähneln. Eine olivfarbene Uniform, ein AK-Gewehr, ein paar Granaten, UKW-Funkgerät und einfache Granatwerfer- oder Artillerieunterstützung – das ist für Millionen Soldaten der gesamte technische Aufwand. Männern und Frauen, die aber das Glück haben, in einer fortschrittlichen Armee zu dienen, präsentiert sich ein völlig anderes Bild.

▲ Die heutigen Hauptquartiere sind große Kommunikationszentren, die Informationen aus Dutzenden Datenquellen des Kampfgebiets sammeln und verarbeiten.

SMARTPHONE-SCHLACHTFELD

Fast jeder Soldat hat heute ein Smartphone bei sich. Seit Mobiltelefone klein genug sind, um sie in eine Tasche zu stecken, also seit den 1990er-Jahren, sind sie für die Soldaten von unschätzbarem Wert, und sei es nur, um Kontakt zur Familie zu halten oder um sich mit anderen Einheiten oder Personen in Verbindung zu setzen, wenn das Kommunikationssystem ausfällt.

Die heutigen Smartphones haben aber ein viel größeres taktisches Potenzial. Die amerikanische Defense Advanced Research Projects Agency arbeitet derzeit an einer Smartphone-

DAS VERNETZTE KAMPFGEBIET

Die heutigen Streitkräfte streben ein völlig vernetztes Kampfgebiet an. Darin sind alle Heeres-, Marine- und Luftwaffeneinheiten und -systeme durch ein sicheres Kommunikationsnetzwerk verbunden, das Überwachungs- und Gefechtsinformationen in Echtzeit übermittelt, um den Streitkräften taktische Vorteile über weniger technisierte Gegner zu gewähren. Das Diagramm zeigt mögliche Verbindungen der Posten, wobei sich die Kommunikationswege gemäß den taktischen Erfordernissen ändern können.

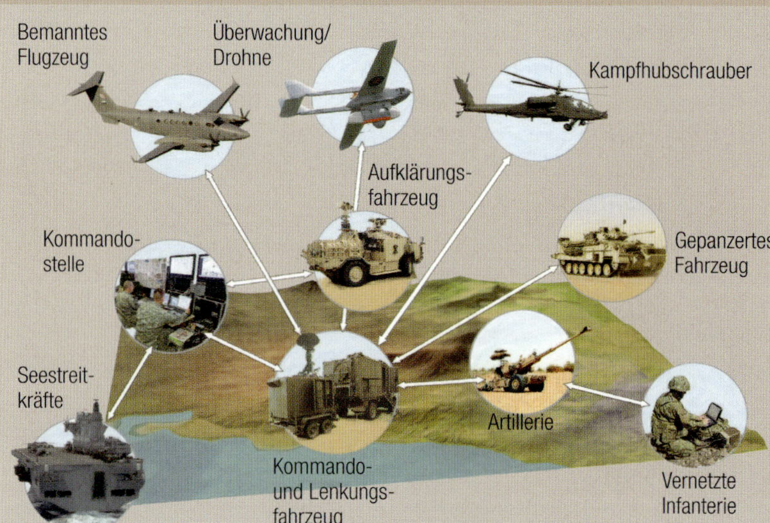

App fürs Militär, die Gefechtsinformationen in Echtzeit auf das Telefon der Soldaten übermitteln kann. Es erhält eine robuste Abdeckung und Energie für eine Woche, gespeist aus einer Batterie, die der Soldat auf dem Rücken trägt. Großbritannien entwickelt derzeit Uniformen, die statische Ladungen etwa beim Reiben von Stoff aufnehmen, um damit Batterien aufzuladen.

WAFFEN UND UNTERSTÜTZUNG

Fortschrittliche Smartphone-Apps sind nur die Spitze des technologischen Eisbergs. Die Entwicklung von Drohnen hat die Möglichkeiten der Überwachung und Erkundung vollständig verändert. Sie sind mit hochauflösenden Tageslicht- und Wärmebildkameras ausgestattet und werden entweder von Soldaten am Einsatzort oder aus großer Entfernung (manchmal aus anderen Ländern) gelenkt. Sie übermitteln die gesammelten Bilder direkt an Computer in der Kommandozentrale oder an die Gefechtsüberwachung. Dank Laser- und GPS-Markierung kann ein einzelner Soldat einen Luftschlag von enormer Stärke und Präzision herbeiführen, nur mit einem Funkspruch oder einer Berührung auf dem Touchpad.

Heute experimentieren Ingenieure bereits mit Exoskeletten und sogar Robotern. Vielleicht ist der Soldat der Zukunft kein Mensch mehr …

▲ US-amerikanische Soldaten bei einer Übung mit Laserausrüstung, die misst, ob der „Feind“ getroffen wurde oder nicht.

▼ Das Legged Squad Support System, ein technisch weit entwickelter Roboter, kann bis zu 45 kg 32 km weit tragen.

NACHWORT

In der Einleitung zu diesem Buch wurde angemerkt dass die Kriegskunst sowohl Kontinuität als auch Wandel erfordert. Nach dieser Reise durch fast 300 Jahre Militärgeschichte lassen sich diese Kategorien nun präzisieren.

Die größten Revolutionen im Alltag des Soldaten finden sich in drei Bereichen: Feuerkraft, Kommunikation und Transport. Man denke an die Soldaten im Siebenjährigen Krieg, die ihre Einsatzorte stets zu Fuß erreichen mussten, unterstützt von Pferdewagen, die maximal 24 km am Tag zurücklegten. Die Kommunikation auf dem Schlachtfeld ging verbal, visuell oder über Geräusche vonstatten (und als langsamere Variante mit geschriebenen Botschaften). Wesentlich war damals die Nähe – Soldaten mussten immer dicht bei ihren Kommandeuren sein, um deren Befehle zu erhalten. Und man denke an die Feuerkraft. Obwohl die Waffen im 18. Jahrhundert nicht annähernd das leisten konnten, was Soldaten heute zur Verfügung steht, müssen wir ihnen doch Respekt zollen. Schon die hohen Opferzahlen des Siebenjährigen Kriegs und der Napoleonischen Kriege lassen erkennen, dass Handfeuerwaffen schwerfällig sein mögen, sie aber in der Masse enormen Schaden anrichteten, wenn auch eher trotz der Technologie und nicht so sehr wegen ihr.

Im letzten Kapitel wurden technologische Möglichkeiten der modernen Kriegführung vorgestellt. Die Veränderungen sind gewaltig. Der Soldat von heute kann an einem Tag Hunderte Kilometer zurücklegen (dank Boden- und Lufttransport), kann direkt mit seinem Hauptquartier auf der anderen Seite der Welt sprechen, und seine Handfeuerwaffen haben eine Feuerkraft, die es mit der eines ganzen Zuges vor 200 Jahren aufnehmen könnte.

Geht es also heute mehr um die Beherrschung der Technik als um soldatischen Charakter und Disziplin, die in der Vergangenheit wichtig waren? Dies lässt sich nicht mit einem einfachen Nein beantworten. Einige Aspekte haben sich geändert. So berichten viele Veteranen unter den Ausbildungsoffizieren, dass die Soldaten der 1940er- und 1950er-Jahre auch im Zivilleben an körperliche Anstrengungen gewöhnt waren und sich daher besser an das spartanische Leben in der Kaserne anpassten als die heutige Generation, die ein bequemeres Leben kennt. Auf einer politischeren Ebene lässt sich sagen, dass die heutigen Soldaten nicht mehr bereit sind, die schwindelerregenden Opferzahlen vergangener Zeiten hinzunehmen. Im Zweiten Weltkrieg zum Beispiel fielen in 33 Stunden mehr deutsche Soldaten als in der gesamten Geschichte der Bundeswehr seit ihrer Gründung 1955.

Trotzdem kann man nicht sagen, das heutige Soldatendasein sei im Vergleich mit der Vergangenheit bequem. Trauma und Verantwortungsgefühl werden heute genauso empfunden wie vor 70 Jahren. Logistik und Militärverwaltung bleiben komplexe Unternehmungen, selbst wenn Computer dabei helfen. Manche würden sogar sagen, dass die Hochtechnisierung das Management der Streitkräfte komplizierter macht. Letzten Endes geht es in der Kriegführung immer um den Einzelnen und um Einheiten, die harte Bedingungen durchleben und die richtigen Entscheidungen treffen, gleich welche Mittel ihnen zur Verfügung stehen.

Chris McNab

► Ein britischer Soldat der Queens Royal Hussars auf Patrouille mit einem Mitglied der 51. Brigade der irakischen Armee, Basra 2009.

الله
موكب
محمد
فاطمة
الحسين
الباقر
الرضا
الهادي

REGISTER

BILDNACHWEIS

Der Verlag dankt den Bildagenturen für die freundliche Abdruckgenehmigung. Cover © Hulton Archive/Getty, © Hulton-Deutsch Collection/Corbis, © Di Agostini Picture Library/Getty; Klappen © Bogdan Willewalde/Getty Images, © US Coast Guard/The LIFE Picture Collection/Getty Images, © Keith D. McGrew/US Army/Getty Images; Vorsatz vorn © Hulton-Deutsch Collection/Corbis; S. 2–3 © Fotosearch/ Getty; 5 © Heritage Images/Getty; 6 © Hulton Archive/Getty; 8 © Don Troiani/Corbis; 10o © ullstein bild/ Getty; 10u © Peter Newark's Military Pictures/Bridgeman; 11o © Mary Evans/ Interfoto/Hermann Historica GmbH; 12o © The Stapleton Collection/ Bridgeman; 12u © Brown University USA/Bridgeman; 13u © Don Troiani/ Corbis; 14o © The Print Collector/ Corbis; 14u © Musée Condé/Bridgeman; 15 © Mary Evans/Interfoto; 16 © Look and Learn/Bridgeman; 18u © Mary Evans; 18o © adoc-photos/Corbis; 19 © Print Collector/Getty; 20o © Buyenlarge/Getty; 20u © Universal Images Group/Getty; 21o © Time & Life Pictures/Getty; 21ul © Ed Eckstein/ Corbis; 21ur © Tim Tadder/Corbis; 22o © Mary Evans Picture Library/ Grosvenor Prints; 22u © Mary Evans Picture Library; 25 © Private Collection/ Bridgeman; 26o © Mary Evans Picture Library; 24u © Don Troiani/Corbis; 25 © Don Troiani/Corbis; 26 © Don Troiani/Corbis; 28o © US National Archives; 29o © GraphicaArtis/Corbis; 29u © Joseph Sohm/Corbis; 30o © Don Troiani/Corbis; 30u © Don Troiani/ Corbis; 31 © Print Collector/Getty; 32 Don Troiani/Corbis; 33 © Mary Evans/Everett Collection; 34 © Louis S. Glanzman/Getty; 35 © Don Troiani/ Corbis; 36 © Ted Spiegel/Corbis; 37o © DEA Picture Library/Getty; 37u © Baldwin H. Ward & Kathryn C. Ward/Corbis; 38 © Don Troiani/Corbis; 39o © Corbis; 39u © Bob Krist/Corbis; 40o © Tim Laman/National Geographic Creative/Corbis; 41 © Mary Evans/ Library of Congress; 42o © Corbis; 42u © adoc-photos/Corbis; 43u © Stock-trek Images/Corbis; 43o © Lebrecht Music & Arts/Corbis; 44o © Corbis; 44u © Louis S Glanzman/Getty; 45o © National Geographic Creative/ Corbis; 45u © Corbis; 46o © Universal Images Group/Getty; 46u © Mary Evans; 46M © Photo Researchers/Mary Evans; 48 © Bogdan Willewalde/Getty; 50o © DEA/M. Seemuller/Getty; 50u © Stapleton Collection/Corbis; 51o © DEA/A. Dagli Orti/Getty; 51u © Don Troiani/Corbis; 53 © Heritage Images/Getty; 54 © Peter John Dickson/Getty; 55 © Michael Nicholson/ Corbis; 57o © Dimitry Fomin/Getty; 57u © Don Troiani/Corbis; 58 © Bonhams/Bridgeman; 59 © Mary Evans/ Grosvenor Prints; 60o © Wiktor Dabkowski/ZUMA Press/Corbis; 60u © Yuri Kochetkov/epa/Corbis; 61 © Stefano Bianchetti/Corbis; 62o © Photo 12/ Getty; 62u © Popperfoto/Getty; 64o © Hulton Archive/Getty; 64u © Mary Evans; 65 © Mary Evans/CAGP/ Iberfoto; 66u © DEA/G. Dagli Orti/ Getty; 67o © Jean Claude Labbe/ Getty; 67u © Marco Di Lauro/Getty; 68o © Di Agostini Picture Library/ Getty; 68u © Mary Evans; 69 © Roger Viollet Collection/Getty; 70o © Hulton Archive/Getty; 70u © Print Collector/ Getty; 71o © Hulton Archive/Getty; 71u © Universal Images Group/Getty; 72 © Mary Evans; 74 © Hulton-Deutsch Collection/Corbis; 76 © US National Archives; 78 © US National Archives; 79o © US National Archives; 80u © US National Archives; 80u © US National Archives; 81 © Buyenlarge/Getty; 82o © J. W. Petty/Corbis; 82u © US National Archives; 84o © US National Archives; 85o © Medford Historical Society Collection/Corbis; 85u © Corbis; 86 © Buyenlarge/Getty; 87u © Buyenlarge/Getty; 88o © Don Troiani/Corbis; 88u © George Houghton/Vermont Historical Society; 90o © Corbis; 90u © Nigel Partridge; 91o © Hulton-Deutsch/Corbis; 91u © Photo Quest/ Getty; 92 © US National Archives; 93o © US National Archives; 93u © Henry P. Moore/Corbis; 94u © Corbis; 95 © Corbis; 96 © Mary Evans/David Lewis Hodgson; 97 © Medford Historical Society Collection/Corbis; 98 © Hulton Archive/Getty; 100o © Illustrated London News/Mary Evans; 100u © Print Collector/Getty; 101 © Lebrecht Music & Arts/Corbis; 102 © Universal History Archive/Getty; 103 © Photo 12/Getty; 104o © Hulton-Deutsch Collection/Corbis; 104u © Print Collector/Getty; 105 © Mary Evans/John Maclellan; 106o © Reinhold Thiele/ Getty; 106u © Universal Images Group/ Getty; 107M © Getty; 107r © Universal Images Group/Getty; 108 © Hulton Archives/Getty; 109 © Hulton Archive/ Getty; 110 © Michael Nicholson/Corbis; 111 © Mary Evans/Interfoto; 112o © CS Fly/Corbis; 112u © Culture Club/Getty; 113 © The Print Collector/ Corbis; 114o © Hulton-Deutsch Collection/Corbis; 114u © Hulton-Deutsch Collection/Corbis; 115o © Hulton-Deutsch Collection/Corbis; 115u © Africa Media Online/Mary Evans; 116o © Corbis; 116ul © Medford Historical Society Collection/Corbis; 116ur © Sovfoto/Getty; 117o © Sovfoto/Getty; 117u © Joe Raedle/Getty; 118o © Mary Evans/Süddeutsche Zeitung; 118u © Mary Evans/Süddeutsche Zeitung; 119 © Interfoto/Sammlung Rauch/Mary Evans; 120o © Illustrated London News Ltd/Mary Evans; 120u © Print Collector/Getty; 121 © Print Collector/Getty; 122 © Hulton Archive/ Getty; 124u © Photo 12/Getty; 124o © US National Archives; 125o © DEA/ Seemuller/Getty; 125u © Underwood & Underwood/Corbis; 126u © Tarker/ Corbis; 127 © Leemage/Corbis; 128 © Interfoto/Daniel/Mary Evans; 130 © Lebrecht Music & Arts/Corbis; 131o © Roger Fenton/Getty; 131u © Roger Fenton/Getty; 132 © DEA/G Dagli Orti/Getty; 134u © DEA/G Dagli Orti/ Getty; 134o © DEA/G Dagli Orti/ Getty; 135 © Frederick Moore/National Geographic Creative/Corbis; 136o © US National Archives; 138o Everett Collection/Mary Evans; 138u © Popperfoto/Getty; 139o © Photo Quest/ Getty; 139u © Scott Peterson/Getty; 140o © Hulton Archive/Getty; 140u © Universal Images Group/Getty; 141 © Corbis; 142–143 © LIFE Picture Collection/Getty; 144 © Hulton-Deutsch Collection/Corbis; 146o © Hulton Archive/Getty; 146u © FPG/Getty; 147o © US National Archives; 147u

© Popperfoto/Getty; 148u © Hulton Archive/Corbis; 149o © Topical Press Agency/Getty; 150o © Popperfoto/Getty; 150u © IWM/Getty; 151u © Topical Press Agency/Getty; 152l © US National Archives; 152o © ND/Getty; 152–153 © ND/Getty; 154 © Hulton Archive/Getty; 155o © Mary Evans/Robert Hunt Collection; 155u © Culture Club/Getty; 156u © Corbis; 156o © LIFE Picture Collection/Getty; 157u © Archives/Getty; 158u © Paul Thompson/FPG/Getty; 158o © Branger/Getty; 159 © Hulton Archive/Getty; 160 © Hulton Archive/Corbis; 161o © Hulton Archive/Getty; 161u © Berliner Verlag/Archiv/dpa/Corbis; 162o © Buyenlarge/Getty; 162u © Steven St. John/National Geographic/Getty; 163o © Popperfoto/Getty; 163M © Windmill Books/Getty; 163u © Marco di Lauro/Getty; 165o © Bettmann/Corbis; 165u © Bettmann/Corbis; 167 © Hulton Archive/Getty; 168 © Everett Collection/Getty; 170 © Hulton Archive/Getty; 170–171 © Corbis; 171 © Joseph Schwartz/Corbis; 173 © Bettmann/Corbis; 174o © Hulton Archive/Getty; 174u © Bettmann/Corbis; 174–175 © Berliner Verlag/Archiv/dpa/Corbis; 176 © Sovfoto/Getty; 177o © Berliner Verlag/Archiv; 177u © Berliner Verlag/Archiv; 178o © FPG/Getty; 178u © Roger Viollet/Getty; 179 © Nigel Dobinson/Getty; 181o © Bettmann/Corbis; 181M © Keystone/Getty; 181u © Berliner Verlag/Archiv/dpa/Corbis; 182 © Mary Evans/SZ Photo/Scherl; 183 © Hulton Archive/Corbis; 184o © Underwood Archives/Getty; 184u © Fox Photos/Getty; 187o © Asahi Shimbun/Getty; 187u © Corbis; 188ul © Mary Evans/Alexander Meledin; 188ur © Sovfoto/Getty; 189o © Mary Evans/Alexander Meledin; 189u © Marco di Lauro/Getty; 190 © Hulton Archive/Getty; 190u © Popperfoto/Getty; 191 © LIFE Picture Collection/Getty; 192o © Pictorial Parade/Getty; 192u © John Florea/LIFE Picture Collection/Getty; 193 © Keystone/Getty; 194o © Corbis; 194u © W. Eugene Smith/LIFE Picture Collection/Getty; 196 © US Army/Getty; 198 © Keystone-France Pictures/Getty; 199o © Rolls Press/Popperfoto/Getty; 199u © David Furst/AFP/Getty; 200o Picture Post/Getty; 200u © Keystone/Getty; 201u © Keystone-France/Getty; 202 © Bettmann/Corbis; 203 © AFP/Getty; 205 © Terry Fincher/Getty; 206o © Getty; 206u © Vittoriano Rastelli/Corbis; 207 © Mondadori Portfolio/Getty; 208o © Jose Nicolas/Corbis; 208u © Antoine Gyori/Sygma/Corbis; 210o © Chris Hondros/Getty; 210u © John D McHugh/Getty; 211 © ullstein bild Pictures/Getty; 212u © Mary Evans/Alexander Meledin; 212o © Mary Evans; 213o © Pacific Press/Getty; 213u © Robert Nickelsberg/Getty; 215o © Filippo Monteforte/Getty; 215or © Ahmad Al-Rubaye/Getty; 215u © Nicolas Asfouri/Getty; 216 © Mike Nelson/Getty; 217o © MCT/Getty; 217u © Boston Globe/Getty; 219 © Matt Cardy/Getty; Vorsatz hinten © David H. Wells/Corbis.

This edition published by Parragon Books Ltd

Parragon Books Ltd
Chartist House
15–17 Trim Street
Bath BA1 1HA, UK
www.parragon.com

Produktion: Joanne Rippin
Illustrationen: Simon Smith und Matthew Vince
Gestaltung und Entwurf: Nigel Partridge

Chartist House
15–17 Trim Street
Bath, BA1 1HA, UK
www.parragon.com

Realisation der deutschen Ausgabe: trans texas publishing services GmbH, Köln
Übersetzung aus dem Englischen: Petra Frese, Dortmund
Lektorat: Ursula Fethke, Köln

ISBN 978-1-4748-1116-3
Printed in China